U0548907

用心追逐规律　放飞专业梦想

BAOXIANGONGSI
CAIWU ZHISHI JINGYAO

保险公司
财务知识精要

王保平　黄文祥　谷小见　著

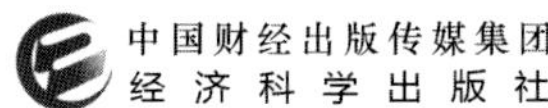

图书在版编目（CIP）数据

保险公司财务知识精要/王保平，黄文祥，谷小见著．—北京：经济科学出版社，2021.3

ISBN 978-7-5218-2327-1

Ⅰ.①保…　Ⅱ.①王…　Ⅲ.①保险公司-财务管理　Ⅳ.①F840.31

中国版本图书馆 CIP 数据核字（2021）第 039243 号

责任编辑：宋学军

责任校对：李　建

责任印制：王世伟

保险公司财务知识精要

王保平　黄文祥　谷小见　著

经济科学出版社出版、发行　新华书店经销

社址：北京市海淀区阜成路甲 28 号　邮编：100142

总编部电话：010-88191217　发行部电话：010-88191522

网址：www.esp.com.cn

电子邮件：esp@esp.com.cn

天猫网店：经济科学出版社旗舰店

网址：http://jjkxcbs.tmall.com

北京季蜂印刷有限公司印装

710×1000　16 开　20.25 印张　250000 字

2021 年 3 月第 1 版　2021 年 3 月第 1 次印刷

ISBN 978-7-5218-2327-1　定价：68.00 元

（图书出现印装问题，本社负责调换。电话：010-88191510）

写在前面

我们生活的这个现实社会是由成千上万的主体组成的。这些主体各自以其特有的方式参与到社会经济生活中。保险公司则是在由确定性事件与不确定性事件天然融合的丛林中，通过精准寻找那些确定性事件来为客户提供风险保障等专业服务。保险业在整个经济生活和社会发展当中扮演着“平时可能被人厌、灾难时刻受人盼”的双面角色，而其中的财务元素则是这种撕裂角色的集中化身，但却并不像一般企业中的财务那样为众多学者所关注。我们作为寿险一线的财务专员，踏着保险财务与时代监管的多重节拍，交织生活着、思考着、痛并快乐着！实践中的困惑远远多于现成的答案。我们将自己的所思、所想、所为进行了适当的归纳、思考，提供给更多的同行者和关注者。缘此，本书并不想走一般教科书那样系统与经典之作的套路，也不敢承担考试指导书的权威解读使命，而是在这本书中作了“儿”点式探讨。其最初始的逻辑是这样的：需求热点驱动资本焦点、市场痛点引发管理看点、技术支点化解成本难点、预算重点需要打通堵点，还需要适时开辟亮点。

热点聚焦于社会和市场对保险公司的高关注度，揭开保险公司的商业模式，需要的产品类型与销售渠道，在穿透其行业风险与专属收益的基础上把握其财务线。

焦点就是盈利模式，它不是一个通俗易懂的问题，但却是一个让人欢喜让人忧的话题。产品定价在先且一定终身、而成本发生在后且数十载漂泊不定，决定了保险公司独有的盈利模式。进一步来说，成本费用、盈亏平衡和资本需求是让人最为关心的，也是彼此之间最常态化的组合。

痛点在于风吹雨打数十年，负债端与资产端怎么匹配才能天衣无缝？一个很尴尬的问题是，30 年期的资产不多、而 30 年中风险不少。在资产难分优劣的时代，资产配置不精准迟早会有大挑战。一个好的财务大咖必定是能精细化地调控资产配置的高手。唯有如此，保险公司才能真正享受保险制度安排所天然孕育的红利。

看点就在于风险管理的智者先行风采。风险管理俨然已经成为保险界产、学、研、政共同关注的热点话题，也在事实上扮演了企业风险管理的风向标。1999 年、2007 年、2010 年、2016 年，一步一个脚印，保险公司风险管理扎实而耀眼，风险管理值得向这边看。2017 年、2018 年，中国保险业进入严监管的新常态。

支点源于先进的技术，它确保我们畅行天下。集权与分权辩论了数十年，而技术进步很快让这一“难题”不再难解，保险公司财务共享揭开了效力提升的趋势性一页：保证了会计记录和报告的规范、统一和标准化，服务于整个公司上下左右，势在必行。

难点依旧是成本管控。少一分成本就是多一分利润。砍掉成本，杜绝浪费，不断降低成本，将成本管理与控制纵向推行到底，横向推进到边。成本管控是始终需要与人打交道的事情，更是公司发展恒定的主题。

预算始终是环绕我们身心的大棋盘，天然属于财务管理的核心要务。预算是一种资源，预算安排表达了一种复杂的人与人之间的经济关系与法律关系，法、情、理是其内在基础，保障与兼顾、扶持与约束、服务与监督，顺势而为地摆正预算刚性、弹性，都是那么重要。

堵点被打通就可直接优化预算，即从战略与价值驱动的联动来找寻预算优化之路。将预算资源配置与公司发展战略和价值创新有机地结合起来，在为公司目标客户提供专业、便捷、贴心的综合性风险保障服务的同时，力争实现公司自身的长期兴旺发达。借助于预算理念，将战略落地于价值驱动。这正是基于严酷的市场竞争，实现了保险公司重要的战略转型。

亮点可能产生于对预算的穿透视野以及成本控制与价值管理的统一结合。销售渠道存在个、银、团、电、网等，公司业务作业有前台、中台和后台，各渠道、各部门在价值创造中的地位和顺序不一样，管理的要求和方法、业绩评价的方法和指标也不一样，客观上要求公司建立不同性质、不同类别的考核中心。这些中心的本质体现了成本与价值的一脉相承。

以寿险为样本，通过保险公司的热点、焦点、痛点、看点、支点、难点、重点、堵点、亮点，把这些内含着困惑与激情的散落之"点"串起来，这就是我们前后三年多一直在尝试性地构筑的《保险公司财务知识精要》之框架。

作者

2021年2月

目　录

第一章

商业模式：鹤立鸡群

商业模式与盈利模式已经成为新时代人们的口头禅了。商业模式是关于企业“做什么，如何做”的问题，而盈利模式是要解决“怎样赚钱”的问题，是指企业获取利润的路线、方法和途径。商业模式描述一个商业操作的内在逻辑，盈利模式承启其价值流与逻辑链，重在创造价值和分享价值，前者是企业的外在商务格局，后者则是企业最终获利的内在价值源泉。只要有潜在或直接的盈利潜能，就可以开发这样或那样的商业模式。有鉴于此，企业的使命就在于将内外各要素整合起来，形成一个完整、高效、具有独特核心竞争力的运行系统，并通过最优实现形式满足客户需求，实现客户价值，以使这一系统实现持续盈利。

研究商业模式，不仅需要分析企业产品销售的基本类型与基本渠道，而且需要透过现象认知行业风险、盈利模式、投入与产出周期等方面的普遍特征。按照这个思路，认知保险公司财务管理，一要了解保险行业（包括财险和寿险[①]）的特点及其产品的特征，二

① 保险行业根据其提供产品的区别而分成两大类别，一类是寿险，即人寿保险，是一种以人的生死为保险对象的保险；另一类就是除人寿保险之外的保险业务，主要是针对财产和责任而提供的保险，有时被称为财险、产险或非寿险。因此，本书为陈述方便，将保险公司在需要分业阐释时分别简称为寿险公司、财险公司。

要认识这一行业的盈亏规律，三要紧紧把握与财务相关的精算与投资的有机关系。

第一节 寿险商业脉络：点与线的交融

保险业中的“点”，是指人们在社会生活中的站点，这些点连接起来就成为移动过程中的动线。对于保险活动而言，可以这样简单地理解：由点生线，一个脚印一个点、一串脚印一条线，这就是线，即商业活动中的客户轨迹。不仅如此，从保险活动的多个视角来看，不同属性的点就可以形成不同的线，或并行不悖，或彼此交织。良好的保险活动应该存在着商业动线设计，这些设计能够在错综复杂的商业环境中，为客户提供一整套清晰可辨的脉络，可以让客户与保险主体间高效、有序、融洽地运行。

一、以产品为导向的寿险经营脉络

公司经营以其产品为主线，保险公司也不例外，产品联系着公司与客户，产品的各个环节构成了经营活动的完整周期。寿险公司更能代表保险行业的典型特征，图 1－1 描述了寿险行业各站点之间、各条战线之间的交融活动，揭示了公司以产品为导向的活动脉络与基本特征。

保险公司围绕着产品的开发设计、销售准备、渠道销售和售后服务事项与投保人发生关系，既在出险事项发生时为客户提供理赔服务，又在保单有效期限内给付客户或实现盈余。这是一条各方都比较关注的主线，其职能主要体现在运营服务线和业务销售线。

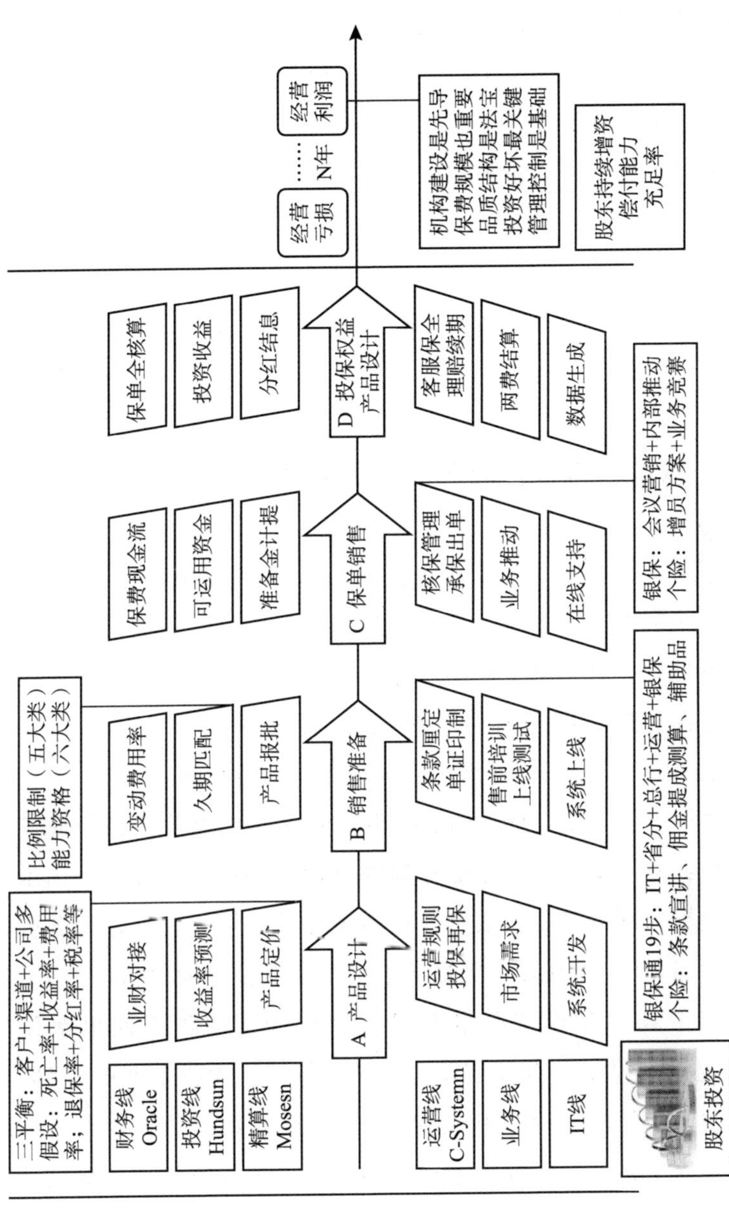

图1–1　以产品为导向的寿险商业经营脉络示意图

同时，从一家公司的内部正常经营来看，还存在着不可缺少的精算线、财务线和投资线。此外，随着计算机信息系统对传统手工操作的逐步渗透和颠覆，整个 IT 系统已经摆脱了过去后援支持的定位。信息化甚至局部智能化能够引领业务、市场、运转等诸多站点与路线，从而成为保险公司最为强大的支撑系统。

经过众多站点路线的交织运转，在符合政府保险监管（尤其是偿付能力充足率监管）的外部约束条件下，经过或长或短的经营低谷，一般保险公司便可能扭亏为盈，并逐渐进入盈利周期。这便是保险公司经营的一般规律。

二、以价值为标杆的寿险特色解读

近年来，保险公司的经营发展呈现出“冰火两重天”的景象，一方面各路资本投资保险公司热情高涨，另一方面保险公司盈利状况却并不理想。君不见，曾几何时，尝试“资产驱动模式”的保险公司好像拥有过一次弯道超车的机会，但随着保险回归“保障本源”，强调资产负债匹配管理之后，现在也黯然收场。

理想很丰满，现实很骨感。不少经营多年的保险公司始终难以摆脱亏损，开业十年以上依然亏损的公司也不鲜见，部分公司虽然扭亏为盈，但利润微薄，依然处在惨淡经营的境地。国际知名咨询公司麦肯锡 2016 年发布了研报《中国寿险业：走向价值创造》，称寿险公司平均每年投资回报率减去股东资金成本的回报率仅有 0. 5% 。也就是说，十年里保险公司平均每年能为股东创造 0. 5% 的超额收益，十年的累计数额仅有 5% 。这样的数据是否令人大跌眼镜？其实这个行业并不像大家想象的那样，进入以后就能赚钱。根据麦肯锡发布的报告，从 2003 ~ 2013 年十年间，保险行业回报呈现巨幅波动，保险公司股本回报与现金成本之间仅勉强打平。2019

年，中国保险行业原保费收入增长为12.2%，且前四大保险公司的保费规模占整个寿险市场的49%，中小型寿险公司（市场份额低于5%）近年来未能有效抢占市场，盈亏绩效也不乐观。

当然，这些情况都是针对公司会计账面数据而言的。保险业自始至终都不是一个常规性行业，通常的会计账面利润也不能解释保险公司经营的内在价值。这正是保险公司会计账面价值与市场价值的区别。会计账面价值是比较好理解的，然而，从多维视角看保险公司的苦与乐，须认知其特有的一个概念：内含价值。以寿险公司为例，以销售期缴产品为主，每销售一元的期缴产品，就意味着在未来多个年份会自然获取定额的保费现金流入，即会计概念的普通年金流入。这是多么令人称道的现金流量啊！

进一步分析，保险公司的内含价值是对公司真实价值比较客观的描述。这是一种区别于一般公司价值评估方法的特殊技术。从20世纪80年代开始，在一些保险业发达的国家中，逐渐发展起“内含价值评估”这样一种新的财务工具。如今，这种新的财务工具已经在国际保险业中得到了广泛应用，它全面地融合和确认了会计账面上无法体现的资产和负债，如未来收益权、人力资源、品牌资产以及各类资产之间的协同效应。总之，面对一个保险公司开业之后长达八九年甚至十多年依然可能处于账面亏损甚至净资产为负的局面，并不是说勉强寻找到了一种内含价值的借口来掩盖其亏损的尴尬，而是说这种内含价值法可能更加客观地体现了保险公司特有的特许经营属性、网络建设周期、团队培养周期、品牌强化周期等内在的行业禀赋。内在价值的具体技术会在本书第二章进行详细阐述。

第二节 产品经营解读：行业纵横谈

保险公司生存和发展的基础在于我们生活和生存的这个世界时刻充满着不确定性，也就是说，其中的风险将会导致我们不能承受"巨浪冲击"，因而需要一种"抚平创伤"的机制。

一、寿险产品的分类和特征

寿险产品纷繁多样，基本上来源于我们的未来生活需要、现实社会需求与政府监管生态。从最原始的保险起源看，肯定是提供安全保障与风险化解，这是基础性、原发性的。这种保险类产品奠定了保险行业在社会百业中的独特地位，也成为保险业独有的看家本领。随着经济发展与社会演化，公众要求保险业能够提供更加质优价廉的保险产品，保险公司自身也需要形成有利于自身发展的产品门类，丰富多彩一些，选择余地大一些，从而慢慢适应客观环境与市场要求，衍生出来一些带有投资理财、财富管理特性的产品。这种产品肯定具有投资功能和理财属性，是对公众经济水平提升环境下的大众需求的积极响应。当然，部分产品也兼具保障与理财双重功能。目前的保险市场是，传统的保险类产品、创新的理财类产品兼而有之，只不过各家公司的偏好有所差异。据此，我们可以将现有的保险产品大体分为传统与创新两大类，具体如图 1－2 所示。

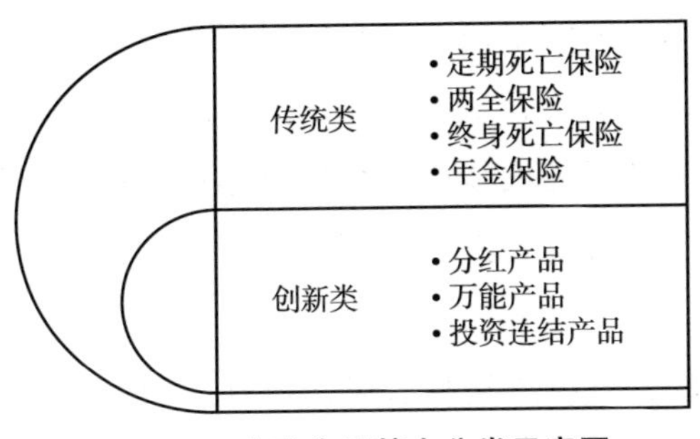

图1-2 寿险产品基本分类示意图

（一）传统类寿险产品

曾几何时，寿险产品是在整个保险期间稳定单一条件下设计而成的，也就是说，传统寿险产品是指在产品定价时采用固定的利率、死亡率和费用率假设来确定保费缴纳方式、数额及保险金额的寿险产品。传统寿险产品有以下两个主要特点：一是保证的高程度，即保险公司在承保时就明确承诺，在未来特定时期内，如果被保险人发生约定的保险事件，保险公司以保险合同约定的金额给付保险金。这种高保证不是以金额大小为标准，而是以承诺的明确性为标准。二是收益的确定性，即收益高低与保险公司投资绩效无关，此类产品体现的是以保险保障为主，保险公司虽然在计算保费时考虑了利率的影响，通过预定利率给投保人一定比例的贴现，但预定利率与实际投资收益无关。

从险种来看，传统寿险产品主要包括定期死亡保险、两全保险、终身寿险和年金保险等四种，其各自特征简述如下：

第一种，定期死亡保险，又称定期寿险，是指以死亡为给付保险金条件，并且保险期限为固定年限的寿险产品。出险意味着死亡，即只对在保险期限内死亡的被保险人负有支付保险金的责任，保险期限直到出险为止，可长可短。在市场上，购买方一般是价格敏感型的人，且认为定期保险较容易更换。因此，此类产品的解约率一般比其他保险解约率高。过高的早期失效率对保险公司产生两种损失：第一，它们无法完全弥补核保与首年度佣金费用；第二，更换定期保险的被保险人往往是那些身体健康的人，结果续保的被保险人是那些身体较差的人，进而造成续保的被保险人的死亡率高于预期死亡率。

定期寿险的另一特点是具有可续保性，指保单持有人在到期前可以续保且无须可保性证明，然而，公司通常限制定期保险可续保的年龄（一般为65岁或70岁）。定期保险的保费在某一期间内是维持不变的，但会随着更新续保而增加，这是由被保险人续保时保险年龄增长而引起的，可续保定期保险可视为保费增加，保障不变的定期寿险。

定期保险通常包含可转换的特性，使保单持有人能够将定期保险转换为终身寿险或其他现金价值保险而无须可保性证明。可转换权增加了定期寿险的弹性，例如，在购买定期保险时，保单持有人可能无法选择最适合其需求的保险种类。他可能更喜欢另外一种类型，但出于预算限制而购买其他保费较低的定期保险。在定期保险发单后，环境可能发生变化以至于保单持有人能够购买他最喜欢的保险，此时可转换的作用便显现出来。

第二种，两全保险，又称生死合险，是指在保险期间内以死亡或生存为给付保险金条件的人寿保险。可以看出，两全保险就是“死亡保障+生存保障”双保险，其中，死亡保障的给付对象是受益人，而生存给付的对象是被保险人。

保险人在两全保险上提供两项承诺：在保险期间内被保险人死亡时，支付保单规定数额的保险金；在保险期间届满被保险人仍生存时，也支付保单规定数额的保险金。其中前一项承诺与相同数额及期间的定期保险一样。第二项承诺仅在被保险人于特定期间届满仍生存时，给付保险金，若特定期间届满后发生死亡则无任何给付，第二项承诺其实是生存保险。因此，两全保险其实是定期保险和生存保险的混合型险种。

从经济角度看，两全保险分为两部分：递减的定期保险与递增的储蓄。契约的储蓄部分提供给保单持有人解约或保单销售的权利，递减的定期保险加上储蓄累积等于保单的保险金额。

第三种，终身死亡保险，又称终身寿险，是以死亡为给付保险金条件，并且保险期限为终身的人寿保险。由于死亡事件的发生或迟或早，是必然的，所以保险公司一定会支付保险金（免责条款规定的情形除外）。终身死亡保险具有极强的储蓄性。

第四种，年金保险，是指以生存为给付保险金条件，按约定分期给付生存保险金，且分期给付生存保险金的间隔不超过一年（含一年）的人寿保险。目前较为常见的年金保险，主要有限期交费终身年金保险、最低保证年金保险和变额年金保险。

（二）新型寿险产品

新型寿险产品是相对于传统寿险产品而言的，这些产品具有下列特征的全部或部分：灵活的缴费方式、可变的保额、浮动的保单利率、更加透明的保单结构。目前，新型寿险产品包括投资连结保险、万能保险、分红保险等种类。

第一种，分红产品。分红保险实际上是一种保单所有人参与分配保险公司可分配盈余，与保险公司共同分享经营成果的保险。当保险公司向被保险人收取的保险费大于实际成本，从而产生可分配盈余时，保险公司按照合同约定，将该项可分配盈余以红利形式返还给被保险人。分红产品往往被视为是一种变动保费的寿险产品，它同非分红产品的区别在于确定“有效保费”的时间和条件是不同的。非分红产品的有效保费是事前（投保人购买产品时）确定的，而分红产品的有效保费在事后（合同终止时）才能确定，有效保费取决于两个部分：一是购买时支付的保费，二是整个投保期间内保险人的经营利润。

为了保证保单持有人利益，分红保险的红利不能为负，即不能要求保单持有人承担保险公司的经营亏损。目前，国际上流行的红利派发方式大致有以下几种：现金红利、累积生息、抵缴保费、购买缴清增额保险。

第二种，万能寿险产品。万能保险是一种弹性保额、收益保底、账户透明、缴费灵活、提取自由的保险产品。万能保险的经营原理是保险公司为每一被保险人设立一个账户，投保人缴纳的保费扣除一定费用后首先计入其个人账户，个人账户上的资金及其增值部分归投保人所有，投保人可以随时缴纳任意金额的保费，保险公司定期（一般是每月一次）从个人账户上扣缴当期的风险保费，只要个人账户上的资金足以扣缴当期的风险保费，保险合同的效力就可以维持，一旦个人账户上的资金被扣缴完毕而投保人又未及时续缴保费，则保险合同终止。因此，对投保人而言，万能保险是一种非常灵活的保险产品，既有保障功能，又有投资功能，并且保障和投资的占比还可以随时调整，投保人可以根据自己需要的保障程度确定风险保额，并根据自己的收入和生活消费支出情况选择缴纳保费的时间和金额。也正是由于这种灵活性，从2004年下半年开始，万能保险成为寿险市场上最为热门的话题之一。

对寿险公司而言，一方面，万能保险需要提供最低保证结算利率；另一方面，尽管结算利率与实际投资收益率有一定的关系，但万能保险的结算利率并不等同于投资收益率，寿险公司依然可以获得利差收益。一般而言，万能保险产品的边际收益率低于传统保险和分红保险，但高于投资连结产品。

第三种，投资连结产品。投资连结产品是指对投保人缴纳的保费中的储蓄保费，按保险公司在资金运用中实际持有的资产市值计价和增值的保险产品。投资连结产品最初是为了抵消通货膨胀给寿险带来的不利影响而推出的。投资连接产品为投保人提供了分享资本市场收益的机会，将投保人的保障利益同投资收益相联系。保单现金价值随着投资收益的变化而变化，从而现金价值所对应的保障金额也随着收益的变化不断调整。所以，投资连结产品是一种保额随其保费分离账户的投资收益变化而变化的保险产品。

和分红保险、万能保险不同，投资连结保险没有保底收益。投资连结保险的保费分为保障和投资两个部分，其中保障部分的风险责任由保险公司承担，其保险的金额是固定不变的；投资部分的风险由投保人承担，在承担投资风险的同时，也完全享有投资回报。对保险公司而言，由于投资风险全部由投保人承担，保险公司的利润主要来源于管理费和保障费用。一般而言，投资连结保险的边际利润率高于传统产品和分红产品。

二、寿险产品销售渠道

保险产品是一种无形商品，是一种面对未来的风险事件承诺。在一般公众对保险产品价值量难以认知、没有一般商品那样形象直观刺激的情形下，寿险产品的销售难度远远大于一般的有形商品，必须靠保险公司的主动推介销售才能推销出去，单纯停留于“生产”和“提供”产品的营销思想，已经不能适应变化了的经营环境，主动培育客户、挖掘保险潜在需求，势必带动销售渠道和销售方式成为寿险公司的制胜法宝。

从我国寿险公司销售渠道和销售方式的发展态势来看，个人营销渠道、银邮代理渠道、团险销售渠道已经成为铁三角，同时，电话销售、网络销售和移动终端销售正在成为未来的重要力量。如图1－3所示。

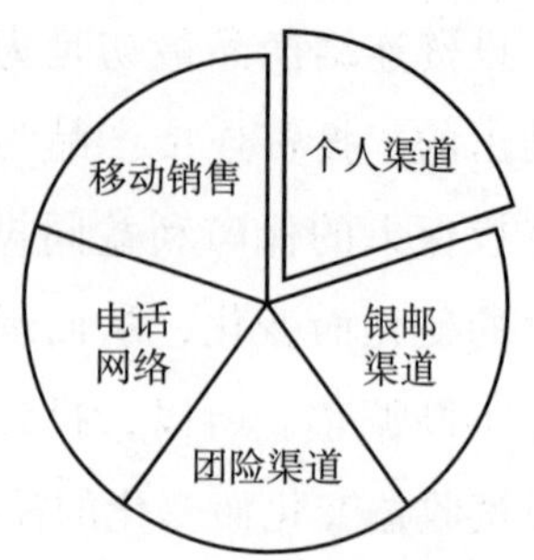

图 1－3　寿险公司常见销售渠道示意图

（一）个人营销渠道

个人营销渠道是寿险公司通过个人营销员销售保险产品的一种销售渠道。个人营销渠道在 20 世纪 90 年代初期由美国友邦保险有限公司引入中国，迅速成长为寿险公司最主要的销售制度。目前，全行业拥有的保险营销员规模也持续增长，从 2014 年有 308 万人，到 2016 年的 644 万人、2019 年的 912 万人，个人营销渠道的保费收入占寿险公司总保费收入的一半以上。可以说，个人营销渠道通过专业销售人员面对面的沟通而实现销售，多数情况下能够一次销售获得多年分次收取保费的期缴产品，在销售现金流特色上表现为经典财务理论的年金现象，即一次销售、多次等额现金流入，显然，这是一种极为优良的商业销售模式。当然，此类销售的当期费用高、后期几乎只有少量维持费用而不需要促销费用。

（二）银邮代理渠道

银邮代理渠道是通过商业银行、邮政局网点实现保险产品对公众销售，是金融自由化、一体化形势下，金融资源融合和金融创新的产物。目前在我国，银邮代理渠道仍处于较为初级的代理模式，即商业银行、邮政储蓄公司等金融机构代理销售保险公司产品。近年来，银行代理人身保险业务（以下简称银行代理业务）发展迅速，已经成为寿险公司的重要销售渠道。目前，银邮代理渠道保费收入占寿险公司总保费收入的30%左右。通过银行渠道获取的销售产品多为趸缴产品，即一次性收取较高保费，存在着相对较高的退保率。这种产品，常常被投保人视同理财产品对待，并常常将其与银行理财产品等类似产品进行对比。

（三）团险销售渠道

严格地讲，团险是按照保险产品的销售对象划分的，而非一种销售渠道。但在我国，通常也将其理解为一种销售渠道。团险销售渠道是寿险公司的传统销售渠道，是由寿险公司团险业务人员（一般为寿险公司正式员工）向团体保险投保人销售保险产品的一种行为。曾经一段时间，团险销售壮大成为寿险公司的最主要销售渠道，但近年来，随着个人营销渠道、银邮代理渠道和其他新兴渠道的发展，以及团体养老保险、企业年金等业务面临的不明朗的政策因素影响，团险渠道自身经受着来自监管政策和业务发展本身等方面的挑战，市场发展呈现出缓慢态势。目前，团险渠道仅占寿险公司保费收入的15%左右。

上述三个渠道是寿险公司的主要销售渠道。除此以外，近几年，寿险公司也正在积极地探索一些新型销售渠道。这种新型销售方式，既有着眼于纵深拓展的思维，又有借助新技术工具而实施的创新，包括交叉销售、电话销售、网络销售等。首先，看一下交叉销售，就是借势分析并发现客户的多种需求，借道向客户销售保险产品或服务。其中势头最猛、冲击最大的是互联网销售（包括在线销售和移动互联）。其次，电话销售是通过专业的呼叫中心，以电话作为与目标客户信息沟通的媒介，销售专员通过电话向准客户推销公司的保险产品，以获得目标对象对保险产品直接反应的直接销售方式。最后，网络营销是保险直接营销的最新形式，是指保险公司或新型的网上保险中介通过互联网为客户提供有关保险产品和服务的信息，并实现网上承保，直接完成保险产品的销售和服务，由银行将保费划入保险公司。一些新成立的寿险公司甚至完全抛弃了传统销售渠道，而且已经取得了不错的业绩。这些新型销售渠道的成本相对传统销售渠道更为低廉，并且由于讯息直接源自公司核心销售线，大大降低投保人被误导的风险。但是，这些新型销售渠道只适合销售较为简单的产品，复杂产品还是需要面对面地进行沟通。不论如何，新的互联网技术尤其是移动互联技术在某种意义上正在打破传统的销售模式，形成新的潮流。

三、财险产品的分类和特征

财险是财产保险产品的缩写。上面详细阐述了以人身保险为使命的寿险产品，对比之下，以财产价值保险为使命的财产损失保险在品种与特征方面相对简明一些。财产保险（Property Insurance）是指投保人根据合同约定，向保险人交付保险费，保险人按保险合同的约定对所承保的财产及其有关利益因自然灾害或意外事故造成的损失承担赔偿责任的保险。财产保险，包括财产保险、农业保险、责任保险、保证保险、信用保险等以财产或利益为保险标的的各种保险。

（1）财产保险，指保险人承保因火灾和其他自然灾害及意外事故引起的直接经济损失。险种主要有企业财产保险、家庭财产保险、家庭财产两全保险（指只以所交费用的利息作保险费，保险期满退还全部本金的险种）、涉外财产保险、其他保险公司认为适合开设的财产险种。

（2）货物运输保险，指保险人承保货物运输过程中自然灾害和意外事故引起的财产损失。险种主要有国内货物运输保险、国内航空运输保险、涉外（海、陆、空）货物运输保险、邮包保险、各种附加险和特约保险。

（3）运输工具保险，指保险人承保运输工具因遭受自然灾害和意外事故造成运输工具本身的损失和第三者责任。险种主要有机动车辆保险、船舶保险、飞机保险、其他运输工具保险。

（4）农业保险，指保险人承保种植业、养殖业、饲养业、捕捞业在生产过程中因自然灾害或意外事故而造成的损失。

（5）工程保险，指保险人承保中外合资企业、引进技术项目及与外贸有关的各专业工程的综合性危险所致损失，以及国内建筑和安装工程项目，险种主要有建筑工程一切险、安装工程一切险、企业财产保险、机器损害保险、国内建筑、安装工程保险、船舶建造险，以及保险公司承保的其他工业险。

（6）责任保险，指保险人承保被保险人的民事损害赔偿责任的险种，主要有公众责任保险、第三者责任险、产品责任保险、雇主责任保险、职业责任保险等险种。

（7）保证保险，指保险人承保的信用保险，被保证人根据权利人的要求投保自己信用的保险是保证保险；权利人要求被保证人信用的保险是信用保险。包括合同保证保险、忠实保证保险、产品保证保险、商业信用保证保险、出口信用保险、投资（政治风险）保险。

财产险的具体险种也常常随着市场需求的变化而创新出更多的品种。同时，相对于人身的多年甚至数十年的长期性特征，财产的变化则是经常的、短期的。因此，财险的交费与保险期限就是短期的，如一年等。由此导致财险与寿险在财务现金流的时间特征上千差万别，这一基础差异也导致了财险与寿险的诸多不同点。也正因为如此，下文的许多阐述将以寿险为代表，从而加深对保险公司规律的解读。

第三节　保险规律解读：经济实质观

人类认识的根本任务就是从感性认识上升到理性认识，透过事物的现象认识事物的本质和规律。当我们解读寿险销售的产品与渠道之后，那些十分丰富、务实的感性材料就将我们带入到一个新的层级，即用科学的思维去解析感性的东西，从而得到内在的规律性认识。

一、基本的行业特征

寿险产品内在的特殊性导致保险公司同其他行业相比，在经营上呈现出很大差异。因此，有必要深刻认识这些内在的特殊性所反映的客观现象和规则，即简单概括为如图 1－4 所示的“高”“大”“长”“不”“多”特征：

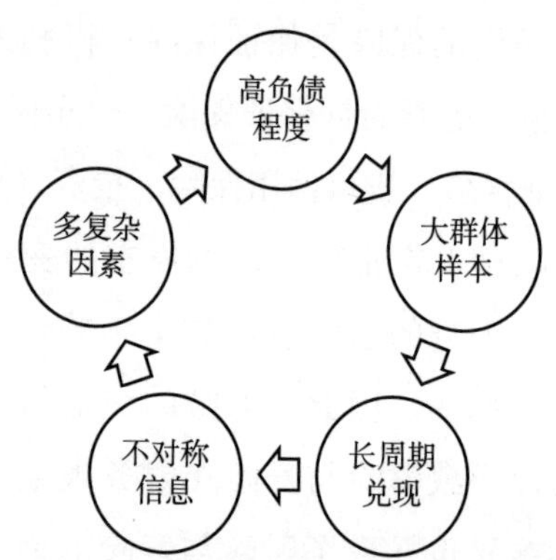

图 1－4　保险公司的行业特征示意图

（一）高负债强度

经营企业通常存在负债经营的情况，不过，一般企业负债并不高，而保险业则是一个负债特性极为明显的企业，其本身就是一个为投资人提供“春种一粒粟，秋收万颗子”的千秋伟业。“一诺千金”，保险公司本身就是一个以承诺未来大额给付而获取当今适量保费收入的特殊行业，这就是天然的高负债行业。对于一家成熟的保险公司，资产负债率往往超过90%，其负债实质主要体现为责任准备金。这种高负债性是由保费收入和实际承担的保险责任不同步的特点决定的，是保险公司未来应当承担的对投保人和被保险人的责任。从本质上讲，吸纳负债构成了保险公司经营的一个必要部分，从财务角度来看，一笔特定的业务必然伴随着负债和收入同时增加，而这对于其他行业并不是必要的。例如，在制造业或零售业中，可以在不吸收外部资金的情况下，完全利用自有资金来完成业务。所以负债对寿险企业而言是其业务中不可分割的一部分，而对其他行业而言则可能仅仅是一种融资手段。

另外，基于大数法则的经营原则和保险产品的长期性要求，保险公司也会高负债经营。大数法则要求保险公司对同类险种的销售要达到较大规模，而每销售一个产品单位就相应产生一笔负债，所以销售量越大就意味着负债规模越大。同时，寿险产品的长期性特征决定了单一产品上寿险比非寿险有着更长的保障期间，保障期间越长意味着保险利益越高，从而保险人对投保人承诺的债务也就相应提高。

（二）大群体样本

在保险领域，出险肯定是一个小概率事件。也就是说，这种小概率事件在一次试验中是几乎不可能发生的，但在多次重复试验中几乎是必然发生的，这就是“偶然之中有必然”的哲理。记得我读《黑天鹅》一书最大的启示就是小概率事件不可忽视。政府修建大坝，会考虑30年、50年甚至100年一遇的情况，投资风险控制也可以借鉴这个思路。上述所说的“多次重复试验”换个说法就是“大群体样本”。大群体样本就是大数法则，这是保险业得以生存的天然法则。从哲学角度来看，是偶然事件中包含着必然，也就是说，在随机事件的大量重复出现中，往往呈现几乎必然的规律，这个规律就是大数定律。对于保险原理而言，大量同质且独立的随机事件发生的频率将随着样本中随机事件数量的增加而趋于稳定，这个概率规律为保险发挥风险集散的作用提供了可能，同时也成为保险经营所必须满足的原则。通俗地说，这个定理就是，在试验不变的条件下，重复试验多次，随机事件的频率近似于它的概率。例如，在重复投掷一枚硬币的随机试验中，观测投掷了n次硬币中出现正面的次数。不同的n次试验，出现正面的频率（出现正面次数与n之比）可能不同，但当试验的次数n越来越大时，出现正面的频率将大体上逐渐接近于1/2。又如称量某一物体的重量，假如衡器不存在系统偏差，由于衡器的精度等各种因素的影响，对同一物体重复称量多次，可能得到多个不同的重量数值，但它们的算术平均值一般来说将随称量次数的增加而逐渐接近于物体的真实重量。生活中的一个场景例子是：开始上课了，慢慢地学生都安静下来，这是几乎处处收敛。绝大多数同学都安静下来，但每一个人都在不同的时间不安静，这是依概率收敛。大数法则在保险经营中的意义在于，保险人需要集中大量的同质且独立的风险个体在一个群体内，群体内包含的风险个体越多，观察数量越大，则对整个的集团总体而言未来赔付状况就趋于稳定。大数法则的经营原则意味着保险公司经营的特定业务必须达到一定的规模，虽然其他行业也体现着对业务规模的不同程度的要求，但这往往是出于效率的考虑，而非经营得以顺利进行的必要条件。而规模对于保险公司而言则是必要的，足够的业务规模才能使保险公司在事前估计成本成为可能，所以规模在保险业中的重要性要远高于其他行业。

（三）长周期检验

多数寿险产品均属长期性业务，一份保险合同从签发到保险责任完结往往需要几年、十几年甚至几十年的时间，这是寿险区别于其他行业的又一特征。一张保单，不到合同有效期完结，是不可能真正准确、客观地核算这一单合同对于公司而言，到底是亏损了还是盈利了？都是预算、精算的数据，肯定没有结算、决算来得实实在在。所以，寿险的长期性提高了寿险经营的复杂性。例如，随着现金流入与流出时点间隔期限的延长，寿险产品对宏观经济变量的敏感性随之提高，如利率、通货膨胀等；保险风险发生非预期变动的可能性更大；长期性的产品要求具有类似期限的资产业务进行匹配；经营过程中的风险往往具有较长的潜伏期，在前期难以察觉。长期性特征对于寿险经营来讲是重大的，它的影响体现在寿险经营的方方面面。从公司周期来看，检验一家保险公司经营是否成功，是不可能在短短数年间得出结论的，从分支机构的审批、建设、培育，到品牌的传播、渗透与深入人心等等，都需要长期的经营磨炼。一家保险公司的成长，需要长期、持续、稳定地在“不忘初心，牢记使命，砥砺前行”的征程中拼搏，才能发展壮大。

（四）不对称信息

信息不对称是指交易双方在信息上处于不同地位的状况，即交易某一方比另一方具有信息上的优势。当信息不对称存在时，交易的一方利用其信息优势提高自身利益而损害处于信息劣势一方的利益，从而引起逆向选择或道德风险。保险业被认为是典型的信息不对称行业，逆向选择与道德风险频繁地发生。例如，当保险公司对不同风险的投保人统一定价时，高风险群体比低风险群体更乐于投保，当低风险者意识到自己的保费被高风险者消耗时，低风险者将退出保险，从而导致高风险群体充斥市场。某种意义上看，这就是一种“劣币驱逐良币”现象。再如，投保人往往比保险人更加清楚自身的风险状况，他可以在投保时对保险人隐瞒一些有关风险的信息，使保险人无法清楚地了解到投保人真实的风险状况，从而将投保人错误地划分到较低的风险级别中，结果是投保人获得较低的价格而保险人承担了额外的保险风险。

需要说明的是，在寿险业中信息优势方并不一定总是投保人，在一些情况下，保险人也可以成为信息优势方。比较典型的情况是保险人比投保人更加了解寿险产品的成本收益过程，那些透明性较差的产品往往导致保险人对投保人的逆向选择或道德风险。另外，寿险业中信息不对称的情况除了发生在投保人同保险人之间外，在其他参加保险交易的各主体之间也存在着信息不对称情况，例如，投保人同代理人之间、代理人同保险人之间。

信息不对称情况的存在对寿险经营的某些方面提出了要求，例如，为防止逆向选择的产生所要求的公平定价原则；保险合同中要求的最大诚信原则和告知义务，以及包含了类似误报年龄条款的保单设计；监管部门对由信息不对称引发的市场失灵的矫正和对投保人利益的维护；具有较高透明性产品的产生等等。

（五）多复杂要素

寿险经营的复杂性很大程度上表现为公司利润核算的复杂性，这主要与寿险经营流程有关。一般商品是先生产后销售，在交易时，可根据其制造、销售、管理等环节的实际费用支出计算其总成本，所以销售完成时就可以基本确定该商品的利润。保险公司则不同，保险经营是“先销售后生产”，即在保险产品以事前确定的价格销售产品，而消费者对保险产品的实际消费却是在销售之后的整个保险期间内，这种消费满足了投保人未来一段时期内保障性需求和储蓄性需求。这种销售和生产在时间上的高度分离特征决定了保险公司实际成本的确定晚于收入确定。收入的确定对应着销售的发生，而成本则需要等到保单到期后根据实际费用和赔款等项目的实际情况来确定。所以，只有当保险责任期满，保单的实际利润才能被准确核算出来。实际中，保险公司通常根据一定的假设和经验计算利润，但如果这种假设和经验与现实偏离过大，将大大影响保险公司经营结果的准确性。这也是各国监管部门高度重视保险公司准备金充足性的重要原因。

二、相关的经营特征

（一）保险业自身也处于高风险浪头

历史总是惊人的相似，但是我们却无法避免相似的历史再次发生。20 世纪八九十年代的美国、20 世纪 90 年代的日本、21 世纪初的中国台湾地区、2008 年的美国保险巨头 AIG，不断重复上演的寿险业危机让我们不禁反思：到底是什么原因使得发达的保险市场一次次陷入困境？毫无疑问，人们总是用眼前的情况来预测未来，当预测的时间跨度为数十年时，预测结果与实际情况的差距可能超出想象。客观地讲，起码有几个重要因素不能不重视，其中，最重要的挑战就是精算预定利率固定不变而市场上长期利率波动的风险，在不能很精准地管理和控制利率风险的条件下，寿险行业的危机很难避免；当然，还可能存在过度竞争带来的定价不足（降低费率或变相降价扩大市场份额）问题积累的风险；也可能存在资产配置中风险头寸的不断累积、多元化背后的子公司管理不善等风险悲剧发生。

进一步分析中国寿险业的行业经营与风险态势。自1980年中国重启现代保险业发展以来，中国寿险市场40多年来经历了非常快速的成长，2019年寿险保费收入3.09万亿元，而保险业总保费收入4.26万亿元，保险业总资产20.56万亿元。持续多年的寿险保费收入年均复合高增长、寿险密度大提升、寿险深度明显攀升之后，作为社会“稳定器”和经济“助推器”的功能开始显现。当然，保险业要满足实体经济需求、助力经济转型发展，自身同样需要加快转型发展步伐。尤其是在经过爆发式的增长之后，中国的寿险行业累积了很多问题。这些问题对目前缺乏应对危机经验的寿险行业而言，无疑是一枚定时炸弹。分析其原因，内外兼有，不过从保险公司自身而言，则主要与误导消费者的不当销售行为、产品结构不合理、寿险死差益过低、费差损过高以及近年来银保渠道爆发式增长带来的隐患，也与会计制度存在缺陷、财务调控空间较大不无关系。

（二）保险经营环境的变化

保险经营环境是与保险公司经营有关的内部因素和外部因素的总称，是贯彻保险经营思想、制定经营策略和实现经营目标的前提条件。保险经营过程中，政治、经济、社会、自然界和科技等方面因素相互联系，相互影响和制约，而且保险经营的各环境因素又都在不断运动、发展和变化着。因此，保险经营环境呈现关联性和多变性特征。具体分析时，我们将各种环境因素归纳为两个类别，即内部环境与外部环境，如图1-5所示。

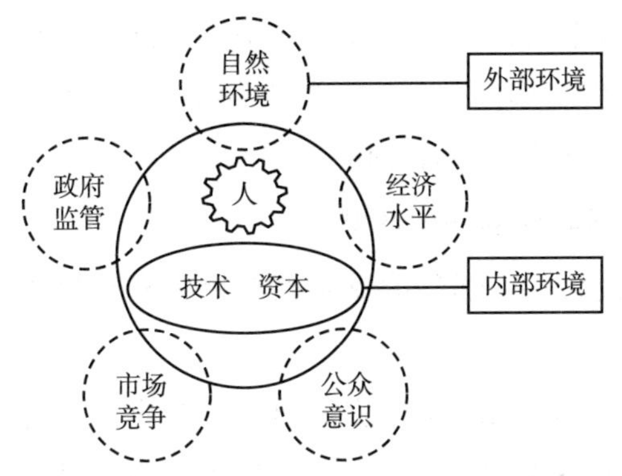

图 1－5　保险公司经营环境主要影响因素示意图

1. 保险公司经营的内部环境

保险公司经营的内部环境包括人、技术、资本等基本因素。先看“人”，在“以人为本”的这个时代，一个拥有高素质、强动能员工群体的保险公司，其经营活动的开展就具备了根基和竞争实力。因此，保险公司要正确处理好企业和个人之间的利益关系，创造一个和谐、催人奋进的环境，打造员工群体的聚合力，使企业充满活力。其次看技术，包括保险经营活动中的各种技能、技巧、知识和方法，如保险展业宣传、广告技巧、保险精算技术、上下协调艺术、保险经营调查、预测和决策技术等。保险经营技术是保险经营活动的科学基础，是提高保险经济效益的基本保证。再看资本。保险公司的资本自有一套特点，除股东投入资本金外，更多的资本来自投保人依保险合同所缴纳的保险费；资金核算上，保费资金由于其所承担偿付责任的长期性和连续性，不能将当年全部保费收入作为已赚保费，还必须提存各种保险业务的未到期责任准备金。最后看信息。信息是企业经营管理者了解企业内外经营环境，从事保险经营决策等活动的依据，它对保险经营的预测、决策和经营控制都起着十分重要的作用。总之，保险公司经营的内部环境，对企业来说是一个可控制要素，保险公司必须准确地了解自己的优势和劣势，以及造成劣势的原因，从中找到内部潜力挖掘的方向，采取有效措施，改善企业内部经营环境。

2. 保险公司经营的外部环境

保险公司经营的外部环境就是整个社会和自然界，是企业不可控要素。

（1）自然环境。保险人承保着风险，受自然资源状况的影响而呈现出不同的风险程度。此外，自然界不规则运动或外力作用引起的各种灾难，使保险经营又处于一种不确定的自然环境之中，若企业实力不足，就有可能在巨大自然灾害面前难以对所承保的大量风险予以经济补偿，从而影响保险经营的稳定性。因而，自然环境对保险公司的影响远远大于对其他工商企业的影响。

（2）经济发展水平。当国民经济繁荣时，社会对保险商品的消费水平相对提高，保险市场需求增大，通过市场机制的作用，保险公司经营规模就会扩大，经济效益就会提高。反之，情况则相反。因此，经济发展水平对保险经营水平、发展速度和规模起决定作用。

（3）公众风险和保险意识。明确而积极的风险和保险意识，不仅可以为保险经营提供良好的心理气氛，使保险展业易于进行，提高保险广度和深度，而且还有利于促进保户加强对已保财产的风险管理，积极配合保险公司的防灾防损工作，减少风险损失，提高保险经营的经济效益和社会效益。同时，人们的风险和保险意识强，还可以根据自身风险特点和对保险的需求，积极主动地自行设计投保方案，向保险公司申请特殊种类的保险，或为保险经营提出各种改进建议和意见。

（4）社会因素。社会环境因素对保险商品的需求必然产生深刻影响。社会环境具有可变性，一项社会行为或习惯的改变，往往意味着一个新的广阔市场的出现和一个旧市场的萎缩或衰亡。随着改革开放不断发展，社会主义市场经济体系日趋完善，我国人民的工作、生活环境发生着巨大变化。

（5）保险市场竞争状况。保险市场竞争主要包括两个方面：一是同业竞争，即保险公司之间在经营规模、种类、信息、服务质量和价格水平上展开的竞争。二是行业竞争，即保险公司同其他企业或事业单位相互渗透，引起资金转移而产生的竞争。目前，我国保险市场竞争的格局已初步形成，未来保险市场竞争状况将日趋激烈，这就要求保险公司增强竞争意识，敢于竞争，善于竞争，并重视对保险市场竞争状况的研究，掌握竞争对手的情况，据此确定经营对策，充分发挥自己的竞争优势，出奇制胜。

（6）国家政策和法令。国家的政策和法令是保险公司经营的政治法律环境，既能保护保险公司的合法行为和利益，又能取缔企业违法行为，限制其不良行为，以维护保险市场的正常秩序。

另外，我们还梳理保险行业发展的外部环境可能会发生一些新的变化：一是保险保障需求可能发生变化。人口变化会导致发病率、死亡率发生变化，给保险费率厘定带来新的影响，甚至给风险防范带来新的挑战。二是保险产品定价模式可能发生变化。由于云计算、搜索引擎、大数据等技术的运用，互联网参与方获取和深度挖掘信息的能力大幅提高，消费者交易行为逐步实现可记录、可分析、可预测，保险业的定价模式也可能深刻变化。三是市场竞争可能发生变化。随着金融创新的不断涌现，金融行业之间的界线逐渐模糊，保险业的竞争已经不仅局限于行业内公司之间的竞争，还要扩展到金融体系内不同行业之间的竞争。近年来，银行理财产品、券商资管业务，以及信托行业的快速发展，使得金融同业之间的竞争日趋激烈和白热化。中国保险界应时刻关注科学技术的新发展给保险业带来什么机遇，金融业的创新和金融市场的动向会给保险业造成何种影响，保险业的发展、创新和可能潜伏的风险将对精算有什么新的需求等问题。

总之，保险公司的内部环境和外部环境是辩证的统一体。企业内部环境是可以控制和改造的，它是企业经营的基础和发展的源泉，而其外部环境则是不可控因素，是企业经营与发展的制约因素。两者在一定条件下是可以互相转化的。企业内部环境的改善可改变外部市场的竞争实力，从而影响国家政策的制定和执行；企业外部环境如社会因素、人们的风险和保险意识、社会经济发展水平中的各种因素也可能直接渗透到企业内部环境之中，成为企业内部环境因素。

（三）保险公司营销体制的变化

中国保险业总体上是一个探索中的事业，理性分析保险产品的营销体制，从其产生背景、基本格局，以及现阶段所出现的一系列矛盾，我们应该强烈意识到保险营销体制变革的紧迫性和必然性，并针对保险市场现状，制定出一系列切实可行的过渡期办法。

1. 保险公司营销体制的基本格局

保险营销体制自1992年被美国友邦保险公司引入中国后，迅速被国内大多数保险公司采用，并促使中国保险营销队伍飞速发展为中国保险行业举足轻重的营销力量。正是这一创新的体制，使中国保险业保持了快速强劲的发展势头。保险业也由“金融洼地”成长为金融体系的重要支柱。不过，近年来，我国富余劳动力减少，劳动力成本上升，以及现有保险营销体制下低产能、低素质、高投入的经营模式等因素的糅合发酵，使保险营销体制多年的积弊集中呈现了出来。

（1）保险营销体制的类型。

一是直销制：保险公司凭借自身所雇佣的公司员工向公司客户直接提供各种保险产品的销售与服务。此体制简称为“员工制”，其优势在于：营销系统维持费用较低、业务获取成本相对较低，公司可以直接与客户沟通，欺诈现象相对减少，客户资源得到了有效的控制。不过，在“员工制”下，公司用工成本大大增加，服务能力受到限制，员工进取意识相对较弱。

二是中介制：保险公司利用保险代理人或保险经纪人等中介组织的社会关系与销售网络提供各种保险产品的销售与服务。其优势在于：可充分利用社会关系和营销网络扩大保险销售，节省中间业务程序。劣势在于：成本较高，代理人会施加压力增加佣金成本，不容易管控欺诈行为，不便于控制保险市场。

（2）渐行渐近的代理人困境。

保险业快速发展所带来的体制性矛盾以及近年来代理人市场显露出历史性的矛盾与变革，促使我们必须深入关注三点：一是保险营销市场发生的一系列变化，已经引起了社会的关注。例如，营销员产生保费收入总额总体上有所增加，但是，人均保费收入（人均产能）并未提高，说明保费总额主要依靠人力增长的拉动，而非人均产能的提高；退保率上升幅度高于保费总额增长幅度，且分红险保费增速远远快于保障功能强的传统保障型险种的保费增速；保险营销员增员困难且留存率降低，过于追求短期功利而频繁跳槽，保险营销员收入下沉等。二是营销队伍的整体专业素质不高。市场普遍反映保险营销员的整体素质不高，且近年来呈下降趋势。特别是销售后服务与销售前服务质量差距明显。另外，专业服务水平也无法适应客户日益提升的服务要求。这种恶性循环的结果，导致客户担心营销员并不能长期提供稳定、专业的服务，对营销员没有充分的社会信任和专业认同。显然，这种社会诚信度和认同度的下降直接影响着保险产品的销售与服务的提升。三是大进大出的高流失率导致服务质量下降。大进大出的现实让保险营销员招募陷入了怪圈。与此同时，庞大的营销员队伍生存状态并不乐观，现行保险营销管理模式对保险销售从业人员基本利益的保障很不充分。在缺乏基本保障和粗放管理的情况下，保险营销员销售不规范的问题也进一步凸显，既影响了营销员和公司的声誉，也损害了消费者的利益。

保险营销体制矛盾形成的原因，一是营销员的法律身份多年来一直悬而未决，二是保险企业的管理面临诸多难以突破的瓶颈。经过十多年粗放型的增长之后，原来保险营销员管理体制关系不顺、管理粗放、队伍不稳、素质不高等问题日益突出，不适应保险行业转变发展方式的需要，不适应经济社会协调发展的时代要求，不适应消费者多样化的保险需求，保险营销体制的转型升级势在必行。

2. 保险公司营销体制改革的基本导向

面对前进中的困境，保险公司应当深入研究保险营销管理体制改革中的重点、难点问题，针对管理粗放、队伍不稳、素质不高的现状，构建一个法律关系清晰、管理责任明确、权利义务对等、效率与公平兼顾、收入与业绩挂钩，基本保障健全、合法规范、渠道多元、充满活力的保险销售新体系，造就一支品行良好、素质较高、可持续发展的职业化保险销售队伍。通过总结借鉴国内外转型经验，探索建立评估改革变化和效果的指标体系，我们提出一些具有前瞻性的改革方向和路径：

一是鼓励探索保险营销新模式、新渠道。鼓励保险公司设立保险中介公司，逐步实现保险销售专业化、职业化。鼓励保险公司深化与保险中介公司的合作，建立起稳定的代理关系和销售服务外包模式。鼓励各类社会资本投资设立保险中介公司，支持保险中介公司开展保险营销业务。鼓励保险公司拓展多元化销售渠道和方式，建立新型的保险销售体系。

二是强化保险公司对营销员的管控责任。营销员是保险公司的销售代表，常常处于单独作战的销售状态，容易在利益诱惑和业绩压力之下，出现促销售“跑偏”与误导消费者的情形。因此，保险监管部门务必完善保险销售从业人员监管制度，通过加大对保险公司的问责和处罚力度，督促保险公司加强营销员培训和管理，有效防范营销员销售误导等违法违规行为。特别强调一点，要注意强化保险公司招聘责任，禁止营销员或营销团队自行招募营销员。

三是提升保险营销队伍素质。根据市场情况，因地制宜，逐步提高保险营销人员准入要求。研究制定保险营销队伍素质评价体系，实施保险营销人员素质持续改善计划。引导行业有关机构、社会组织与高等院校、职业学校合作，建立保险营销职业教育体系。

四是改善保险营销员的待遇和保障。保险公司应当逐步理顺与营销员的法律关系，切实保障营销员的合法权益，采取多种灵活形式，为营销员提供劳动者基本的法律身份、薪酬待遇和社会保障。保险公司应当承担与保险营销业务直接相关的考试、培训、保险单证等费用，不得以任何名目向营销员转嫁公司正常业务活动所必需的经营成本。

五是建立规范的保险营销激励制度。保险公司应当结合保险营销职业特点，建立以业务质量和服务质量为导向的考核制度，改变以扩张人员数量为基础的激励机制；建立科学的管理制度，逐步减少营销队伍层级，完善收入分配结构，加大对一线营销人员和绩优营销人员的投入支持力度。

第四节 财务左右透视：连动机制观

财务管理与会计核算是保险公司经济运转的核心系统之一，主要是对公司已经发生的经济事项进行专业的确认、计量和报告。从财务的实质性内容分析，财务与精算、财务与投资同样密切相关。举例来说，财务是收入、成本和盈亏的集中核算系统，与成本费用率高低（尤其是变动费用率高低）、投资收益率高低直接相关，而成本费用率通常是在精算假设基础上酌情调整的，基本趋势始终是固化在精算假设所设定的水平线上；而投资收益则更加直接地被保险资产管理所取得的投资收益所直接左右。因此，财务、精算、投资，三者都是围绕业务收入、业务成本和投资收益的高低而开展的。财务管理与保险精算、保险投资一起，共同构成保险公司的财务大厦，如图 1－6 所示。

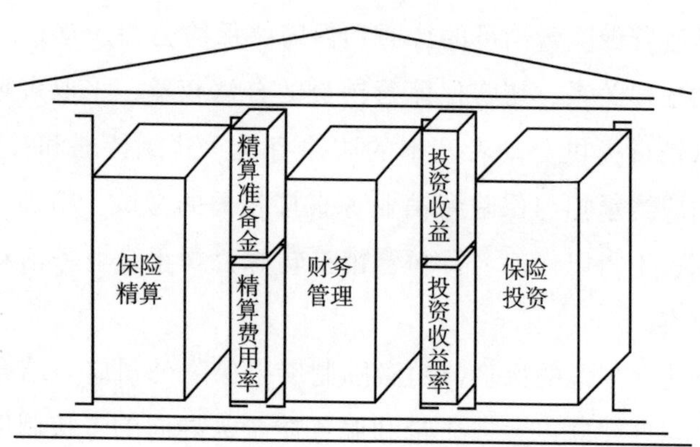

图 1－6　财务管理与精算技术、投资活动内存联系示意图

一、财务管理与保险精算的关系

财务管理与保险精算的关系，可以形象地提炼为会计师与精算师的互动关系。保险公司是一个专门管理未来不确定事件的机构，对未来预测的精算要求相当高，于是，便从财务的精细化进一步衍生出来精算师这种“高精尖”的职业。这门基于风险管理、收益管理和资本管理等方面的科学原理衍生出的高度精准化、专业化、独立化的预测未来的精算技术，与财务构成分工合作的关系。

精算技术与财务会计的显性关系，既紧密，又深刻。可以从图 1－7 略见一二。

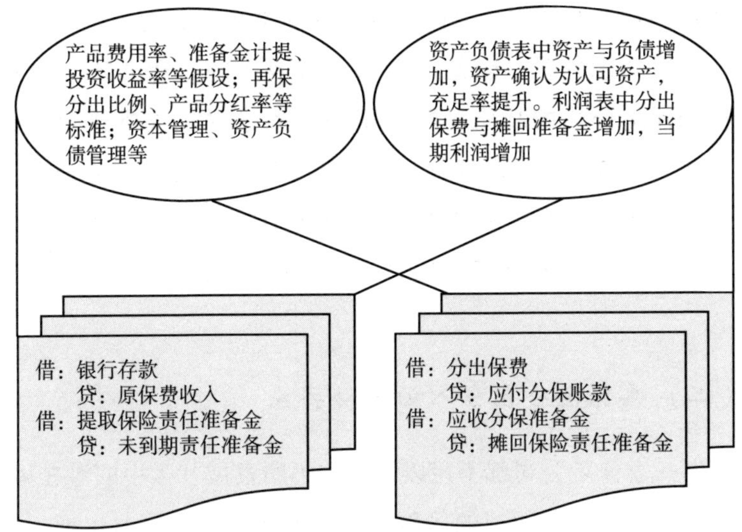

图 1－7　财务与精算的内在联系示意图

由图 1－7 可见，精算对会计具有直接的联动效应，与分保活动、准备金计提息息相关。进一步分析，深藏于财务与精算的关系包括但不限于以下几个方面：财务预算标准；财务建模和业务计划；再保险分出分入；价值评估及业务并购；风险管理与控制；负债评估与管理；资产负债管理；资本管理等。

（一）预算标准的互动关系

精算通常可以在财务预算制定时提供精算对保险产品设计的费用率预算标准，并伴随着保险产品销售而提供准备金、分红、新业务价值等一些关键性基础数据，这些数据划分标准势必直接或间接地影响众多财务项目，并最终表现为利润表、资产负债表及其他管理报表所列数据的变化。因此，精算基础数据显然便于公司采取各种行动，将更多的资源投入到那些做得最好的领域，并缩减在那些表现不好领域的投入，从而提高公司的整体业绩。费用较低的公司通常能得到较高的利润。因此，费用管理也是收益管理的重要组成部分。需要注意的是，较低成本与更有效率的过程并不总是最好的，比如保险公司的高质量与亲切的服务通常比价格或效率更重要。因此，在进行费用管理时，关键是要理解对客户和分销渠道来讲，什么是最重要的？在保险公司的费用归属、费用分摊、费用单位化、费用效率分析等费用管理过程中都离不开精算师的专业技能。

（二）再保险分出分入的互动关系

任何一家保险公司都不足以应对在不断发展壮大中的潜在风险，需要通过再保险进行适当的风险转移。当然再保险同时也把一部分业务盈利、资本、营业收入、利益给付、费用、资产及负债转移出去了。不同的再保险安排可能对实现转移风险和稳定盈利、改变盈利模式、再保险融资等有所差异，所以，精算师在其中的评估、相关的财务报告、再保险合同条款和签订、再保险经验分析等的作用就必不可少。

（三）价值评估及业务并购的互动关系

保险公司经常会面临上市、业务的收购或出售等决策，这些都必须以公司的价值评估为基础。保险公司价值的合理评估是相对较难的，有很多方面的因素需要考虑。对于保险公司而言价值评估可以在如下情况下使用：一是保险公司首次公开上市、兼并或收购时；二是在年报中向投资者披露相关信息时；三是作为公司的关键经营指标对机构和个人进行绩效考核时。一般来说，保险公司价值评估的构成情况如图 1－8 所示。

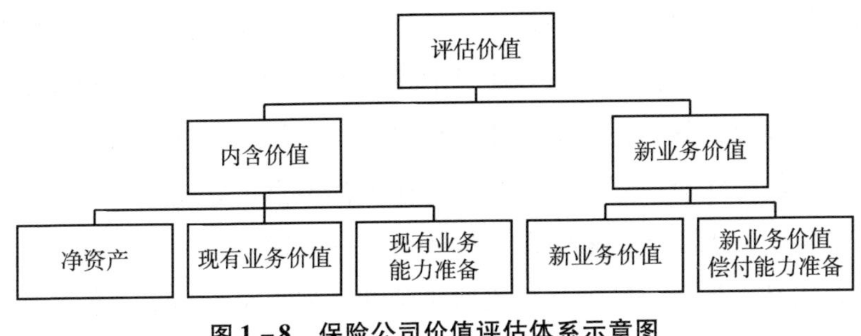

图1-8　保险公司价值评估体系示意图

在这个过程中，需要精算师建立精算模型、确定评估假设、计算现金流、进行敏感性分析和提供管理报告等多项工作。

（四）风险管理与控制的互动关系

保险公司的风险管理包括对保险公司内在风险的理解、对冲和控制。一般来说，保险公司面临着业务风险、运营风险、保险风险、市场风险和信用风险等。保险公司面临的这些风险对财务结果有重大的影响。因此，风险管理是保险公司财务管理的重要内容。如前所述，在保险公司中，精算一直在风险的评估过程中扮演重要的角色，通过专业判断对保险公司的风险进行有效的识别，并通过有效的方法对风险进行定性和定量的分析，合理地估计保险公司所承担的风险对于公司财务的影响。

（五）负债评估与管理的互动关系

保险的业务一般是投保人缴纳保费在先，而理赔和其他给付项发生在很多年之后，这导致未来应付各项给付的负债通常在保险公司的资产负债表中是最大项目，这些负债通常称为技术准备金。有时候，技术准备金和投保人缴纳保费的累积是相关的，但大多数技术准备金和投保金额是相关联的，还有一些技术准备金与已经发生的未偿债务事件相关，例如，如果投保人已向保险公司提出索赔但保险公司尚未付款。大部分情况下技术准备金是针对一个触发事件的负债预提，例如，对于业绩的损失险，往往一次收取的是一年的保费，但是在会计年度末，大部分保单都不会正好经过一个完整的保单年度，需要计提未赚保费准备金。一般而言，技术准备金的计算方法是用各项给付以及相关费用预期未来现金流出的现值，减去预期未来现金流入的现值。

（六）资产负债管理的互动关系

随着保险公司对资产投资组合和负债相匹配的重要性认识的逐步深入，越来越多的保险公司已采取措施，用发展眼光来积极管理公司资产与负债。资产负债管理（ALM）的主要目的是减少由于资产和负债不匹配风险给保险人带来的风险，例如，如果市场条件发生变化导致负债价值的增加，同时也降低了资产的价值。从更积极的方面来看，资产负债管理可以帮助保险公司进行更有效的投资，以便为公司创造更高的利润。

大多数保险公司的做法是建立资产负债管理委员会来监督资产负债管理的这项活动。精算师与投资经理、产品经理以及财务人员参与资产负债管理委员会。精算师的工作往往是负责为资产和负债的现金流量预测建模，以及评估各种风险因素对于结果的影响。精算开发出的各种工具可在资产负债管理过程中使用，以便更好地降低风险，例如，资产负债管理的基本方法、负债的现金流等。

（七）资本管理的互动关系

资本管理是指维持适当数量和类型的资本，用以有效安全地运作公司。一方面，保险公司要使资本最小化以获得更好的资本回报率，另一方面，公司希望持有额外资本以提高偿付能力，赢得客户的信任和更好的评级等级。

保险公司的资本管理通常包括确定适当的资本数量和资本结构、配置额外的资本、进行资本需求预测和优化资本管理等，在这个过程中精算师的专业建模能力、财务预测能力等都可以得到体现和发挥。

二、财务管理与保险投资的关系

财务管理与保险投资的关系可以形象地提炼为财务经理与投资经理的互动关系。对于一般熟悉保险公司运作的人而言，尽管财务管理属于后援线，而保险投资属于前线，但财务管理与保险投资显然是“一衣带水”的邻邦关系。大家同属资本运作、同受风险之困，都接受规范思想浸润，主基调都是成本与收益，两者的共通之处，仅此而已。除此之外，几乎找不出其他共同点。一个是企业会计准则，一个是金融投资市场法则，套路完全不同。

保险投资通常是偏重于保险资产配置即投出资本而言的，不过，从其“一体两面”特征分析，“保险投资”硬币另一面是保险资金。因此，现先简要分析保险资金的定义、来源，再进一步阐述保险投资的基本格局与监管态势。

（一）保险资金运用的定义及主要特征

保险资金，是指保险公司依法可以用于投资的各种资本，主要用以对外投资获取收益，承担被保险人经济补偿和给付责任，是保险公司赖以生存和持续发展的基础。保险资金运用是由保险业务性质决定的。由于保险资金在未来需要用于保险的补偿和给付，在通货膨胀的情况下，如果保险资金不能正常运用，不仅无法取得收益，而且连保值都难以保证。这势必影响保险作为保障和补偿功能的实现，所以保险资金运用是保险商业模式中的核心环节。保险资金运用也是市场竞争的结果。保险市场竞争激烈，往往出现承保能力过剩、承保利润下降的情况。保险人转向注重从保险资金运用中取得收益，争取投资利润。保险资金运用的结果，使保险人获得了相应利润，而被保险人也以低费率的形式享受到保险资金运用的收益。

从保险资金的特征分析，最为明显的特征是负债属性、长期稳定性、收益性、利率敏感性。保险资金的优势与其特点密切相关。目前，从行业比较的角度来看，与券商、基金、信托等其他资产管理行业比较而言，保险资金运用的优势主要体现在：一是保险资金运用的资产规模增长依托保险业保费收入增长，保持相对稳定并具有可持续性；二是保险资金运用的投资收益率较为稳定；三是保险资金运用在积极支持资本市场发展及服务实体经济等方面具有较强的竞争力。

（二）保险资金运用的基本态势

"保险资金运用"在很多学者及业界的相关研究中往往与"保险资产管理"等词混用，但二者存在一定区别。一般而言，保险资产管理是指保险资产管理机构进行的集中化、专业化和市场化的保险资金及第三方资金受托投资管理模式。这一定义与一般所指"保险资金运用"的区别在于，在当前"大资管"时代混业经营的背景下，保险资产管理不仅是指管理保险公司所汇集的保单持有人所缴纳的保费，而且包含依托在保险资金运用领域所积累的专业能力及投资团队，为非保险公司资产即第三方资产提供管理服务并收取相应的管理费用的第三方资产管理业务。

从目前保险行业的发展态势看，"承保+投资"双轮驱动的业务模式已经逐步成形，保险公司通过汇集所有保单持有人缴纳的保费，并按照保险资产负债匹配管理原则进行专业化投资，以满足未来的理赔及给付需要已经成为行业通行的经营模式，保险资金运用逐步成了保险行业内不可或缺的重要组成部分。与此同时，保险资产管理机构的第三方资产管理业务也已经逐步开展，未来同样也将成为保险资产管理行业的重要业务模式和发展机遇所在。

（三）保险资金运用的基本渠道

随着中国金融市场体系建设的不断推进和金融创新的发展，保险资金运用范围也随之不断扩大，保险资金的运用形式不断丰富和多样化。1995 年《中华人民共和国保险法》中规定保险资金仅可投资于银行存款、政府债券、金融债券和国务院规定的其他形式。2003～2004 年，国家逐步放开保险资金投资企业债券、次级债以及股票等产品，2006 年允许保险资金间接投资基础设施项目、投资商业银行股权等。2012 年保险资金运用推出十三项新政，允许保险资金投资基础设施债权计划、金融衍生品等，到 2014 年允许保险机构设立私募基金、参与资产支持计划，从而呈现出投资标的从传统到另类、从公募到私募、从境内到境外全覆盖。在 2015 年偿二代、2016 年防风险降杠杆、2017 年防激进的调整下，基本形成了近年来相对稳健的格局。总之，随着运用形式的不断拓宽，保险资金已基本实现了从传统领域到现代金融新兴领域、从境内市场到境外市场、从虚拟经济到实体经济的金融资产类型的全覆盖。目前，保险资金投资资产主要可分为流动性资产、固定收益类资产、权益类资产（包括上市权益类资产和未上市权益类资产）、不动产类资产和其他金融资产等五大类资产。

总之，投资对保险公司的意义显然是不可低估的。一些保险公司在设立之初，其投资职能可能会包容在财务机构之中统一办理，当业务活动渐渐开展并陆续获取保费收入后，投资部（或称资产管理部）独立运行则属必然，而随着公司的进一步扩大，资产管理部再独立升格为独立核算的投资中心甚至独立法人的资产管理公司也是一种基本趋势与发展轨迹。

第二章

盈利模式：从长计议

保险公司作为一个企业，有盈利的动机与规律，其财务状况、经营成果和现金流量如何，是众多投资者、经营者、债权人、投保人以及其他利益相关人所关注的热点。不过，就其行业定位而言，保险公司是通过将公众未来可能发生的风险转移或集中到自身来承担风险，并通过大量主体之间的群体集合和内部消化而实现整体的平衡风险。保险公司经营的产品实际上是一种以信用为基础、以法律为保障的“承诺”。这种“承诺”是由一系列相关条款所构成的“保险合同”，是一种无形产品，它以经营特定风险为前提，以集合大量风险单位为条件，以大数法则为数理基础，以出险前的风险预防、预警、出险时的风险救助和出险后的保险赔付为客户价值回报，风险的无形性决定保险产品的抽象性。显然，保险运营资金链也有别于传统制造行业。对于传统制造业，资金链表现为先支后收，即成本发生在前，收入发生在后。保险运营的逆向性表现在先收后支，产品定价在先、成本发生在后，保险行业的时间关联性、利润射幸性、产品无形性和大数平衡性等属性，决定了保险行业独有的盈利模式。进一步地，作为一个投资者，保险公司成本费用、盈亏平衡和资本需求是其最为关心的问题。与此相关联，如何评价保险公司的成本费用是否合理？保险公司的利润曲线是什么样的情形？开业几年才能盈利？开一家全国性保险公司需要多少资本金？对于这些问题，业内可能会有一些模糊的印象，但缺乏有说服力的数据支持。本章将从成本费用的投入开始，探索盈亏平衡如何实现，资本需求如何匹配，并考察对上述三个指标的主要影响因素，并量化分析了不同情境下保险公司的运营结果。

第一节　经济投入研讨

经济投入是货币投入、资源投入等多种耗费的总称。保险公司的投入与产出绝对是一个长时期、大范畴、全局性的工程，不可能通过独立、静止、立竿见影的观点来解释。因此，我们得借助于混沌理论来分析。混沌理论是一种兼具质性思考与量化分析的方法，用以探讨动态系统中无法用单一数据关系，而必须用整体、连续的数据关系才能加以解释及预测之行为。在全球保险业界，1997 年 3 月，当国际社会对保持了近 20 年经济高增长率的东南亚经济和金融状况进行嘉奖时，一只来自美国华尔街的“大蝴蝶”开始振动翅膀，骤然掀起了泰国、马来西亚等地区的金融风暴，随即引发了席卷整个东南亚、持续近一年并对全球经济产生负面影响的金融危机。这场金融风暴，让亚洲甚至全世界的人们都为之惊骇，即使国际基金组织（IMF）及西方七国也束手无策，全世界的人们深刻体会到了“蝴蝶效应”在金融界乃至经济领域的真实存在性和巨大的影响程度。最近一次金融保险业的“地震”则是美国 2007 年次贷危机中的 AIG（国际保险集团）的倒塌，这种祸患埋藏已久。

我国保险业经营环境也属于复杂的混沌系统。混沌理论告诉我们，客观事物是永远运动变化的，客观环境也是永远不相同的；面对事物环境的不确定性和复杂性，必然有其深层次秩序在指挥和引导这一复杂系统的发展方向。所以，对保险公司从经济投入的源头分析，探析其盈利模型和价值所在，是非常有必要的。

一、保险公司成本费用的概念与分类

保险公司成本费用的管理通常是由公司财务部与精算产品部共同管理、分工负责。其中，精算产品部负责公司长期、持续、正常经营等假设条件下各相关变动费用的基本水平的推算确定，并对公司长期经营情形下成本费用的科学性、合理性承担责任，通常是基于大数据与大数法则下的精算理性水平；而财务部负责当年、即期经营等现实条件下各相关变动费用的执行水平，并对公司即期经营现实中成本费用的可行性、合理性承担现实责任，通常是基于当年与现实市场环境下的竞争性水平，一般拟在精算基础上进行必要的调整确定。

（一）成本与费用的属性

保险公司销售保单给某个客户，在销售过程中发生的各项支出，如设计和制作保险产品宣传材料、各项保单单证、保单受理、核保、出单过程发生的人工费、办公费、水电费等都应当确认为保险公司的费用支出。但如果这张保单是通过某银行网点销售的，那么保险公司支付给银行网点的代理手续费应当确认为保险公司的费用支出，但银行网点在向客户推销保单过程中所发生的各项支出，如银行自己设计制作的产品宣传横幅、银行网点人员的工资等。尽管这些支出与保险保单的销售有密切联系，也不能确认为银行的费用支出。

另外，费用必须是企业在日常经营活动中发生的，所以对费用发生的时间也有要求。一个典型例子是企业员工在日常工作过程中发生的费用应当确认为企业的费用，但员工在工作之外，如生活或娱乐产生的费用支出就不能确认为企业的费用支出。当然，对于工作时间的划分并不能简单地以企业上下班的日历时间来区分，还要看员工活动的内容和目的是否与企业的经营活动一致。例如，员工由于工作需要在周末出差，那么员工的差旅费支出应当确认为企业的费用。这也是会计“实质重于形式”的行业规则。

与大多数行业不同的是，保险公司“销售”的是无形产品，保险公司与客户的权利和义务关系是通过保险合同来规范的。为了规范保险人签发的原保险合同的确认、计量和相关信息的列报，根据《企业会计准则——基本准则》，财政部制定了《企业会计准则第25号——原保险合同》，并与《企业会计准则——基本准则》一起发布。《企业会计准则第25号——原保险合同》中对于原保险合同的成本有这样的定义：“原保险合同成本，是指原保险合同发生的、会导致所有者权益减少的、与向所有者分配利润无关的经济利益的总流出。”比较这一定义与前面费用的定义，可以发现两者的表述基本上是一样的，除了因为是定义原保险合同成本所以把定义限制为“原保险合同发生的”。根据这两个定义，我们几乎可以认为费用和成本两个概念是等同的。但是，会计上认为两者还是有一些区别。通常认为成本是对象化的费用，费用按一定的产品加以归集和汇总就形成产品成本。成本与一定的产品相联系，而费用与一定的时期相联系，如图2－1所示。

在图2－1中，从左而右的横轴表示时间，从下而上的纵轴表示公司的各个产品，在保险产品销售的初期，更多的是各种费用尤其是共同费用的发生（如管理线费用、销售线费用），而围绕某一特定产品的成本相对较少发生；在保单持有后期，保险事件增多，直接引发了各类成本（主要包括给付和赔款）增多，即围绕某一保单的赠款成本渐渐地多了起来。从公司经营总体而言，费用与成本总是

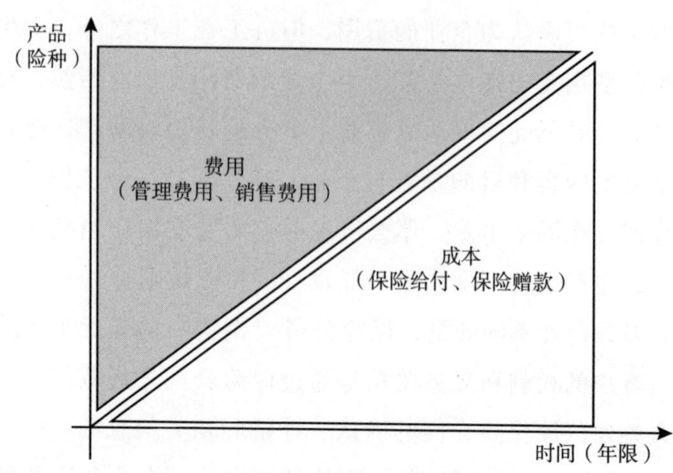

图 2－1　保险公司费用与成本的关系

此消彼长。从现金流分析和成本分析来讲，费用与成本的变化趋势是，即随着时间的持续推进，对公司费用（经济利益流出）逐步按照产品对经济利益流出进行归集，就构成了不同产品的成本。因此，费用是一种基础性花费，而成本则是一种产品对象化框架下对经济利益流出进行归集与分配后的价值凝结。当然，构成特定保险产品成本的经济利益流出可能横跨若干年，而构成公司费用的经济利益流出可能包含若干个产品。

在实际工作中，视保险公司管理和分析的需要，成本归集的对象并不一定完全是产品，也可以是业务渠道或保单。相对来说，保险公司的费用是比较容易统计的，数据可以从保险公司的财务部门获得。而如果要按业务渠道、产品或保单统计成本，则要困难得多，原因是保险公司很多费用是不区分渠道、产品或保单的，如内勤人员的工资和福利费、办公职场的租金等。为了把保险公司的费用支出归集到业务渠道、产品直至保单，就需要经过费用分摊的过程。费用分摊是保险公司一项重要的经验分析工作，请参见本书第九章。

由于费用和成本的密切联系，一般情况下我们可以忽略两者之间的差异。除特别情况下，在后文的分析中不特别区分费用和成本，而是统称为费用。

（二）成本费用的分类

根据《企业会计准则第25号——原保险合同》规定，“原保险合同，是指保险人向投保人收取保费，对约定的可能发生的事故因其发生所造成的财产损失承担赔偿保险金责任，或者当被保险人死亡、伤残、疾病或者达到约定的年龄、期限时承担给付保险金责任的保险合同”。根据这一定义，我们可以看出，保险公司提供给被保险人的基本产品或服务包括保障与资产管理的双重功能。其中，保障即当被保险人死亡、伤残、疾病时承担给付保险金责任。这使得被保险人遭遇不幸事故时，被保险人本人或其家人的生活不至于受到特别大的影响。保险公司提供保障产品的成本主要反映在赔付支出、未满期责任准备金和未决赔款准备金中；而资产管理或储蓄，则是指当被保险人达到约定的年龄、期限时，保险公司承担给付保险金责任，这就是资产管理（或称财富管理、投资、理财、储蓄等）职能的体现。由于寿险合同期限往往长达数年或数十年，保险公司获得保费收入后进行投资运用，作为使用资金的代价，保险公司需要支付被保险人利息。但是，保险公司支付利息的方式并不是直接计算利息支出，而是反映在赔付支出、退保金、保单红利支出、寿险责任准备金和长期健康险责任准备金等项目中。

对应于保险公司提供的产品和服务，保险公司成本费用项目包括赔付支出、提取未到期责任准备金、提取保险责任准备金、退保金、保单红利支出和分出保费等。除了上述六项之外，还会发生税金及附加、手续费及佣金支出、业务及管理费、其他业务成本、资产减值损失、营业外支出和所得税。

之前谈到的费用都是广义上的，它包含了所有除利润分配外经济利益的流出。但也有一种费用却往往是狭义上的，它是指保险公司直接或间接为取得营业收入而发生的相应的耗费。如果我们把寿险产品的毛保费（GP）分解为净保费（NP）和附加费用（GP—NP），那么净保费 NP 相当于保险公司为履行保险责任所收取的保费，而附加费用（GP—NP）则是为满足保险公司日常销售和管理费用支出而收取的保费。

按对应关系来说，净保费（NP）对应于上述 13 项费用中的第 1 ~6 项，即：赔付支出、提取未到期责任准备金、提取保险责任准备金、退保金、保单红利支出、分出保费。这些费用更多的是与产品相关，保险公司的控制力较弱。例如，赔付支出主要受保险事故发生率影响，各项责任准备金则需要按照监管部门的精算规定提取，保户红利支出也需要按照精算原则和监管部门的规定确定。对分出保费保险公司可以选择是否通过再保险转移风险，但由于保险公司的资本金有限，所以当风险积聚到一定程度后需要采用再保险等手段转移风险。

附加费用（GP—NP）则对应于第 7 ~13 项，即：税金及附加、手续费及佣金支出、业务及管理费、其他业务成本、资产减值损失、营业外支出、所得税。其中，税金及附加、所得税是按照国家税收法规必须要缴纳的，企业没有选择的余地。而其他业务成本、资产减值损失、营业外支出都不是由企业的正常经营活动引起的，与业务及管理费没有因果关系，严格讲是一种损失，而非业务及管理活动所必需的，并且带有一定的偶然性。

基于以上的原因，在后文分析中我们将重点关注第 8 ~9 项费用，即手续费及佣金支出、业务及管理费。

二、保险公司成本费用的成长周期变化特征

和其他行业一样，保险公司的发展阶段可以划分为创立期、成长期和成熟期。在各个阶段保险公司的费用支出大致呈现出差异化趋势，即佣金和手续费、业务和管理费都会随着保险公司保费增长而增加，而费用率水平则逐渐下降。对于佣金和手续费，这些费用直接与保费收入挂钩，所以在创立期，由于业务收入主要来源于新单保费，续期保费占比较小，所以佣金和手续费从零开始，随着保费收入增加近乎线性增长。而进入发展期，由于业务收入中续期保费的占比逐渐增加，而且续期保费的佣金率大幅低于新单保费，所以佣金和手续费增速逐渐放缓。进入成熟期后，由于业务收入中续期保费占比逐渐超过新单保费，所以佣金和手续费增长的速率进一步放缓。

对于业务和管理费来说，由于保险公司有最低的管理成本，所以在公司刚开业时，即使保险公司尚无业务收入，也已经有业务和管理费支出。由于业务和管理费是相对固定的费用项目，虽然随着保险公司的业务增长，人力、职场、固定资产等各项资源投入都会随之增加，但增加的速度一般低于保费收入增长的速度。在创立期，由于保险公司要开设新机构，完成全国布局，新机构开设增加了保险公司的业务和管理费支出，但短期内无法迅速增加保费收入，所以业务和管理费的增长速度相对较快。而当保险公司进入发展期，虽然仍在开设新机构，但前期开设的机构保费收入已逐渐增长到较高的水平，所以业务和管理费的增长速度逐渐放缓。到了成熟期，由于保险公司已完成新机构开设，所以业务和管理费已趋于稳定，随着业务收入增加保持较低的速率增长。

三、保险公司价值补偿机制：期缴与趸缴解析

如本书第一章第二节所述，按照缴费方式，寿险产品可分为趸缴（一次性缴纳）产品和期缴（按合同约定的缴费标准，分期按时缴纳）产品。因此，保险公司的产品策略，也就是指保险公司以哪一类或哪几类的产品作为公司的重点产品予以发展和推广，也就是说，产品策略主要是关于趸缴产品与期缴产品谁主沉浮的选择。

（一）产品策略对佣金和手续费的影响

保险公司的产品策略对于佣金、手续费、业务和管理费的影响主要与不同的缴费结构相关。期缴产品在缴费前期，其佣金和手续费率一般是趸缴产品的好几倍，虽然同样保障水平的趸缴产品的保费较期缴产品高，可以在一定程度上抵消趸缴产品较低的佣金和手续费率的影响，但总体上期缴产品的佣金和手续费要高于趸缴产品。对于其他两种产品分类，产品类型对佣金和手续费的影响并没有统一的规律，取决于具体的产品形态和费率。

从管理学原理来说，一般对于利润率较高的产品，保险公司才愿意给出更高的佣金和手续费率。究其原因，一方面是由于保险公司希望销售渠道和人员去销售能为公司带来更多利润的产品，所以通过佣金和手续费策略进行导向；另一方面，由于利润率较高的产品销售难度较大，所以需要通过较高的佣金和手续费率提高销售渠道和销售人员的积极性。根据这一原理，简单分析为什么期缴产品佣金和手续费率一般要比趸缴产品高。趸缴产品可以一次性流入较多保费现金流，使保费收入迅速上规模，有助于提高公司市场占有率，积累较多的资本资产，使公司快速打开承保业务和投资业务的局面。事物总是一分为二的。由于趸缴产品一次收入较多保费，所

以它对投资的压力较大。期缴产品的优缺点则正好与趸缴产品相反。从税后利润的角度，趸缴产品的利润模式与期缴产品有较大差别。趸缴产品的利润曲线比较平稳，而期缴产品各年的利润波动较大，而且在保单承保的首年，由于保险公司有较多的佣金和手续费、保单核保、出单成本支出，因此首年发生的亏损较大，需要靠后续各年利润逐渐弥补回来。从表面来看，似乎趸缴产品更有利于保险公司保持利润的稳定。但是，一般而言，趸缴产品的边际利润率低于期缴产品，并且相对于期缴产品，趸缴产品对资本金的要求更高。

（二）产品策略对业务和管理费的影响

产品策略对业务和管理费的影响，主要体现在不同产品类型对保险公司销售和业务管理流程的影响上。对于保障型和储蓄型产品来说，由于保障型产品的风险保额较高，保险公司要承担较多的承保风险，所以保险公司要通过一些核保、核赔、再保险等风险控制手段来降低风险，从而带来了费用成本的上升。储蓄型产品则正好相反，由于风险保额较低，所以保险公司一般只要求被保险人填写问卷，不需要进行体检、生存调查等复杂的核保手段。如果被保险人在保险期间内发生保险事故，理赔也会相对简单。对于一般的两全寿险，由于保险公司只需作一次或少数几次的生存给付，所以费用成本也相对较低。但是，储蓄型产品中的一个特例是养老金产品。虽然养老金产品的风险保额一般也比较低，核保、核赔都比较简单。但是，当养老金产品进入给付期以后，由于保险公司需要按年或按月支付被保险人生存保险金，频繁的给付操作会带来费用成本的上升。

对于期缴和趸缴产品来说，由于期缴产品承保以后需要投入较多的人力、物力收取续期保费，所以一般趸缴产品的业务和管理费成本较期缴产品要低。另外，由于保单承保的初期，趸缴产品的准备金较期缴产品高，所以趸缴产品的风险保额一般较期缴产品低，由此也会带来费用成本的下降。

对于传统型、分红型、万能型和投资连结型等各类产品，一般传统型产品费用成本最低，投资连结型产品费用成本最高，而分红型和万能型产品介于两者之间。造成这种状况的原因在于：从前端的销售节点看，分红型、万能型和投资连结型这三类产品统称为投资型产品，投资与保障的复合期待容易让人产生误导，精准的销售技术需要投入较多的系列化培训，并甄选素质较好的业务员担当销售工作：如引导客户详细阅读产品说明书并签字、客户回访，确保客户正确理解产品。所有这些销售管理措施，都导致投资型产品的费用成本要高于传统型产品。从中间的投资节点看，投资型产品都要求专业账套对产品账户独立核算或独立管理，从而使得投资决策、资金安排和会计核算工作量大大增加，也相应增加了投资型产品的管理成本。从后端的红利、结算利率和单位价值评估看，投资型产品需要把企业经营获得的全部或部分盈余分配给客户，分别体现为分红险的红利、万能险的结算利率和投资连结险的单位价值评估。分红险的红利核算一年一次，万能险的结算利率评估一般一月一次，而投资连结险的单位价值评估一般为每周或每天。评估越频繁，保险公司的管理成本就越高，对业务系统开发、投资管理、会计核算等方面的要求也就越高。此外，从公司信息披露看，为了使客户及时了解投资型产品的运作和投资账户的价值情况，按照国务院保险监督管理机构的要求，保险公司每年要向客户寄送一次客户通知书，告知客户其保单的收益情况。另外，投资连结险产品还要求保险公司每半年在国务院保险监督管理机构指定的报纸公告投资账户的半年报或年报，这也增加了投资连结产品的运营成本。

四、保险公司盈利模式选择：承保与投资之别

在过去十多年中国保险业快速发展的进程中，部分保险公司过分求大求快，急功近利心态严重，不重视盈利模式的研究，在盈利及偿付能力上出现了问题。对保险业来说，正确处理一些关系对于改进盈利模式是有益的。追求盈利是市场经济条件下保险公司经营的基本目标。保险公司的利润虽来源于多个方面，但其主要利润源及相应不同环节决定了其盈利模式。但是，在市场上并不是每个保险公司都能盈利，因此不盈利的公司或不成熟的公司一般没有盈利模式。此外，随着经营环境和公司自身的成长，保险公司的盈利模式也不是一成不变的。所以，选择合理、成功的盈利模式是公司实现盈利的重要保证，也是实现保险公司目标的重要途径。

有句俗语说："针没有线长，酱没有盐咸"，意思是说不可能对等的事物是难以说明二者的关系的，彼事物无法与此事物相比。在保险公司，承保与投资是一个产业链条上的两个阶段，彼此之间并没有应该厚此薄彼的普遍真理。实践中的所谓侧重点只是各家公司自己的选择罢了。

承保与投资，互不可分。对于公司盈利而言，承保是打基础环节，投资是真功夫环节，两者不可偏废。承保对接投保人群体，其大众认可、产品条款、销售价格、费用保障等决定着承保盈利态势；投资对接投资市场，其投资项目好坏、风格掌握稳悍、市场变化风浪直接影响投资收益的高低。由于长期险的特点，通常投资是累积的资产盘子，其起伏也是大手笔的。而承保盈亏则是一项不可缺少的基本功，需要精细化操作，不应该是粗放式经营。承保与投资的互动关系如图2－2所示。

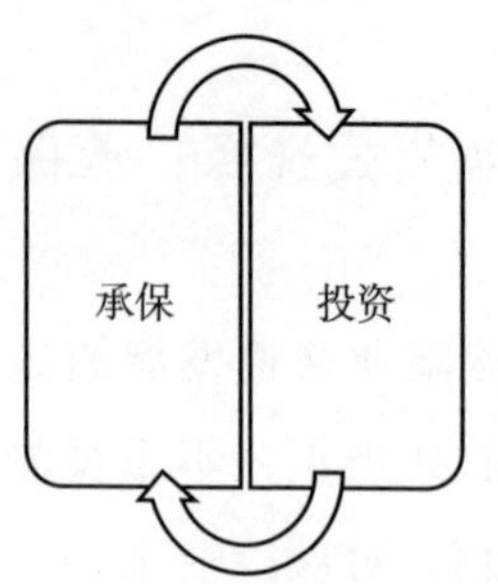

图 2－2　承保与投资互动关系图

值得注意的是，近年来部分保险公司在过分求大求快的急功近利思想指导下，不仅不重视盈利模式的研究，在盈利上及偿付能力上都出现了问题。这些公司普遍采用的一条经营思路就是将保险公司作为一个融资平台，采用激进手法来赚取保费现金流，之后投入到资本市场上去赚“快钱”，即所谓资产驱动型模式，放弃承保盈利的努力，而将承保作为完全服务于投资的融资手段，也就是依仗“投资的盈利”来弥补“承保的亏损”。对此，产品定价风险、投资风险、偿付能力风险，以及公司治理不完善和内控不严等风险均需要引起高度重视。其中重点是部分公司偿付能力不足的风险。行业偿付能力总体水平下降，除了受股票市场不断走低的影响外，关键原因在于部分公司发展模式粗放，产品结构不合理，公司盈利能力不强甚至长期亏损，主要依赖股东增资或发行次级债维持偿付能力。

对于现阶段的中国保险行业来说，如何把握和选择盈利模式无疑是一个重大课题，也是在未来竞争条件下企业生存、发展及成熟必然面临的挑战。承保与投资，一个也不能放弃，必须并驾齐驱。同时，保险公司应转变经营理念，根据保险需求及保险经营环境等因素不断变化，抓住市场机遇（实际上就是行业中新的利润增长点），确定其特有的赖以盈利的商务结构及其对应的业务结构，即盈利模式。

如前所述，对保险业来说，没有一个“放置四海而皆准”的盈利模式，保险业始终处于差异化的变革之中。但正确处理以下关系还是有意义的：一是要正确处理好保费收入与利润的关系。收入可以带来现金流和资产规模，但不一定带来利润，获取收入的成本过高自然没有利润。二是正确处理好承保与投资的关系。投资收益可以增加利润也可以弥补承保业务的亏损。但为增加投资资金来源，期望增加投资收益而准备承保业务的亏损则是不可取的，因为企业将为此冒太大的风险。三是正确处理好产品结构关系。企业利润源的核心是保险产品，但在市场上并不是每个产品都能为企业带来利润。此外，保险产品与保险消费群体是有关系的，差异化的消费群体及相应的服务是选择盈利模式的基础。四是正确处理好管理和营销渠道上继承与创新的关系。好的继承或模仿同样能带来市场机会和企业发展，但当市场主体增多、竞争愈加激励时则必须创新。不同的公司资本结构、不同的产品定位，不同的宏观政策环境，都可能影响保险公司之间的资源配置效率和盈利模式调整，而这就需要在实战中去探索、去创造。

五、保险公司利润来源挖掘：死息费三差分析

保险公司的实际盈利主要来自保费收入加上实际投资收入与未来实际成本支出之间的差异。换一个角度分析，基于精算数据的价值对比标杆效应，保险公司盈利主要取决于“三差”（利差、费差、死差），另外还有退保费差。因此，解剖三差也能够清晰地解读其盈亏根源。

利差即保险期间内保险公司实际要支付给保户的保单价值的利息与保险公司实际投资收益之间的差异。衡量保险公司利差收益

时，要考虑保险责任期间内长期的保单利息成本和长期的投资收益率。保险公司通常会将预定利率定得低一点，在几乎没有利差损的情况下，形成保险公司的盈余。因责任准备金随着年数的增加而逐年增加，所以年数少的合同的利差益较少，年数多的合同的利差益则逐年增多。利差益通常可分为：公司整体的利差益和各个合同所产生的利差益。不过，回首20世纪90年代中国寿险业，在央行一年期存款利率从1993年7月的10.98%降低到1999年2.25%的过程中，保险公司承保了大量预定利率超过6%的保单，在1997年前长期存款利率高于8%时，保险公司投资收益率超过10%，静态看是盈利的。但随着利率的下调，保险公司投资收益率大幅下降，而付给保户的利率依然是6%这一预定利率，这些保单就成了长期存在利差损的亏损保单。

费差是指保险公司在保单定价时，预估的手续费、管理费等支出，并在此基础上预留一定利润的定价费用率，与公司经营中实际支出的费用率之间的差别。

死差对于寿险主要体现为预估的死亡率、意外及重大疾病发生率并自此基础上预留一定利润的定价费用率与未来实际死亡率、意外及重大疾病发生率产生的赔付费用之间的差异。对于财险公司，主要体现在预估事故发生率基础上的定价与未来实际的赔付之间的差异，财险公司这项风险是比较高的。

费差和死差一般也是期缴优于趸缴，保障期限长优于期限短，不作详述。在保险公司以上几项盈利中，最重要的是利差，特别是保单周期长达几十年的寿险，利差是其核心盈利模式，如图2－3所示。

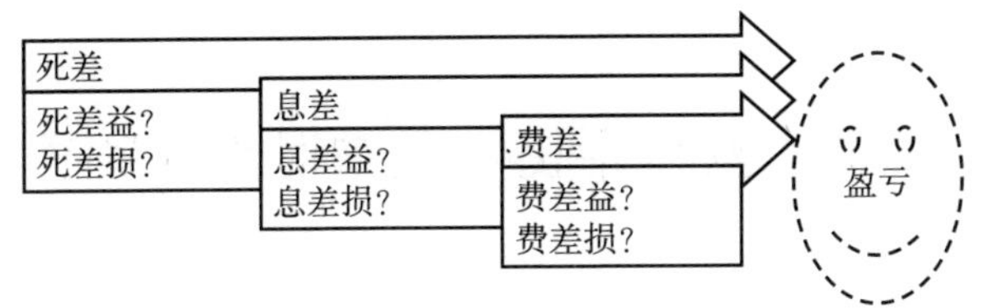

图 2-3　寿险行业盈亏来源分析之挖掘归属示意图

在当今的寿险行业，关于利源分析，不能仅仅局限于“死差”、“息差”与“费差”分析，而更应该考虑到偿二代结构下许多新的结构归类。这也就是“事莫做约，话莫说尽”的道理。换一个角度来说，根据保险行业特殊盈利模式及财务结构，应重点关注的地方和细节：一是投资盈利能力，这是保险企业最重要的竞争力。二是保单最低承诺利率，如果高于5%，风险就非常大。三是内含价值和计算内含价值的精算假设，特别是投资收益率假设和折现率，现阶段，如果哪家保险公司把投资收益率设定到8%以上，那基本上不用相信它自己算出的内含价值了。四是新业务价值和新业务价值利润率，同样保费收入的保险公司之间这两项可能差距很大。五是保费收入中期缴占比以及期缴平均年限，这是决定保单内含价值利润率的重要因素。六是竞争充分特别是有20家以上保险公司的一线城市，各公司之间的市场占有率情况。七是投资资产在财报中的分类，特别是权益类资产，多少划入了交易性金融资产，多少划入了可供出售金融资产，不计入利润表的浮亏或浮盈是多少，变成真实亏损或盈利的概率有多大。八是代理人效率。九是退保率和给付率。十是公司治理结构、管理层经营风格和企业文化。

第二节　盈亏平衡：通常时点在哪里?

自改革开放以来，我国寿险业蓬勃发展，特别是近十年来，新公司纷纷成立，市场呈现出前所未有的激烈竞争，这就对公司的经营提出了更高的要求。如何衡量和比较各公司间经营成果的好坏，已经成为各市场主体关注的焦点。但是，保险公司经营对象的特殊性和经营成本的未来性，决定了其经营结果有更多不确定性。因此在寿险领域，除了常见的净利润、净资产等评估指标外，还存在着一些区别于其他行业的评价方式，如偿付能力、内含价值，以及盈亏平衡点分析。

盈亏平衡分析是一套科学有效的决策方法和管理工具，有助于保险公司根据实际情况，适时改善经营决策，达到经营目标。本节拟结合寿险行业特点，探讨保险公司盈亏平衡点分析的方法及其应用。

一、盈亏平衡点在保险公司中的应用

俗话说："走路怕暴雨，说话怕输理"。那么，保险公司盈亏平衡点的公理、道理是什么呢？这需要从其本质讲起。

（一）盈亏平衡点的定义

所谓盈亏平衡，即收入与支出持平。很多生产性企业在开展一项新业务或研发一种新产品时，也会有盈亏平衡分析，通常计算它的盈亏平衡点，即需要卖多少单位或额度的产品才能达到收支平衡，从而确定这个新业务和产品的经济可行性。

理论上讲，盈亏平衡点就是处于这种态势的那个业务量点，即：

营业利润 = 营业收入 - 营业支出

如果进一步推理，收入端点和支出端点分别在数量上取决于以下因素：

营业收入 = 保费收入 + 投资收入 + 其他业务收入

营业支出 = 赔款支出 - 摊回赔付支出 + 提取责任准备金 - 摊回保险责任准备金 + 手续费及佣金支出 - 分保费用 - 退保金 + 保单红利支出 + 营业税费 + 业务及管理费 - 摊回分保费用

（二）计算盈亏平衡点的相关假设

前面提到，盈亏平衡点分析是事前分析，为了模拟未来若干年的财务状况，精算师必须设立至少三方面的相关假设，一是与业务相关的假设，即与公司保险业务、投资业务和其他业务的未来发展相关的假设，包括公司业务渠道、销售模式、未来扩展计划、投资计划、筹资计划等；二是与产品相关的假设，包括产品结构预测、退保假设、赔款假设等；三是与费用相关的假设，根据公司的业务规划和产品计划，确定公司的业务费用、管理费用等。

假设必须满足以下三个共同条件：一是相关性。一个保险公司的运营涉及多种因素。在盈亏平衡点分析中，要根据分析的目的，抓住最主要、最相关的环节。比如，在对整个公司的盈亏平衡点分析时，要以公司的整体战略规划为核心设定各种假设，其中业务规划是关键，产品假设可以以典型产品为代表。但在对产品或项目进行盈亏平衡分析时，具体的产品类型、各种费用的确定和分摊假设就显得非常重要；二是合理性。假设必须符合公司实情，不能过分偏离市场，对主要假设数据要给出合理的依据或解释；三是前瞻性。因为是对未来业务的假设，必须建立在对未来经济环境、竞争环境的合理预测之上，并且要体现公司在发展进程中由量变到质变的过程，比如规模效应在费用假设中的体现等。

值得注意的是，尽管我们在假设的时候注意了前瞻性，但随着业务发展和环境变化，很多假设在盈亏平衡点到来之前就需要调整。所以盈亏平衡分析不是一个一次性的工作，必须根据实际环境定期测试，真实反映收入成本费用的变化，分析偏离原因，制定调整方案，以确保公司战略规划的实现，所以也把它作为动态盈亏平衡分析。

但就寿险产品而言，盈亏平衡点的衡量要复杂得多：第一，寿险产品的收入具有不确定性。除了趸缴产品，期缴产品收入要在未来若干年陆续实现，其间可能因为退保或发生保险赔付而使收入突然终止。第二，寿险产品成本具有不确定性。只有保险期满或保险责任结束以后才能最终确认保险成本，因而在长达十几年甚至几十年的保险期间内，成本都是估计的。所以，保险公司精算师们在进行盈亏平衡分析的时候，需要设定一系列的假设来模拟未来几十年的财务状况，从而确定公司或某个项目需要多少年才能实现累计盈利，这就是保险公司的盈亏平衡点分析。

就财务报表而言，盈亏平衡点就是公司的累计营业利润第一次实现由负值变为正值，并且以后一直保持正值的那个经营年度。对该定义有几点说明：

第一，立足点。该定义是站在保险公司整体角度看待盈亏平衡点，也可以对某个项目或某个产品单独计算盈亏平衡点，但需要根据相关性，对收入和支出进行严格区分，对共同费用进行分摊。如果分析行业盈亏平衡点情况，可以根据行业平均水平，挑选或构造一家“代表性公司”作为分析的出发点，用以说明盈亏平衡点在保险公司的重要应用。

第二，假设条件。这里盈亏平衡点分析是一种事前行为，利润是在一定的假设条件下得到的，因此如何设定各个影响因素的水平是分析的关键。

第三，营业利润的衡量。营业利润是在假设条件下，利润表收入项扣除支出项后的余额。从本质上看，盈亏平衡点分析就是考察各个假设因素的设定和变化对营业利润造成何种影响的一种分析。

第四，盈利的稳定性。盈亏平衡点的定义强调至概念之后，公司的累计利润必须一直保持为正，体现公司正式进入盈利周期。如果仅是在某年突然出现盈利，但之后几年依然是累计亏损，该年并不能作为盈亏平衡点。

对于不同阶段的保险公司，盈亏平衡点分析的目的不尽相同。现实中，一些新设公司在初期的设想相对乐观，但在经营过程中，预计之外的风险发生较多。总之，盈亏平衡点是业务发展规划的一个非常重要的分析指标。它表明基于公司战略部署，在行业平均费用、投资等因素假设下，公司可以从第几年开始盈利，体现了公司投入资本的获利能力以及利润质量，也是公司利润获得时间上的一种评价方式。

自公司开业以后，保险公司根据董事会和自身经营管理的要求，一般都会定期（每年）制作业务规划书，用于对公司进行战略和业务目标调整等，这一系列调整最终都会反映在利润目标上。另外，随着公司业务的开展，根据实际情况会对一系列假设因子进行调整，预期利润的分布也会发生一定的变化，而通过盈亏平衡点指标，可以说明公司实际资本获利预期相比的差异程度。此外，保险公司在设立分支机构时，仍然需要按照监管部门要求递交拟设分支机构 3 年业务发展规划和市场分析，分支机构的发展规划对公司整体经营结果和盈亏平衡点也会产生一定影响。

对于进入成长期的保险公司而言，已经度过新开业亏损期，步入盈利阶段。此时，盈亏平衡点似乎显得不是那么重要了。但是成长期的保险公司仍会面临偿付能力不足问题，仍然需要追加资本金，那么如何考察这部分资金的获利情况，就成为另一个非常重要的问题。而通过盈亏平衡点的分析方法正好可以解决这一问题。

此外，盈亏平衡点分析方法在寿险产品定价领域应用也很广泛。相较于作为一种利润计量工具，盈亏平衡点更是被用作一种指示或危险信号。

二、影响盈亏平衡点的主要因素

（一）宏观经济环境

对于盈亏平衡点分析而言，经济发展、文化观念、会计准则、税收制度等都是与保险公司宏观发展相关的背景因素。

经济发展是一个基础性的决定要素。一国经济实力的强弱和发展速度，决定着各类行业的发展水平和发展潜力。人们的实际购买力和消费结构取决于国民收入水平的高低，国家的收入分配制度和公平程度反映了人们的生活质量，同时也影响着公司目标人群的设定和细分市场的执行。因此诸如通货膨胀率、GDP 增长率、人均可支配收入增长率等都是盈亏平衡点分析所关心的问题。另外，国家的财政与货币政策会对资本市场产生实质性作用，影响保险公司的产品定价和投资收益，也会影响到盈亏平衡点分析中各项假设的使用。

文化观念也是一个根深蒂固的影响因素。经济的不断发展促使一国文化观念不断变化，消费结构和消费方式随之改变。信用消费的加深，促使公民存款结构发生变化。当作为“自保”支撑的存款降到一定程度时，人们无法承担风险带来的灾难性后果，将更多地借助于保险手段转移风险，促进保险市场发展。

会计准则对盈亏平衡发挥着表面的“定盘星”作用。由于盈亏平衡点分析方法就是从财务核算、利润分析等角度对保险公司的经营作全面而富有概括性的分析。而会计准则正是计量、核算的手段和依据，也是我们进行盈亏平衡点分析的基础。对会计准则的任何实质性变动都会对利润产生重大影响。而一般盈亏平衡点分析的过程和结论大都是面对股东、投资者、企业管理者等内外部人员，因此，一般意义上的会计准则非常重要。

税负高低也直接影响盈亏平衡。国家法律法规对各行业的税收都有明确的规定，各类税种在一定期间内具有相当的稳定性。但是并不排除国家法律制定机构对个别税种在不同阶段作出调整。而任何税务的调整都将关系到整个行业税负，也可能对各家公司的业务取向产生重大影响。保险公司涉及的主要税种有：增值税、所得税、房产税、车船税、土地使用税、印花税等。

（二）行业环境

公司面临的行业市场相关的信息，比如监管政策、市场容量和发展趋势、竞争状态等从各个角度和层面直接影响着保险公司具体策略的制定。

一是政府监管政策。保险公司的进入与退出政策，保险品种的创新政策和监管，对保险公司的财务与精算的监管等，都是影响公司的重要因素。行为监管主导转向以偿付能力监管为主导，那么保险公司就有了价格制定、准备金计提、再保险安排等事项的自主权。但是同时监管机构对保险公司的资本结构和总量就有了更为严格的监控，管理者必须时刻关注资本充足率。反过来这就对保险公司的红利分配、盈余留存、股利发放产生影响。

二是市场容量和发展趋势。全国各个细分市场和地区的市场容量和未来发展趋势，都会左右公司对进入地区、扩张速度、目标人群、销售策略以及产品结构等的选择。

三是竞争环境。竞争包括两个方面，一方面是保险行业与其他金融行业间的竞争。各大类金融机构销售的产品存在交叉领域。另一方面是保险行业内部。这又可以分为三个层次：第一，从总公司看，按整体规模和战略划分不同层次内的竞争状态；第二，各个销售地域内的公司和销售布局；第三，各个公司在细分市场内的布局。

四是保险投资市场。包括资本市场以及货币市场等。对未来投资市场的发展趋势和具体投资回报的预测，是保险公司最为重要的前提假设之一。因为寿险产品大多都是长期性险种，投资收益率对公司的产品定价、准备金计提、资本报酬要求、投资策略、甚至产品结构和销售策略都会有巨大影响。可以说，利率是盈亏平衡点分析中最为敏感的要素之一。

（三）公司内部因素

一是公司的经营战略。经营战略是公司发展的动力，取得竞争优势的源泉就是建立一种有自身特色的不断发展的战略。不同的战略会导致不同的收入成本结构，也会带来不同的盈亏平衡点。而经营战略的各个构成项正是盈亏平衡点分析的最直接影响因素。比如：目标市场、潜在客户、产品设计、扩张策略、销售模式、分销渠道、宣传策略、后援支持等。在下一章的模型分析中将反映上述因素的影响。

二是股东与股本。公司的股东实力和股本也是盈亏平衡点分析中考虑的重要因素。一方面，保险公司在相当长的一段时间内都可能面临增资要求，这就需要股东具备持续注资能力；另一方面，资本金的大小对公司利润会产生直接影响，从而影响盈亏平衡点。一般而言，保险公司增资的渠道包括：利用公司的累计盈余转增资本、向老股东扩募、吸引新股东投资和发行次级债等。不同的方式成本不一样，也直接影响盈亏平衡点的结果。

三是管理效率与风险控制。恰当的组织架构、高效的管理能力直接提高了公司费用的使用效率，承保风险、投资风险的有效控制将大大提高公司的承保能力，核心业务盈利能力的高低直接决定了公司的利润水平。总体而言，管理效率越高，风险控制能力越强，盈利能力就越强，盈亏平衡点就越提前。

三、从实证经验中探寻盈利模型

上一章定性分析了保险公司费用的特点，描述了影响保险公司盈亏平衡点和资本需求的相关因素。为定量分析以上因素与保险公司盈利的关系，本章将通过构建一个虚拟保险公司 ABC 公司来模拟当前我国保险市场保险公司的典型特征，并采用反映市场平均水平的精算假设来推算它未来十年的财务状况，得到其盈亏平衡点结果。

在构建模型的过程中，我们通过多种渠道采集分析了十余家在我国营业的中外资寿险公司的经营数据，包括：资本结构、机构发展、业务类型、产品构成、费用状况等。按照新公司、成长公司和成熟公司三个主要发展阶段对数据进行分类整理，分别以这三个阶段数据的平均水平为基准，结合当前的市场状况，构造公司不同阶段的业务产品结构和费用状况。

（一）为什么要采用模型分析方法

在研究过程中采用模型研究的原因主要有以下三个方面：

（1）目前绝大部分保险公司开业时间不长，仍处于初创期，这些公司的经营数据不能完整地反映寿险公司经营的规律和特点。

（2）中国人寿、平安人寿、太平洋人寿、新华保险、泰康人寿等公司尽管开业时间较长，但它们的数据并不具有代表性。一方面，前三家公司开业以来很长一段时间都处于混业经营阶段，无法获取寿险经营的数据；另一方面，由于市场环境已经发生了明显变化，这几家公司的经营模式不可能被现有公司复制。因此，以上述几家保险公司的经验数据得出的结论不具有典型意义。

(3) 经验分析仍是建立在实践研究的基础之上的。模型的基本假设，例如产品现金流、业务及管理费、机构开设速度等数据都是来源于各保险公司的实际数据，并且通过与泰康人寿、太平人寿、中宏人寿、民生人寿和合众人寿等几家公司的实际经营结果进行对比，进一步验证了模型研究的结论。

通过对保险公司运行结果的经验分析，当然期待能够明确回答和解决实践中经常困扰保险公司和监管部门的一些难题。例如：保险公司初始资本金设置多少为合理适度的问题？开设一家全国性保险公司累计需注入资本金额度？保险公司几年盈利和几年累计盈利的问题？保险公司费用水平的合理性及绩效考核问题？等等。

（二）构建模型的4个基本考虑点

1. 组织架构

通常，ABC公司作为一家全国性的保险机构，采用了目前绝大多数保险公司的组织架构体系，即总公司下辖省分公司（二级机构），省分公司下辖中心支公司（三级机构），中心支公司下辖营销服务部（四级机构），各级机构在一定时期内逐渐开设完毕。根据职能分工不同，总公司具有管理和计划职能，没有销售职能，省分公司和支公司既有管理、计划职能，又有销售职能，营销服务部则几乎全部都是销售职能。

2. 销售渠道与产品

传统保险公司的销售渠道仅限于传统的个人营销、银行代理及团体直销3个渠道，在分析期内不开拓新的销售渠道。当然，每一家保险公司个人营销渠道拥有一支随业务规模扩张而不断扩大的营销员队伍，营销员与公司间签订代理合同，营销员通过销售保单获取佣金。佣金分为直接佣金和间接佣金，直接佣金按照保险产品的约定直接以保费的一定比例支付，间接佣金则是由于销售队伍成员间具有增员隶属关系，通过队伍中其他成员的保单销售，按照公司制定的相关办法间接获取。银行代理和团体直销分别拥有银行客户经理和团体业务员作为销售队伍，他们的薪酬结构采用“底薪＋提成”的形式，部分收入与销售业绩挂钩。

在产品方面，根据目前大多数保险公司的现状，个人营销渠道主要销售分红或非分红两全产品、年金产品、终身保障型及少量万能产品，该渠道产品特点为交费期和保障期均较长，内含价值较高，首年佣金占保费比例较高；银行代理主要销售趸缴两全分红和万能型产品，该渠道产品主要交费方式为趸缴，保险期间较短，产品储蓄成分比例较高，产品价值贡献较低；团体直销渠道主要销售储蓄比例较高的分红或储蓄型产品，该渠道现金流波动较大。

3. 分支机构的运营分类

为了更好地反映我国经济发展的区域性及不均衡性的实际状况，模型按照产能及消费水平等因素对机构分 A、B、C 三类：A 类代表地处经济发达且消费水平高、相应产能较高的机构，包括北京、上海、广东、浙江、江苏、深圳等地；B 类代表地处经济发达且消费水平居中、相应产能中等的机构，包括山东、河南、河北、辽宁、四川、湖北、湖南、黑龙江、安徽、福建等地；除以上两类外的机构归为 C 类，该类机构经济欠发达、消费水平较低且机构产能也较低。

4. 模型近似处理

保险公司业务以长期险为主导，通常着眼于传统险、分红险和万能险等长期性险种来分析，且业务发展策略在分析周期内基本保持一致，未出现较大的业务转型，也就是公司在三个销售渠道上的资源配置保持一致的政策，渠道内的产品结构也基本保持一致。

（三）初步分析的运行情形

根据保险公司的经营特点，考虑在一般资本金假设、机构开设及业务发展计划假设、业务结构及销售渠道假设、业务及管理费假设、佣金手续费假设、投资收益假设、分红策略及税务环境等假设条件下，如果模拟其公司开业 10 年来的利润表和资产负债表。就可以看出，ABC 公司预计在第 7 ~ 8 年左右通常会由亏损状态转而进入盈利期，据此，可以认为该公司盈亏平衡点为第 10 年。

尽管在模拟时我们尽可能地模拟出一个贴近真实公司的保险公司，但必须指出的是，由于各家公司的经营风格不甚相同，现实中公司盈利周期千差万别。这种一般性结论并不普遍适用。或者说，这种分析的局限性普遍存在，主要体现在以下几个方面：一是模型假定公司从开业以来不存在经营战略的变化，例如，机构铺设按照既定计划有序进行，销售渠道、业务结构保持不变。而在实际中，公司经营发展战略经常变化，特别是在经营层发生大的调整和动荡时，业务机构也会相应发生变化；并且由于寿险业务的长期性，以前年度的业务在相当长的一段时间内仍会对公司产生重大影响，因此对经营思路、发展战略发生了重大调整的保险公司，模型运行结果和实际结果会有较大差异。二是模型的基本假设建立在现有市场环境之下，而对于正处于快速发展进程之中的中国寿险业而言，一切都在发生着巨大变化。例如，20 年前，个人营销业务刚刚起步，银代业务几乎没有，市场竞争不激烈，寿险经营的成本也较低；而目前个人营销业务和银代业务已经成为保险公司的主营业务，市场竞争加剧，寿险经营成本也成倍上升。

我们认为，尽管存在上述局限性，模型所揭示出的寿险经营的特点和规律仍然具有普遍性。这些特点和规律也通过对一些保险公司真实情景的模拟得到了验证。现实生活中，保险公司可以运用上述模型模拟公司未来业务发展趋势，帮助股东和管理层制定发展战略，评价公司经营状况，指导公司按照既定战略稳步前进。

第三节　敏感分析：问盈利之道何在?

本节将在前述对关键指标影响因素的定性分析以及后续分析的基础上，进一步就经常可能引起关注的影响盈亏的因素进行分析，包括机构扩张、业务结构、业务及管理费、资本注入等不同影响因素对 ABC 公司的经营结果的影响程度，量化上述影响因素对保险公司经营结果的影响程度。

一、机构扩张快速化：是改善经营结果的法宝吗?

精确作战胜过广种薄收。作为直接获取客户、销售产品的机构是形成保费收入的基本组织，因此，机构扩张模式是保险公司经营战略的重要因素之一。机构扩张的快慢程度，在很大程度上代表了保险公司整体规模扩张的速度。特别是对大量新公司而言，机构扩张是推动业务增长的重要因素之一。在 ABC 公司的模型中，分公司按照每年 4 ~5 家的速度均匀开设。现实中，有些公司为快速提升市场份额，在开业前几年机构铺设速度较快；也有一些公司选择了相反的策略，采取较为稳健的方式铺设分支机构。为模拟分析不同机构扩张速度对保险公司经营结果的影响，我们假定以下两种不同的情景：一种是机构快速扩张。假定 ABC 公司决定加快机构开设的速度，前 3 年新设分公司分别为 6 家、10 家和 10 家，在 3 年内完成全部 26 家分公司的开设；另一种是机构缓慢扩张。假设 ABC 公司决定每年只开 1 家公司，10 年开设 10 家分公司。在上述假设之下，三级机构和四级机构的开设数量和速度与原模型保持一致。根据上述两种假设，ABC 公司的经营结果会发生以下变化：

一是对保费收入的影响。模型按照机构数量和标准产能测算保费收入。因此，机构扩张速度不同，保费收入会发生明显变化。在机构快速扩张模式之下，总保费规模较高，并且业务增长会出现前高后低的特点。在机构快速扩张时，开业第 10 年保费规模为 200 亿元，累计保费收入为 1200 亿元；而在机构缓慢扩张时，开业第 10 年的保费规模仅 70 亿元，累计保费收入为 340 亿元。这种反差就说明了机构铺设速度对保费收入的影响程度。

二是对佣金和手续费的影响。对应于不同的保费规模，佣金和手续费也有所不同。变动费用的特征就是，佣金和手续费变化趋势和保费有相似之处。

三是对业务及管理费用的影响。机构铺设速度对费用水平会产生显著影响。机构铺设较快的公司在开业前期，营业费用和费用增长率都远高于机构铺设较慢的公司，但后期费用增幅下降较快；机构铺设较慢的公司前期费用水平会低于机构铺设较快的公司，但后期增幅相对较高。但是，由于规模效应，机构铺设速度较快的公司的综合费用率反而会低于机构铺设较慢的公司。

四是对资本金需求的影响。在不同的机构扩张速度之下，ABC 公司每年最低的注资要求不同。在机构快速扩张时，累计资本需求将达到 35 亿元；在机构缓慢扩张时，累计资本需求仅为 15 亿元，并且，机构快速扩张模式之下，前期资本需求更高。

五是对利润和盈亏平衡点的影响。机构的快速扩张会导致开业前期的高额亏损，例如开业第三、第四年亏损额均超过了 7 亿元；但同时后期利润增长较快，相对于机构铺设较慢的公司，盈亏平衡点也会提前到第 9 年。而机构缓慢扩张的公司尽管资本金需求大幅降低，前期亏损也相对较低，但进入盈利期也相对较晚，10 年以后仍不能实现累计盈亏平衡。因此，资本金充足的公司更适于选择快速扩张模式。

二、销售渠道多条化：是绩效跨越临界的良方吗？

销售渠道不同，对公司的经营结果、资本需求都会产生重大影响。目前，绝大部分保险公司都选择同时发展个、团、银三个渠道，但不同的公司基于不同的发展战略，重心会有所差异。为模拟分析不同销售渠道对保险公司经营结果的影响，我们假定两种不同的情景：一是个人营销渠道，二是只有银保渠道。

就保费规模来看，银保渠道能在短期内迅速做大保费规模，占据一定的市场份额，但增速呈下降趋势；而个人营销渠道前期保费增长较小，但一直保持较为稳定的增长速度，发展后劲较强。10 年以后，个险公司的总保费规模将超过银保公司。从利润来看，个险公司开业前期亏损会明显高于银保公司，但进入盈利期之后，利润增速放缓，利润会远远高于银保公司。从业务价值来看，个险公司业务价值远远高于银保公司。从资本需求来看，个险公司的资本需求低于银保公司，并且对资本金要求的时间更为滞后。

但是，目前绝大部分公司都选择同时发展个、团、银三条渠道。一方面，由于同时发展三条渠道，费用水平更高，前期亏损更大，大约在第 8 年左右进入盈利期，第 10 年才能实现盈亏平衡；资本需求也较高，累计需要 30 亿元左右的资本金。另一方面，三条渠道同时发展，保费增速相对稳定，业务风险较小，保费规模的优势在后期体现较为明显，业务价值也相对于银保公司具有明显优势。

三、产品结构左右手：价值化与规模化孰优孰劣？

做大保费、追求规模是大多数保险公司的梦想。但是，必须要问企业规模大也好、小也好，做企业真正的目的是什么？做企业是对客户价值的托付与承接，是企业家价值与梦想的实现，也是员工能力与理想的实现，是保险公司使命感的归宿，是人类一种价值理想的实现，这并不完全取决于公司规模。必须看到：期缴产品与趸缴产品在现金流量的联动效应是天壤之别的。

不同的产品具有不同的现金流，对公司经营结果也会产生不同影响。在上一章的模型中，我们假定某公司以分红险为主，在个险渠道和银保渠道分别有10%和40%的万能险业务。由于万能、投连产品增速较快，逐步替代分红产品，成为许多公司的主要产品。从经营结果来看，在同样销售难度下，投连产品和万能产品保费规模要高于分红产品，但是利润率略低于分红产品。为分析不同产品结构对保险公司经营结果的影响，我们假定公司以万能产品为主要产品，万能产品在个人营销渠道和银保渠道的占比分别为50%和80%。

事实上，不同产品结构对保险公司经营结果会产生不同的影响。以万能产品为主，前期亏损高于以分红产品为主的公司，盈利期也较晚，大约在第九年才能进入盈利期，开业10年仍不能实现盈亏平衡。由于盈利能力不同，对资本需求也会产生一定影响。以万能产品为主的公司，后期的资本需求会超过以分红产品为主的公司，累计资本需求比以分红产品为主的公司高5亿元，达37亿元。

上述结论基于同样规模的保费收入得出。在现实中，由于万能险的保费规模比分红产品高，因此，大部分以万能产品为主的公司往往通过扩大保费规模来提高盈利水平，但这种方式也会导致对资本的需求大幅增加。

四、降费用与提收益：谁对提升经营绩效更重要？

从一般财务管理角度分析，保险公司的净资产收益率取决于承保与投资两个环节。其计量模型如下：

ROE＝承保利润率×承保业务标杆＋投资收益率×投资业务标杆＝承保利润率×（已赚保费/净资产）＋投资收益率×（投资资产/净资产）

可见，公司提升ROE水平的三个途径：提高承保利润率（即降低承保费用率）、提升投资收益率、加杠杆。当然，持续领先的承保利润率是识别一家“好”财险公司最为核心的维度：一则因为承保业务杠杆水平由业务开展情况决定，杠杆提升的可控性较弱；二则因为投资端杠杆水平提升依赖于浮存资金或外部融资的增加，而前者仍要依赖于承保业务，若直接通过外部融资或大力发展投资性保单而增加投资资产，又偏离了保险公司主业模式；三则因为投资业务上，各家公司面临同样的宏观投资环境，由于保险资金体量较大，在资产配置的视角之下，各家险企可差异化的空间并不大。不过，对一家寿险公司而言，情况就大大不同了。因为在寿险公司长期保费占比相当大，即累加的投资资产规模远比财险公司一年一算的规模大许多，所以，投资能不能做好，投资收益能不能提升，对盈利与亏损的影响程度是相当巨大的、深刻的。因此，实践中也时不时出现究竟是降低费用率重要，还是提高投资收益率重要的辩论，承保涉及众多条线，其点、其线、其面都相当宽厚，尽管投资收益的外部环境异常复杂，但内部主要集中在投资部门。因此，降低承保费用率与提升投资收益率，两者缺一不可，需要全面分析，统筹安排。

各公司由于经营策略和管控力度上的区别，会产生很大的实际费用差异。假设ABC公司的费用较目前增长20%，它的盈亏平衡点将由第10年推迟到第11年甚至更晚，资本金需求由32亿元增长到45亿元；反之，如果ABC公司通过严格控制使费用下降20%，将提前一年实现盈利，盈亏平衡点将提前到第9年，资本金需求将降低至20亿元。

前面定性分析中已经提到投资收益对盈亏平衡点的影响很大，

根据测试，若投资收益提高 50bp（1bp = 0.01%），公司将提前一年达到盈亏平衡，累计资本需求下降 30%；反之，若投资收益下降 50bp，公司的盈亏平衡点将推迟 1 年，累计资本需求增长 10%。

五、加大资本金投入：是改善投资绩效的优选吗？

上述基础模型中的注资需求按照达到 100% 的偿付能力额度测算，根据业务规模的发展逐步增资。实际经营中，也有部分公司的期初资本很雄厚，足以支持公司未来若干年的扩张和业务发展需求。比如本节中的 ABC 公司，如果采取逐步注资的方式需要累计资本 32 亿元，如果公司股东能在开业时一次性注资 30 亿元，在当前业务规划下基本能满足公司全部资本要求，不需要额外注资。由于注资方式的改变，该公司盈利能力也会发生变化，该公司开业第 1 年就可能盈利，公司将提前 1 年（在第 7 年）进入盈利期，盈亏平衡点由第 10 年提前到第 9 年。但总体来看，这种影响有限。在现实中，很多经营者希望在开业时就筹得足够的资本金，这样一方面可以降低前期亏损，另一方面也就不需要在开业几年后再次说服股东增资，毕竟在当前竞争环境下，开业初期公司的规模和利润都不会乐观，股东如果没有充分估计到前期亏损，增资难度较大。但对股东而言，如果注资规模的加大并没有带来公司规模提升和机构扩张速度的加快，注资效率就没有实质提升。因此，从节约资本和提高资本使用效率的角度出发，资本并非越多越好。对一个理性的、并且对寿险行业有一定了解的股东而言，最好的注资方式是根据实际需求来持续进行资本投入，最大程度地降低资本的浪费。这也要求保险公司股东必须具备持续注资能力。

总之，在历经资本对保险公司的“激情热吻”之后，以往主要依靠源源不断的外来社会资本维持高速发展、大量宝贵资源被耗散的资本推动型增长模式应该终结了，是该进入良性发展、自我积累的正常生态，并与外来新生资源一起协同作战，争取公司更大程度上的发展壮大的时期了。

第四节　价值管理：寿险价值何处寻?

通常，一个公司经营状况好不好，主要通过会计报表上的盈亏数据来评判，保险行业是一个非常特殊的行业，同其他金融企业也不太一样，在业务操作层面上，最关键的在于保险运营是建立在一系列假定之上，假设和推论的过程基本是从未来往现今推导，也就是说保险业是基于未来的行业；在理论层面上就更为奇怪，保险公司将保险人的风险集中之后并没有降低风险总量，只不过是简单将风险进行集中后再去经营，那它是如何盈利的呢？保险公司为什么可以收取高于期望风险损失的保费？这都涉及保险行业立命之本，即保险产品的定价、准备金的提取。首先要取决于预计未来要赔付多少，其次还取决不同的贴现利率假定。所以保险公司的账是一套“基于假定的账”，这点和其他企业有较大的不同。这个主题曾经在第一章阐述过。保险的奇妙之处在于其运作主要依托于两个数学定理，即大数定律和中心极限定律。此外，保险在业务操作层面上还离不开货币的时间价值概念及其处处存在的折现换算。

一、寿险公司价值判断

（一）规范分析的价值标准

在保险公司的会计报表上，我们看到的利润是当年的实际支出加上按照一定的精算规则估算出来的，而企业最终的真正盈利要在经过若干年实际支出发生后才能真实地体现出来。通常，在收入中保费收入是相对确定的，但寿险业保费收入一般是不够支付未来的支出的，需要利用保费收入时间与实际给付时间的时间差，用保费收入进行投资，以保费和保费的投资增值来完成给付，由于投资收益和风险都具有不确定性，因此从这个意义上讲，保险公司收入是不确定的。同时，对于成本而言，同样有很大的不确定性，保险公司在制定保费价格的时候，是按照一定原则对中间费用、事故率（死亡率）等进行预估精算，并预估公司未来的可能投资收益，在此基础上定价。而这些精算预估是在很多未来假设基础上的，与未来很多年后真实发生的情况可能存在很大的差异。

在分析保险公司盈利模式之后，如何进一步来解读其利润来源呢？保险公司的实际盈利主要来自保费收入加上实际投资收入与未来实际成本支出之间的差异。具体可分为三差，即利差、费差、死差，另外还有一个退保费差，不算盈利模式，却也是利润来源之一。关于利差、费差与死差的“三差”分析，已经在本章第一节加以阐述，现仅对退保费差进行分析。对于寿险企业，保户一般存在退保权，保险公司按照保单现金价值退还给保户费用，但对于保户来说，退保特别是缴费前几年退保，是很不划算的，因为前期保费保险公司提取的费用比例较高，退保的金额一般会低于保单的准备金价值，并且保险公司不再承担风险，对保险公司而言，退保本身是存在利润的。当然没有保险公司愿意赚取这部分利润，但退保是客观存在的，并始终占有一定比例，因此这也是保险公司的一项利润来源。

（二）创新环境下的价值标准

保险公司价值经营的核心在于如何看待保险公司的价值。对保险公司的价值其实有很多歧义，评判的标准非常重要。首先在于产品，有多少存量保单意味着有多少保单的价值在保险公司里存起来；其次，有一支队伍或者一个稳定的渠道，代表公司未来能够保持一个怎样的增长速度，这对保险公司来说也是有价值的；最后，有多少机构的网点，其核心是有门槛的牌照，这对于公司的发展价值也不同。一个是产品的问题，即“卖什么”的问题，一个是渠道问题，即“谁来卖”的问题，还有一个就是客户的问题，即“卖给谁”的问题。这几个问题解决不好的话，就很难解决整个行业发展的问题。

价值从何而来关键取决于公司的核心竞争力，这决定了盈利的模型。每个公司的核心竞争力不一样，需要把整个的投保过程、客户服务过程、和客户的沟通渠道、获得新客户的渠道通过互联网来做价值的提升。保险业特别是寿险强调长期性，价值是长期的利润。如何保证长期性，在经营过程中要格外注意。在进行价值管理和设计价值管理机制的时候需要注意，公司价值驱动因素是什么，各个公司经营特点是不一样的，有些公司股东资源非常雄厚，有些公司可能有渠道优势，有些公司则有产品创新能力和服务能力。在公司的经营中，如果从整个系统去考虑，同时不断去推动，那么公司的经营结果是不一样的。

总之，从保险公司价值管理来分析，首先应该关注的是长期价值，其次是品质，再次就是规模，最后才是利润，也就是说，当客户、品质、规模都实现后，利润是自然的结果。当然，价值管理与监管合规并不矛盾，尤其是在“偿二代”体系出台之后，保险公司对于监管的感受愈来愈强，在有限的资本要求下，追求价值管理和监管合规的平衡需要综合协同。首先，在既有业务的情况下，业务投资、业务结构、期限决定了偿付能力需求；其次，在有限资本的情况下，监管虽然也在变，但可以从中选择最有利的“用一块钱做十块钱”的事情；最后是我们自己能做什么，体现在人才队伍建设上。三方面的交集点，即价值导向，才是公司最后可以实现的东西。

二、盈亏平衡点与内含价值

作为保险公司股东，尤其是新股东，需要在传统盈亏平衡点技术的基础上，掌握保险公司内含价值的理念。

随着保险业务的快速发展和增长方式的转变，将内含价值作为对保险公司价值的评估指标已得到投资人、经营者和监管机构的共同认可。所谓内含价值，是指在充分考虑总体风险的情况下，分配给使用业务的资产所产生的股东现金流的现值。它由三部分组成：自由盈余、有效业务价值和要求资本扣除要求资本成本后的余额。自由盈余是指适用业务对应的所有资产的市场价值扣除相应负债后超过该适用业务要求资本的数额。有效业务价值等于基于最优估计下的有效业务未来利润的折现值。要求资本是当意外风险发生，而责任准备金不足时用于弥补意外损失的资金。要求资本基于公司风险而确定，通常监管机关对其有最低金额要求，即法定偿付能力额度。对于给定的一组封闭保单，随着保单数量的降低，保险公司承担的风险会降低，要求资本的水平会逐渐减少，最初的要求资本，减去未来释放的要求资本和要求资本的未来收益之和的折现值即为持有要求资本的成本。用公式表示为：

内含价值 = 资产价值 − 负债 + 有效业务价值 − 要求资本的成本 = 自由盈余 + 有效业务价值 +（未来释放的要求资本和要求资本的未来收益）的折现值

内含价值和盈亏平衡点都是保险公司用来反映综合经营状况的评估指标，他们相辅相成，互为补充。内含价值指标着重于衡量公司当前内在价值，是一个时点质的体现；盈亏平衡点主要基于公司的财务利润，反映在哪个时间段公司能累计盈利，是一个量的表述。但它们都是反映公司未来一段时间的长期经营结果，并且都以一定的假设为基础。有些因素如费用状况、死亡率、退保率、投资收益等对内含价值和盈亏平衡点有同向影响，但有些因素如产品结构的变动反映在内含价值和盈亏平衡点指标上会出现不同的结果。比如公司提高趸缴产品比例，一般会降低整体内含价值，但有可能因为趸缴产品较早实现盈利而让公司提早实现盈亏平衡。所以在公司经营中，要充分认识每个指标的含义和内在联系，综合考虑公司的整体目标和战略作出判断。

保险公司的经营具有长期性、不确定性和社会性的特征。盈亏平衡点只是从一方面反映了保险公司的财务特征，即盈利周期较长，这有利于帮助投资人和潜在投资人正确认识保险行业的经营特征和资本要求。但对于寿险经营者，仅盈亏平衡点这一个指标不足以反映公司的经营状况，必须根据自身公司所处的阶段设计一套财务评估体系，并根据资本市场所关注的一些指标来综合评估保险公司所销售的保险产品的价值量，以量化测度整个保险公司在特定时点的内涵价值。当然，这种视角的保险公司价值评估并不是日常经营活动中保险公司财务会计所需要从事的量化分析，即会计盈利与公司价值测度并不同属于财务会计范畴。

第三章

资产负债：门当户对

提及门当户对，最能让人联想到的是涉及婚姻之类要携手走过数十年的漫漫人生旅程。其实，对于一项长达数十年的保单而言，其相应的资产与负债也同样是这个道理。恐怕没有什么比匹配好资产负债表左右两端更加富有挑战、富有价值了，因为保险公司要面对很漫长的市场考验、很复杂的风险管理。针对30年的负债我们需要去找30年的投资来匹配，可是现今市场上没有这么长周期的投资标的，这是一个很尴尬的问题。30年期限的资产不多、而30年的风险却不少。保险公司要考虑更多的是风险因素，比如说流动性问题，保险公司与传统行业的想法不太一样，传统行业可能更关注三张表中的利润表，其次关注资产负债表和现金流量表。但对保险公司而言，最重要的是资产负债表，因为两边的匹配才是最重要的，风险才是可控的，然后再去考虑利润表，怎样把钱赚到最多，再用现金流量表控制流动性。因此，保险公司的财务管理更复杂，更需要全神贯注地配置好资产与负债的关系。

第一节　保险资产配置的基本框架

保险公司面向社会公众，在未来相当长的一段时间内提供保险专业服务，其持续数十年的长期性特征决定了保险公司的资产负债管理是一个长期性、基础性甚至于能够决定公司生死存亡的重大课题。资产负债管理的最高境界就是追求资产负债的匹配性。这种匹配既要扎根于一定时点的静态，又要着眼于未来各个时期的动态平衡。其大致的画面抽象如图 3－1 所示。

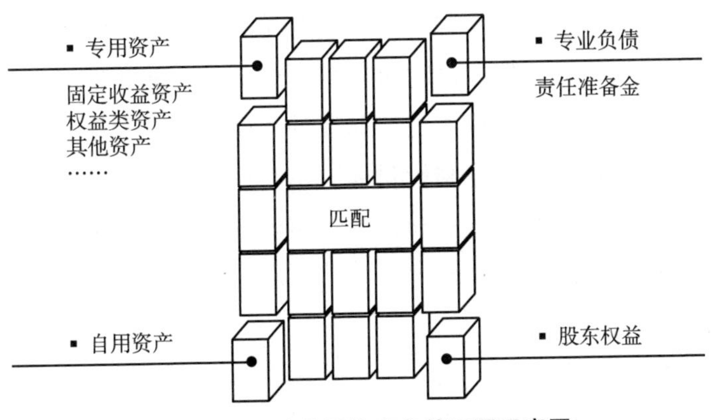

图 3－1　保险公司资产负债匹配示意图

保险公司资产负债管理的主要任务，可以概括为四个方面：一是做好资产和负债的现金流匹配。保险公司要时刻关注那些影响现金流入和现金流出的因素，如保费收入、保费结构、投资收益和资本注入等影响现金流入的因素，以及业务给付、退保、工资奖金、佣金、分红、再保、缴税等影响现金流出的因素。二是控制资产和负债的期限（专业术语称久期）错配程度。因为保险公司的负债期限通常都在十年以上，甚至几十年，因此，利率的波动对保险公司负债端的影响非常大，甚至可以说在很大程度上决定了保险公司的经营成败。应对的方法就是尽可能使资产端与负债端保持基本相同。另外，保险公司账户较多，在分账户上也需要考虑期限的匹配。三是要实现投资回报和盈余的最大化。即要求确保资产的整体价值不低于负债价值，避免出现资不抵债导致公司偿付能力不足甚至破产。在此基础上，应该尽量使公司的价值最大化。除了保证资产价值的稳定性之外，保险公司还应该做好投资收益的管理工作。投资收益的管理主要是为了匹配保险公司负债端的现金流支出，也要确保公司资产价值不因为通货膨胀出现缩水。四是尽量降低公司负债端的成本。在保证自身资产价值稳定和增值的前提下，保险公司还应该通过良好的负债管理尽可能地降低自身的（负债）资金成本。要准确地分析和把握公司负债的资金成本，并在准确了解公司资金成本的基础上，积极通过产品线的组合策略，主动降低公司的资金成本。五是管理和控制偿付能力不足风险。着力从两个方面进行主动性管理，既准确分析和评估公司的利润和资本盈余，也要通过资产负债管理确保良好的资产负债匹配以及资本盈余水平．从而符合偿付能力的要求。

一、保险公司资产端的配置

（一）保险公司资产面临的主要风险

保险公司面对的风险主要包括四类：一是流动性风险，即保险公司资产在不发生较大损失的情况下迅速变现的能力，以应对意料之外的大额退保、业务给付和其他重大资金支出。二是资产购买力缩水风险。保险公司的经营周期非常长，因此，通货膨胀的影响就非常大。如果保险公司的投资收益率持续低于通货膨胀水平，保险公司资产的实际价值将不断下降，最终可能导致盈余为负，甚至破产。后者通常以消费者物价指数来度量。三是信用风险，既包括交易对手的违约风险，也包括企业债券，以及类似的债权类资产信用状况恶化带来的不能及时、足额兑付风险，极端情况下，上述投资标的的亏损可能达到60%。信用风险不仅会带来投资收益的下降，还带来其他一系列的问题，如法律诉讼、违约资产处置、监管风险等，甚至给公司的声誉造成较大的负面影响。四是汇率风险，对于开展海外业务的大型保险公司，汇率波动带来的风险也不容忽视。汇率风险又称“外汇风险”，是指经济主体在持有或运用外汇的经济活动中，因汇率变动而蒙受损失的可能性。主要包括以下几种类型：交易账户的汇率风险、资产负债表中未平仓货币头寸面临的汇率风险、公司投资过程中的结构性汇率风险、盈余或收入的汇率风险。对汇率风险的监控可以通过计算与汇率风险相关的经济资本来进行。因此，保险公司在境外进行投资活动的时候，必须考虑相应的汇率风险。

（二）保险公司资产端配置的主要工作

从保险公司资产负债管理的基本目标出发，资产端的主要工作包括：

1. 保险公司的战略资产配置

保险公司向保单持有人收取的保费形成其资产，而保险公司首先需要确定的问题有：这些资产应该如何配置？在不同的投资类别（银行存款、债券、证券投资基金、股票，以及另类投资等）上应该分别配置多少资产？保险公司在决定其资产配置的时候，需要考虑的因素或者限制条件可以概括为所谓的“三性”，即安全性、流动性与收益性，现简要归结如表3－1所示。

表 3-1 保险公司战略资产配置的主要要求一览

要求	相关资产	要求举例
安全性	政府/准政府债券、高等级企业债券、蓝筹股	不允许投资垃圾债，不允许投资 ST 股票，对股票、不动产及其他金融资产的投资比例设定上限
流动性	货币基金、质押式回购、证券投资基金	流动性资产和剩余期限在 1 年以上的政府/准政府债券占上季末总资产的比例不低于 5%
收益型	证券投资基金、非标债权类资产、股票、未上市股权	一般要求预期收益率要高于产品开发的假设投资收益率

2. 保险公司的风险容忍度

由于偿付能力监管的要求限制，保险公司必须从公司整体的角度了解自己的风险水平以及风险容忍度，从而更好地了解自己的经营风险状况，并指导未来的承保、投资等工作。因此，衡量保险公司的风险容忍度也是资产负债管理的一个重要任务。衡量风险容忍度的主要工具包括风险价值（VaR）、在险盈余度量（EaR）等，我们将在本章第六节进行更为具体的介绍。

3. 资产端的利率风险管理

关于利率风险的重要性我们已经分析过了，资产端的利率风险管理主要是通过久期、凸性等工具来度量风险，并以此为工具指导资产配置过程中不同资产的选择。

4. 资产负债匹配风险的管理

仅仅管理利率风险还不够，保险公司资产负债管理的另一项重要工作是资产负债的期限、收益率和现金流匹配。这其中用到的主要工具和技术包括现金流分析、免疫技术、动态财务分析等。具体的方法和技术将在本章第六节进行介绍。

二、保险公司负债端的配置

（一）保险公司负债面临的主要风险

这些风险包括：一是死亡率偏差导致的流动性风险。在寿险精算中对死亡率评估不准或实际死亡率高于预定死亡率，均会使保险金支出的时间或数额与预期产生偏差，若保险人没有很好地管理这种偏差，就会带来亏损。二是退保导致的流动性风险。虽然保单持有人退保之后保险公司会惩罚性地征收一大笔退保费，但是由于退保打乱了保险公司预定的收入和支出安排，尤其是在大规模退保的情况下，会对保险公司的资产负债结构产生巨大影响，短期内会造成流选择。三是销售误导带来的流动性风险。误导销售行为给保险公司未来的经营、资产负债匹配、现金流管理都带来很大的潜在风险。除以上三种情形之外，还有一些外部的系统性风险，也特别影响深刻。其一是利率波动给负债端带来的风险，这是由于内嵌选择权（寿险合同实际上隐含了一个看跌期权，投保人可退保而收回保险现金价值的权利）而产生的。当市场利率升高时，保单持有人会由于保单的预定利率过低而选择收回保单的现金价值。这些期权的潜在成本在利率波动不大时比较低，而当利率波动比较剧烈时，潜在成本会很高：利率较低时，这些期权将加速资金的流入而增加在不利利率时期的投资额度；利率较高时则正相反，这些期权限制了资金的流入或加速资金的流出，减少了有利利率时期的投资额。其二是通货膨胀带来的风险。通货膨胀率的波动会直接影响保险产品价格的合理性和保险公司准备金的充足性，同时也会对公司资产的定价产生重要影响。由于保险公司的很多评估测算都是基于公司未来现金流的折现，因此，如何预测以后年度的通货膨胀率是测算过程中面临的一个重要问题。

（二）保险公司负债端配置的主要工作

1. 保险公司的产品线组合

寿险业务经营的基本原理是大数定律。而大数定律的成立，基于某一特定的产品线，对不同的产品线来说，存在着自然对冲关系。例如，对人寿保单和年金产品来说，就能形成比较好的自然对冲关系。如果保险公司能够很好地利用这一特点，那么就可以用很低的成本来降低经营风险。具体的产品线组合策略是保险公司经营尤其是精算策划、产品研发的重要目标。

2. 保险公司的负债资金成本

保险公司的资金成本主要包括两个部分：负债端的资金成本和资本端的资金成本（其中资本端的资金成本即要求的资本回报率）。

在保险公司的资产负债管理中，要准确地了解其资金成本水平，从而更好地指导资产配置工作和资产负债的匹配。

3. 保险公司的准备金和现金流评估

除了产品线的组合和资金成本的评估之外，保险公司的准备金评估和现金流特征分析也是很重要的工作。准备金是保险公司负债分析的重要方面，如果准备金的提取过于保守，那么经营效率将受到影响；如果准备金的提取不足，那么又会导致风险上升。因此，准备金评估的准确度依赖于保险公司的资产负债管理水平。现金流的评估和管理亦是如此。

4. 评估和定价寿险合同中的隐含期权

寿险合同的主要类型包括定期寿险、终身寿险、两全保险、万能寿险和投资连结保险。寿险产品因期限较长，通常都给投保人一定的选择权，我们称之为寿险合同的隐含期权。目前，对寿险合同的隐含期限通常采用公允价值评估，比如欧盟第二代偿付能力监管制度体系（solvency Ⅱ）、瑞士偿付能力测试（SST）以及国际财务报告准则（IFRS）等都要求采用公允价值评估。

公允价值评估提供了一种增加透明度的方法，从某种意义上来说，风险可以通过公允定价和情景分析来更为准确地进行分类，这样就可以简单地识别盈利能力差且属于资本密集型的产品线。此外，通过对寿险部门进行一系列的特定情景分析，如失效风险、流行性疾病风险、伤残风险以及长寿风险，可以显著地降低某些产品线的吸引力。特别是从资本要求方面来说，长期产品更为昂贵，这将影响那些内嵌保证和期权，并具有不可忽视的金融和保险风险的传统保险保单。

标准组件或模块合同的，通常仅仅能提供基本保证，但保单持有人可以通过支付足够的（公允）保费获得附加的选择权。这类合同会导致一种情形，即保险公司只提供对保单持有人而言是资本密集型的产品。

除此之外，附加于这些保单的风险是以公允价值而定价的，所以模块化产品将趋向于从 Solvency Ⅱ及 SsT 的引入之中获益，正如保单持有人承担所有投资风险的投资连结保险一样。

基于公允价值概念的风险管理体系，对保险公司而言大有裨益。由此而提供的更高透明度有利于对投资组合的实际风险进行正确分级，以降低损失和违约发生的可能性。对保单持有人和保险公司而言，模块化的产品设计是提高寿险合同透明度的一个重要措施，特别是隐含期权的风险变得更加透明且更易于管理。

三、资产负债匹配的落地：财务工具

保险公司与其他机构投资者的显著差异源自其负债的特殊性：寿险负债一般具有期限长、要求最低收益保证及一定保险保障的特征，而且寿险负债的现金流受保单持有人退保等行为的影响，具有一定的不确定性。保险公司资产配置需充分考虑负债的上述特点，针对不同性质负债采取不同的资产配置策略，做到资产与负债相匹配，目标是通过资产收益超过负债要求成本来增加公司盈余，同时兼顾一定的流动性。

保险公司的资产配置首先要基于存量业务及未来新业务规划，对未来的负债现金流进行预测，预测过程中需充分考虑不同类型产品的特点、可能出现的现金流风险及保单持有人的合理预期。然后，以负债现金流为基础，通过对外部投资环境和行业形势的判断，结合存量资产的特征，得到各大类资产配置的约束条件。在满足公司风险偏好及财务目标的前提下，确定最优的资产配置方案。

（一）对现有负债的分析

1. 对现有负债成本的分析

保险公司未来负债包括两个部分：已出售保单所形成的现有负债和未来的新单业务。保险公司需要对已有的负债进行成本分析。简单来说，就是根据目前产品线的分布情况以及各种产品分别的资金成本，计算出整体负债的平均成本。

2. 对现有负债现金流的分析

除了对现有负债的资金成本进行分析外，还需要对已有负债的现金流入和现金流出进行分析，从而便于对资产端进行配置。

（二）对新单业务负债的分析

除了已有业务所形成的负债，未来新单业务所形成的负债也是很重要的分析内容。对未来一段时期（通常是 1 年）新单业务量的估计，一般是基于对整体宏观环境和市场业务的预期而得来。在对新单业务总量完成基本评估之后，再进一步对其资金成本和现金流特征进行分析，具体内容与对现有负债的分析类似。

（三）对现有资产的分析

完成对现有负债和新单业务负债的分析之后，就要对资产端进行分析。资产端的分析主要包括以下两个部分：针对现有资产的收益率分析，需要对目前公司的资产配置情况进行分析，了解当前资产组合的收益率情况、现金流特性以及对利率风险的敏感程度等。针对未来投资资金来源分析，即对未来一段时期可用投资资金进行分析。具体包括以下两个部分：一是现有资产组合产生的现金流。例如，固定收益投资带来的到期投资和利息收入，股票投资产生的现金红利等。二是未来新单业务产生的现金流入。这两部分的资金总和，就是未来一段时期保险公司用来投资的资金。

（四）对未来市场的展望和利润预期

在对现有负债和资产的情况有了基本的了解之后，保险公司还应该制定一个资产配置的目标，即未来一段时间内的利润预期。这个预期通常由公司的董事会根据整体的市场情况以及公司的发展目标确立。当然，董事会所确定的公司整体利润目标需要进一步分解，即分成承保利润和投资利润。其中，投资利润是指导保险公司未来一段时间内投资工作的主要指标。

（五）资产配置策略的内容和风险控制

在了解了现状和总体的投资目标之后，保险公司将主要从以下两个方面确定资产配置策略：一是现有资产组合结构的调整。根据负债端的特征以及资产配置目标，保险公司需要对现有的资产组合进行必要的调整。二是新增资金的投资。对于未来新增的投资资金，保险公司需要制定具体的投资计划，从而满足对资产配置的要求。在制定好具体的投资策略之后，还需要由公司的风险控制部门进行审核，看这一投资策略是否符合公司整体的风险管理要求，即是否满足公司的风险容忍度要求。如果发现投资策略不能满足风险管理要求，则说明策略的设定过于激进，需要对利润目标作出调整，或者选择更为保守的投资方案。然后，再进行风险管理评估，直至达到满意的结果。

第二节　资产负债匹配的基本思路

资产与负债之间存在紧密的联动关系，二者需要整体协调与动态匹配，一旦二者处于不平衡状态，会造成巨大风险。在保险业的历史进化中，英国公平人寿期权条款由虚变实的分红年金事件、通用美国人寿（Gen American Life）免费赎回衍生的流动性枯竭事件、日韩保险业利差损危机事件以及中国保险业高预定利率保单的潜在利差损带来“技术性破产”事件等，都反复告诫我们资产负债匹配管理的至关重要性。而在其相关理论演进和实践过程中，对技术方法的研究创新无疑占据着相当重要的位置。

一、资产负债匹配起源

（一）传统的利率风险管理技术

1. 免疫理论

1952 年，英国精算师弗兰克 · 雷丁顿通过对精算师能否在不依赖于固定利率水平的条件下更为确定地判断资产能否覆盖负债，即企业偿债能力问题的研究，提出了针对寿险机构利率风险免疫的基本思想：构建一种投资方式，使得公司现有业务不受到一般性利率变动的影响。研究中，雷丁顿运用衡量债券利率敏感性的久期指标，得到了一般性利率风险的免疫方法，即使得负债资金流出的久期等于资产现金流入的久期；并认为在满足这一前提条件的情况下，市场利率波动对资产方和负债方的影响应当是大致相等的。为与之后的完全免疫、或有免疫等方法相区分，这一方法也被称之为雷丁顿免疫。

2. 现金流匹配

现金流匹配（Cash Flow Matching）进一步从资产负债现金流量角度出发，提出了化解利率和流动性风险的方法。与免疫一样，该项技术具有简单直观、易于操作等优点，即使当前业界已开发出复杂精确的模型来管理资产负债风险，现金流匹配技术仍是许多保险从业者实施资产负债匹配管理的有力武器。现金流匹配，是指对资产组合的现金流收入与对应债务支出的现金流期限匹配安排，从而通过平衡公司资产负债现金流关系达到免除利率风险与流动性风险的一种方法。该方法要求保险公司构建合适的投资组合，以保证其中所持有的资产在每个时期中都能够提供足够现金来满足该期间内预定的债务支出。

根据对资产超出负债部分现金流的不同处理方式，传统的现金流匹配模型又主要可以分为古典现金流匹配模型和贡献模型两种。现金流匹配技术具有易于投资者理解和操作的优势。然而一旦应用于实际操作过程，投资者便发现该方法实则上受到诸多限制，很难达到理想中的匹配管理效果：首先是现金流的不确定性；其次是资产的期限结构限制；最后是对投资灵活性的约束。

3. 缺口分析

与上述两种方法类似，缺口分析（Gap Analysis）也是一种用于衡量与控制利率波动风险、为组合结构优化提供建议的管理方法。

运用缺口分析技术，保险公司可以通过分析利率变化对当期收益的影响来评估盈余对利率波动的敏感度，从而为如何调整经营策略提供指导。作为一种较为简单的单目标、单阶段静态技术，缺口分析在保险及银行业的管理中都有着较大的发挥空间。具体来看，缺口分析有到期缺口模型和久期缺口模型两类。到期缺口模型主要测量各期限区间内利率敏感性资产规模和利率敏感性负债规模之间的绝对值差异，是较简单的一种缺口分析方法，具体衡量指标表现为到期缺口和利率敏感性比率两种形式。而与到期缺口模型用利率敏感性资产和负债规模的差值来度量利率变动影响不同，久期缺口衡量了保险公司资产方和负债方对于利率变动的敏感性差异，并最终反映为公司资本盈余净值（股东权益价值）的变动，显然是更为精确的。

（二）扩展的资产负债匹配管理技术

与以上几种主要针对利率风险、以控制盈余波动为目标的传统技术不同，另一类思路则是开始针对保险机构经营中的多重目标进行分析，并指导着对投资活动和承保活动中多个模块的策略规划，使得资产负债匹配管理工作开始涵盖更多的业务环节。具体技术方法包括：现金流测试、多重限制决策模型、随机规划模型和动态财务分析等。

二、资产负债匹配：模式探究

从国际实践经验看，通常的资产负债匹配管理模式可以分三种：负债主导型模式、资产负债并行的模式和资产主导型模式。虽然都体现资产负债匹配这一核心思想，但具体实施过程的出发点和侧重点均有所不同，策略安排和实施流程也会存在较大分歧。最终选择怎样的管理模式，与公司所面临的客观环境和自身条件有很大关系。

（一）各自模式的基本特征

1. 负债主导型模式

传统的保险经营观认为，保险公司是以销售保险产品为主的被动负债型企业，承保是其传统核心业务，而投资业务只是用于被动匹配负债需求、满足预定偿付支出并保证财务稳健性的一种手段。由于保险产品的开发、定价与销售等承保业务策略制定往往在很大程度上受到投保人逆向选择、市场竞争等诸多外部因素影响，当处于特定经济环境和业务发展阶段时，负债方通常是比较固定的，难有大的调整空间；作为承保业务附属的投资活动则相对比较灵活，公司可以根据负债情况主动调整资产结构。总体上，负债主导型模式强调的是一种以承保业务为主、投资业务为辅的经营理念。

负债主导型的管理模式，保险人首先要根据内外部因素确定保险业务发展策略，之后再参考按照此计划固定下来的负债结构，通过对资产方的单方面调节来实现匹配管理要求。虽然这种做法考虑了资产负债综合协调，但其活动本质上是建立在已确定负债基础上通过对投资的单方面规划来实现的，并没有很好地体现出资产方与负债方的互动关系。由于该模式下的产品定价和销售环节纯粹以市场为主导力量，脱离了对资本市场运行趋势的客观分析，所形成的负债结构极有可能难以找到合适的投资组合与之匹配。若制定的承保策略不合理，导致未来实际赔付成本大幅超过资本市场所能供给的收益水平，将会给公司带来很大的财务风险。

负债主导型管理模式以欧洲、日本和韩国的保险公司为主，国内代表型公司包括平安人寿、太保人寿、太平人寿、泰康人寿和友邦保险、信诚人寿等，其保险产品主要以定期寿险、终身寿险、年金险等传统险产品为主，期限一般在 10 年以上，产品开发时假设的投资收益率相对较低。

2. 资产负债并行模式

从技术上来看，传统险比较容易产生承保利润，具有较高内含价值。缺点是资产规模增长较慢，短期内难以形成规模效应，保险公司需要承担 8～10 年，甚至更长时间的亏损，对于新近成立的保险公司而言，挑战很大。另外，从国内资本市场来看，剩余期限在 10 年以上的资产较少，且品类单一，主要国债和准政府债，收益率较低，也在客观上限制了负债主导型模式的推广。

有鉴于此，在“负债驱动资产”的传统模式上，出现了一种兼容“资产引导负债”的发展模式，即所谓的“资产负债并行策略”。一方面，不断创新销售渠道和创新产品开发，改善业务结构，在负债端降低保单获取或本；另一方面，要紧密结合资产配置端的投资有效性来决定保险公司整体经营策略。同时，要大力提升公司的管理水平，降低运营管理费用。从短期看，利率市场化将导致负债成本上升，而从长期看，它将促使保险公司在负债资产匹配方面有阶段性改善。

资产负债并行的模式认为应当从投资与承保两方面同时入手确定各项策略，它是在匹配管理框架下建立的一种更全面化的管理模式。与单方面考虑资产方或是负债方不同，在资产负债并行的模式下，承保业务和投资业务不再是单向的决定关系，而是相互联动并彼此影响的：投资决策不是独立的，保险机构要充分考虑业务发展的需求，并将负债方需求引入到投资策略的制定过程中；承保业务发展也不是无节制的，必须参照当期的投资环境约束，兼顾到资本市场所能提供的可行空间，两者相辅相成。如此一来，保险公司就能更好地将资产负债决策结合起来，弥补负债主导模式和资产主导模式的缺陷。

这种模式更加强调负债和资产之间的沟通协作，希望通过对资产负债结构的双向协调来完成匹配管理要求，实现各项业务的均衡与互补。在这一思想指导下，资产方和负债方的决策是根据双方信息不断作出调整的循环动态过程，保险公司必须收集各方面情况，综合统筹产品开发、定价、销售与投资环节的战略规划，从而将整个经营过程有效地串联起来。在使用资产负债并行模式的基础上，保险公司的财务目标从追求稳定的利润上升到整体风险控制和全面价值管理，资产负债匹配管理活动的范围也相应扩展到对财务政策、绩效评估、再保险乃至内控制度、公司架构和管理流程等环节的全方位策划，为企业发展提供良好指导。

虽然资产负债并行模式有着明显的优势，但也存在一定局限性。该模式涉及众多环节的协调，管理过程十分复杂，对于经营层的专业素质和决策能力均提出了较高挑战；由于该模式的成功运行还有赖于各有关部门的紧密协调与通力合作，故必须建立完善的公司架构和业务流程相配合。因此，在公司未能达到相关条件的情况下，资产负债并行管理的设想常常不能得到有效执行，也难以达到预期效果。

目前，资产负债并行策略在美国、英国等国家有所实行，代表公司在国际上有英国保诚集团等，国内的泰康人寿、信诚人寿等具备一定特点，其保险产品既有定期寿险、终身寿险、年金险等传统险产品，也有投连险等投资型险种，前者期限一般在10年以上，产品开发时假设的投资收益率相对较低，后者则类似证券投资基金，实行契约化管理，保险公司收取管理费，产品本身的盈亏则由投保人完全承担。

3. 资产主导型模式

与负债主导型模式恰恰相反，资产主导型模式更加强调投资业务在保险经营中的主力地位，反过来将承保活动作为投资的附属业务。这种模式倡导保险公司应当主要从投资角度出发制定其保险业务的发展策略，在产品设计和定价时必须着重考虑当时的资本市场状态，分析各类投资工具及投资组合所具有的风险收益特征，而不是将关注点放在如何满足客户需求、建立行业竞争优势之上。

在该模式理念的指导下，保险公司需要根据资金运用的预期结果来调整负债业务策略。一是分析现有产品的销售状况，如果判断当前的投资回报可能无法达到产品设计定价时所预期的收益水平，或是满足该产品的负债要求将使公司承担过高风险，经营层就应当减少甚至中止该产品的销售计划；二是结合市场信息确定新产品的开发计划，其应当结合对宏观经济与资本市场的研判，就当时和未来可得的资产配置结构和投资收益状况进行仔细分析与测算，以此作为新产品定价的基本依据；三是把握资本市场中的较好投资机会开发保险产品，特别是对那些具备了优秀投资能力或是掌握了创新投资渠道的公司，可以充分利用这一优势创造具有市场竞争力的新产品。

资产主导型模式在运用中也存在着明显的缺陷。由于没有很好融合客户需求和业竞争因素，根据该原则所确定的销售和定价策略可能根本不符合市场主流，使得公司在业务拓展中处于被动局面，陷入现金流减速或停顿的困境；有时甚至会引发承保业务的剧烈波动，最终形成严重的流动性问题及财务不稳定状况。

资产主导型管理模式以欧洲、美国的保险公司为主，代表性公司在国际上有英国的标准人寿，国内有原安邦人寿、前海人寿、华夏人寿等，其保险产品主要以投连险（海外）和理财化的万能险（国内）为主。目前，国内理财化的万能险渐渐呈现出旁氏化迹象，加上上述公司资产负债错配问题严重，控股股东涉嫌利用保险公司吸纳资金从事其他经营活动等原因被监管机构叫停，未来如何发展还需要进一步观察。

（二）匹配模式的现实选择

不难发现，这三种模式各存优劣，操作时保险机构会根据其外部环境和内在环境的综合评估结果，选择最为合适的资产负债匹配管理模式，并围绕该模式谋划管理策略与业务流程。

通常而言，为保证业务的持续发展，保险公司的产品形态和定价水平应该能够较好地满足买方偏好、具备较强吸引力，从而在同业竞争中建立优势地位。这对希望从资产方出发制定负债业务计划的企业提出较大挑战，要求其必须具备优秀的投资能力、良好的销售网络，并能提供完善的服务。因此，目前完全使用资产主导型模式管理所有产品的保险机构并不多见。但在特定的阶段中，一些公司可能利用其在获取投资资源上的优势或是当期资本市场状态，运用该模式对个别产品或产品线进行管理。在案例分析中曾提到过，英国保险公司就曾充分利用市场条件，开发出了十分适合当时投资组合特点的保险产品。

选择负债主导型的匹配管理模式则对当地资本市场与监管环境提出了较高要求。事实上，当置身于可获取投资工具的品种及期限结构有限、市场波动剧烈且监管约束过多的地区时，常常难以保证建立有效资产组合来匹配完全顺应市场需求所建立的负债结构，从而对各项策略的有效性形成限制。因此，该模式比较适合在资本市场健全、投资工具丰富的国家中经营保险业务的企业采用。此外，负债主导型模式还要求公司具有比较成熟的经营理念，监管当局也能从审慎的风险管理角度出发，构建一套以偿付能力为核心的长效监管体制，否则行业很容易因盲目发展业务而出现恶性竞争的局面。

目前，资产负债并行的模式是国际保险业中比较通行的做法，在提高业务能力和完善公司流程的基础上，越来越多保险机构从资产和负债两方面出发制定各项业务决策。他们一方面以市场需求和投资组合分析为基础设计产品并制定业务发展计划，另一方面也采取更为积极的投资策略来扩大利润来源、提高竞争力，而非仅仅是被动地满足负债需求。此外，目前分红、万能等新型保险产品的定价和准备金评估政策均与公司投资收益及对资本市场走势判断存在千丝万缕的联系，已很难脱离资产方分析而单独确定负债策略，如表3－2所示。

表3－2　资产负债匹配管理模式比较

项目	负债主导型	资产负债并行模式	资产主导型
优点	更好地响应市场需求	盈利多元化 强大的资产管理能力	规模效应（国内） 较少（国外）的资本金消耗 扮演股东融资平台
局限性	难以找到合适的资产组合匹配负债 承保业务策略可能不合理	协调、管理工作复杂 高度依赖有关部门的协作 运行结果不确定性较大	对市场需求的响应不够 现金流风险较为突出，以及被动的负债高成本 监管风险
应用范畴与要求	发达的资本市场 使用者具备成熟的管理理念 有效、宽松的监管环境	负债业务较为稳定 资本市场发达 资产负债管理能力突出的大型保险集团	发达的资本市场 宽松的监管环境 负债业务竞争十分激烈 股东更注重保险之外价值

三、险企伪命题：异化的资产驱动负债

以原安邦人寿、华夏人寿以及新生的前海人寿、上海人寿等为代表，一批中小型公司利用监管灰色地带，依靠理财化的万能险快速崛起，规模保费呈几何级数增长，似乎打破了保险业强者恒强的神话，搅动了一池春水。但是，随着时间的推移，所谓的资产驱动负债，实际上已演变为少数心怀叵测的股东打着“保险”的幌子，大肆聚敛资金的资金运作活动。随着保险监管向“保险姓保、监管姓监”回归，所谓资产驱动负债的谎言被戳穿。曾经在保险市场和

资本市场喧嚣一时的“保险创新”，随着一些金融大鳄的黯然离场，最终露出了狐狸尾巴，成为近年来寿险市场创新发展最大的伪命题。

（一）心不在焉的保险创新

1. 资产驱动负债模式的兴起

资产驱动负债模式兴起于2013年，2014～2016年为黄金发展时期。以原安邦人寿（现大家保险）为例，2012年，原安邦人寿的规模保费占平安人寿的比例仅为0.9%，2016年高峰时达到89.7%。

推动资产驱动负债模式发展的动力主要有两个，一个是政府保险监管机构从行业快速发展出发，曾经在导向上从风险管理为主转向做大行业，客观上为部分中小保险公司盲目扩张规模创造了条件。另一个就是部分心存“歪念”的股东看到了保险监管的漏洞，企图利用监管漏洞，打着高收益率和刚性兑付的幌子，依靠旁氏骗局式的理财型险种，即异化的万能险的大量销售，试图弯道超车，达到短时间内大量聚财，进而在资本市场上兴风作浪，甚至恶意向境外转移资金的目的，如图3－2所示。

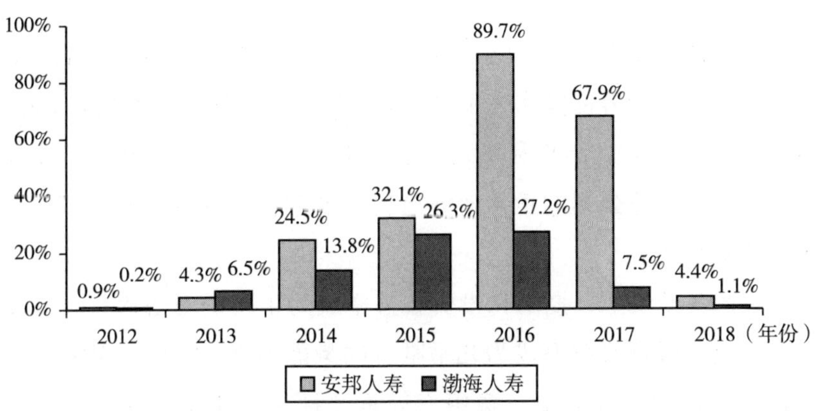

图3－2　部分寿险公司2012年以来规模保费相对平安人寿占比的变化

注：规模保费＝原保费收入＋保户投资款新增交费（万能险）＋投连险独立账户新增交费（投连险）。

资产驱动负债模式的主要问题在于，该模式偏离了《国务院关于加快发展现代保险服务业的若干意见》（保险业发展新十条）关于“建立与我国经济社会发展需求相适应的现代保险服务业”的基本方向，对人民群众不断丰富和日益增长的保险保障需求充耳不闻，产生了一批基本“不提供人寿保险服务”的寿险公司。2016 年底随着保险监管正本清源，重回“保险姓保”的正轨，一度风光无限的资产驱动负债模式逐渐成为历史。

2. 与负债驱动资产模式比较

与传统的负债驱动资产相比，资产驱动负债的最大特点是投资配置策略的不同。传统的负债驱动资产策略更注重资产配置和负债久期，关注负债成本和承保利润；而资产驱动负债策略的投资主要押注在股票和高收益另类资产的投资上。股票投资以敌意收购、短线交易为主，更有甚者出现了对企业正常经营横加干涉，甚至对垃圾股坐庄博取短期收益的行为。在另类投资方面，则以高收益的信托计划为主，背离了保险资金对于安全性和流动性的基本要求。部分奉行资产驱动负债策略的公司，甚至以跨境收购为名，行“转移资产”之实，如图 3 -3 所示。

在负债端，奉行资产驱动负债模式的公司以存续期短、结算利率高、理财化的万能险作为主打产品，许多产品的存续期只有 1 年，退保率超过 90%，结算利率大幅超出同期限的银行理财产品。由于高退保率，上述公司的正常业务给付高度依赖于新的保费流入，现金流非常脆弱。

在产品开发上，期限和投资收益率成为主要的考虑因素，在某种意义上，投资收益率成为几乎唯一的考虑因素，传统产品开发中的形态、期限、现金流、费用率等重要性大大下降。在一定程度上，该类公司的产品开发理财化，背离了保险公司产品开发应有的审慎和稳健，使公司的产品开发风险大大上升。

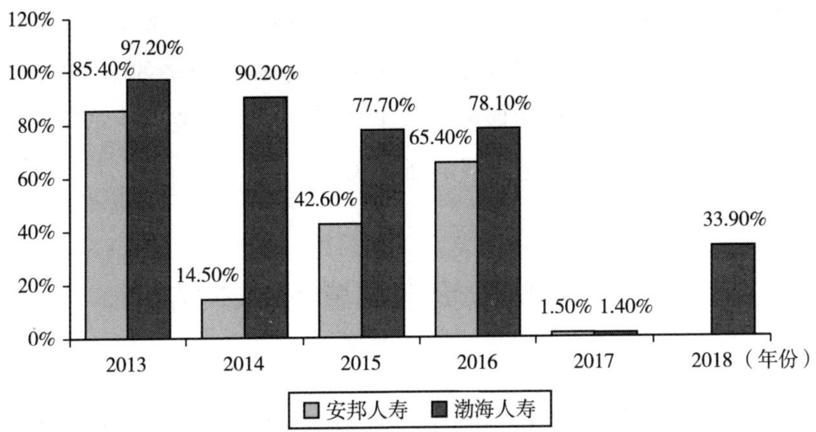

图 3-3　部分奉行资产驱动负债策略寿险公司万能险占规模保费的比重：2013～2018 年

注：因安邦保险集团被中国银保监会接管，故暂缓披露 2018 年度信息。

（二）转型发展是当务之急

随着保险监管政策回归本源，以期限短、成本高、退保高、理财化为特点的万能险大量销售的时代已经结束，奉行资产驱动负债策略的寿险公司（该类公司）转型发展成为当务之急。一方面，该类公司未来 1～2 年面临严重的集中到期给付的问题，现金流风险不容忽视。另一方面，该类公司如要延续资产驱动负债策略，需要寻找新的保险产品。从国外来看，实行资产驱动负债策略的公司通常销售的主要是投连险。因此，如何做大投连险，将成为上述公司转型发展的重要方向。而从总体战略分析，该类公司的转型还包括经营战略的调整、公司治理的优化、组织架构的调整，以及相应的人员、财务资源的重新配置，挑战之大可想而知。

进一步看，保险业的发展空间来自对经济社会发展的保驾护航，保险业作为“社会稳定器”“经济助推器”的功能已经得到各方面的高度重视和充分认可。“新国十条”无疑为保险业在更广领域和更深层面服务经济社会全局提供了难得的发展机遇，保险公司应当严守定位、回归本源、转型发展，坚持服务实体经济的根本导向，坚守长期稳健风险管理和保障的基本属性，通过规范治理结构和内控机制，逐步迈向高质量发展的新时代。

第三节　保险资产配置的基本结构

一家保险公司通常在总体上需要经过初创期、成长期等阶段渐渐发育成熟，并且在其正常经营后会或快或慢地经历各种蜕变期。在初创期，主要是经营资本金配置，财务上会表现出每年亏损，保费收入持续增长，慢慢会在资产配置组合方面开辟新的通道。自公司开始持续盈利就进入成长阶段，保费收入快速增长，资产配置的渠道日益完善、投资交易也日益频繁，投资团险建设成为重中之重。当保险公司可以靠自身积累满足保费增长对偿付能力的要求，也就是通常所说的形成了良好的内部造血机制时，就进入了成熟期，分支机构开设基本就绪，业务规模稳定增长但增速较缓。投资业务对保险公司的影响越来越大，投资收益率的高低往往会对利润产生至关重要的影响。

在保险公司依靠承保与投资两根支柱赢得公司生存与发展的时代背景下，对保险资金（可投资部分资金）进行主动、规范、富有效益的管理运行，可直接增加公司盈利、提升公司价值。对整个金融市场而言，保险公司庞大的资金规模使其成为资本市场中重要的机构投资者之一，保险资产的配置对于市场的发展和稳定有着重要的意义。

一、保险可运用资金的来源

目前，我国保险资金主要由投保人保费与企业资本金组成，具体由以下几个部分构成：

（一）自有资本金

资本金包含注册资本金与资本公积转增资本金，前者按照保险法规定缴纳，可视为初始准备金，后者则为非经营收入形成资本增值的公积金，两者与从营业收入中按规定提存的盈余公积金共同形成了保险公司偿付能力的保障。因此，从用途上看，自有资本金实质上是一种备用资金，只有在发生了特大风险灾害且各项准备金难以完成偿付的情况下才用来承担保险责任。因此，在大部分情况下，自有资金实质上处于闲置状态，同时作为备用资金，还拥有长期性与稳定性的特点，是保险公司可投资部分资金中的重要组成部分，适用于长期投资。

（二）未分配利润

保险公司的未分配利润主要分为盈余公积金与用于分红等活动的其他资金。其中盈余公积金是按照保险法规定从利润中提取，与资本金形成了偿付能力的保障，大部分时间闲置，适用于长期投资。而其他资金部分除了可以作为分红，也可以被用于短期投资。

（三）责任准备金

保险公司的责任准备金是指保险公司在保险合同有效期内按照法律规定，将客户保费予以提存的各项金额，主要用于履行赔偿给付业务。对于寿险公司而言，责任准备金被用以负担合同期限内的给付与合同结束时的退保给付义务，具有长期性与稳定性的特征。因此，寿险公司的各项准备金适合投资中长期高收益的项目，而非寿险公司的准备金较为注重流动性，适合短期投资。

（四）其他资金

保险公司在运营活动中可能会产生其他一些可用于投资的资金，比如企业债券、结算中形成的短期负债等。这些资金则可以根据其期限的不同被用于不同的投资。

二、保险资产配置的模式

从保险资产的管理模式上看，主要分为自主投资与委托投资，其中委托投资又分为自主委托与外部委托。小型保险公司碍于规模与成本限制，往往选择委托外部非关联机构投资者运作自身保险资金，以较低成本达成专业化的资金增值，但是整个投资过程较难控制，有遭遇投资歧视的可能性。中型保险公司通常选择内设投资部门，以自主投资的方式完成保险资金的运用。尽管成本较外部投资更高且专业化水平不足，但是整体投资过程受控，沟通便利，能够针对公司自身情况作出调整。大型保险企业往往设立全额或者控股的保险资产管理公司达成内部委托，投资专业性较自主投资更高，且沟通顺畅，避免了代理问题，但是专业化程度仍不及专业机构投资者，且成本较高。

三、保险资产配置的原则

基于保险资金的正宗使命在于赔偿与给付，而长期可持续维持这种能力必然要求初期能够在时间上、数额上确保其相应的内在要求。因此，这就决定了保险资金的运用必须要严格遵循以下几个原则，如图 3－4 所示。

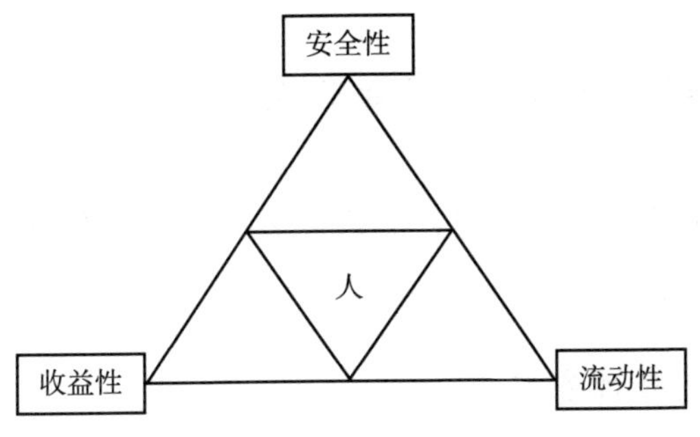

图 3－4　保险公司资产配置三原则示意图

（一）安全性原则

安全性强调资金运用必须保证其本金安全返还，这是最起码的原则。否则，就会影响正常的补偿客户经济损失职能的发挥。如果为追求利润而过度冒险，就会危及保险公司的生存发展，这种本末倒置的做法是行不通的。

（二）流动性原则

流动性强调保险投资项目应具有较强的变现能力，在需要时能够及时变现，确保赔偿及给付工作的现金需要。由于客户出险具有随机性，保险公司随时可能承担赔偿及给付责任，适当的流动性自然至关重要的。

（三）收益性原则

收益性就是谋求适当的经济收益，从而增强保险公司的经济实力。如果没有投资收益，则只能从投保人处多收取保费，这必然会增加投保人的负担，使保险业发展萎缩；反之则能促进行业的繁荣发展。因此，实现低保费率和高投资收益率的良性循环，是发达国家保险业赖以成功的重要保证。

四、保险资产配置的主要形式

根据我国保险监管机构大类资产分类标准，目前，保险资金主要投资渠道如下：

（一）流动性资产

流动性资产是指现金与现金等价物、活期存款、货币型基金，以及剩余期限在1年以内的国债和准政府债券等价值波动小、流动性高，能随时转换成定额现金的资产。此类资产由于安全性较好，流动性较强，对保险企业而言是较为稳妥的投资方式，但是收益较低。目前，我国保险业流动性资产的投资比例是：寿险公司不低于5%，财险公司不低于7%。

（二）固定收益类资产

固定收益类投资主要为债券、银行定期存款、债权投资计划、集合资金信托计划、资产支持证券、债券基金等。由于收益稳定，安全性较高，固定收益类产品占据我国保险行业86.9%的投资份额，而债券类产品占据投资额度75%以上。

（三）权益类资产

权益类产品包括股票、股票基金、混合基金、未上市股权，尽管收益较高，但是同样伴随高风险。各国保险业对此往往有投资份额的限制，根据我国保险监管机构最新规定，我国保险公司权益类资产投资比例不应高于30%。

（四）不动产类资产

不动产类资产是指购买或者投资于土地、房产、其余依附于土地上的附着物，以及价值取决于上述资产价值变动的投资品。投资于不动产有利于分散保险投资组合的风险，并且投资收益较为可观，但是由于不动产投资本身需要大量资金且价值波动较大，各国往往对此类投资标的有比例限制，在我国，投资于不动产的比例不应高于上季末保险公司总资产的30%。

（五）金融衍生品

金融衍生品包括远期、互换、期货、期权，特点是波动性极大，收益也极高。灵活运用金融衍生品可以有效对冲投资风险，但是由于我国此类投资标的相对缺乏，目前金融衍生品投资在我国保险行业投资中的占比几乎可以忽略。

（六）境外投资

境外投资是指投资于境外市场的股票、债券与金融衍生品，投资时需要考虑汇率变动因素。这种投资标的在日本、英国、韩国、新加坡和我国台湾地区较为流行。近年来我国保险行业境外投资有所增加，但占比仍然较小。

（七）其他金融资产

市场上还存在一些风险收益特征和流动性状况与上述金融资产有着明显差别而且并不被归纳为主要类别的可投资资产，例如，自用性不动产和保险公司股权等。发达经济体的保险业对此有小规模的投资，但是在我国，尚未成为重要的投资标的。

五、保险资产配置的大类资产监管比例

为防范保险公司在资产配置上过于偏重于某一类资产而引起的

风险与危机，监管机构对保险公司实施了大类资产比例监管红线。从现行监管红线看，针对保险公司配置大类资产制定保险资产配置上限比例情形如下：一是对于投资权益类资产的账面余额，合计不高于本公司上季末总资产的30%，且重大股权投资的账面余额，不高于本公司上季末净资产。账面余额不包括保险公司以自有资金投资的保险类企业股权。二是对于投资不动产类资产的账面余额，合计不高于本公司上季末总资产的30%。账面余额不包括保险公司购置的自用性不动产。保险公司购置自用性不动产的账面余额，不高于本公司上季末净资产的50%。三是对于投资其他金融资产的账面余额，合计不高于本公司上季末总资产的25%。四是对于境外投资余额，合计不高于本公司上季末总资产的15%。

为防范资产配置过于集中而产生的风险，针对保险公司投资单一资产和单一交易对手制定保险资产配置集中度上限比例。如规定：投资单一固定收益类资产、权益类资产、不动产类资产、其他金融资产的账面余额，均不高于本公司上季末总资产的5%。投资境内的中央政府债券、准政府债券、银行存款，重大股权投资和以自有资金投资保险类企业股权，购置自用性不动产，以及集团内购买保险资产管理产品等除外；投资上市公司股票，有权参与上市公司的财务和经营政策决策，或能够对上市公司实施控制的，纳入股权投资管理，遵循保险资金投资股权的有关规定。单一资产投资是指投资大类资产中的单一具体投资品种。投资品种分期发行，投资单一资产的账面余额为各分期投资余额合计。同时，投资单一法人主体的余额，合计不高于本公司上季末总资产的20%。投资境内的中央政府债券、准政府债券和以自有资金投资保险类企业股权等除外。单一法人主体是指保险公司进行投资而与其形成直接债权或直接股权关系的具有法人资格的单一融资主体。

此外，保险公司还需要设立风险监测比例，以防范资产的流动性、高波动性等风险，针对流动性状况、融资规模和类别资产等制定监测比例，主要用于风险预警。如：流动性监测方面，要求投资流动性资产与剩余期限在1年以上的政府债券、准政府债券的账面余额合计占本公司上季末总资产的比例低于5%，财产保险公司投资上述资产的账面余额合计占本公司上季末总资产的比例低于7%，未开展保险经营业务的保险集团（控股）公司除外。其他流动性风险指标，执行保险监管机关相关规定。

第四节　保险资产配置的态势与趋势

资产配置内接负债（客户端），外连市场（资产端），是一个双方互动、动态均衡的过程。

一、保险资产配置的态势分析

在我国，保险产业已连续多年快速增长。截至2019年6月底，全国共有保险公司236家，其中寿险公司81家，财险公司87家，保险资产管理公司16家。2019年寿险（含健康险和意外险）原保费增长迅速，同比2018年增长了13.76%，而财险（包含车险与非车险）的增速同比只有8.16%。

目前，保险资产配置呈现以下主要特点：

（一）可运用资金余额持续快速增长

我国保险可运用资金余额自2005年以来持续保持高速增长，年复合增长率为20.12%，是同期中国GDP同比增长速度的两倍以上。2019年底，我国保险可运用资金余额高达18.53万亿元，比年初增加 12. 91%，随着保险业的推广与消费者观念改变，高速增长趋势仍在持续，如图 3 – 5 所示。

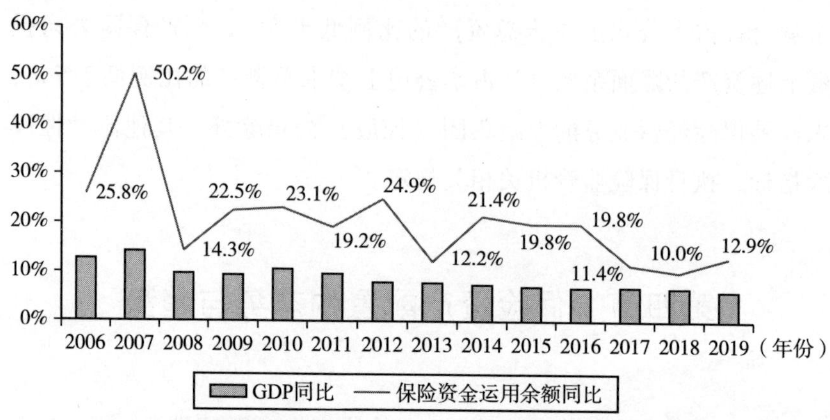

图 3 – 5　我国保险业资金运用余额持续快速增长：2006 ~ 2019 年

（二）投资标的以固定收益资产为主，其他金融资产为辅

2019 年 6 月底，我国保险投资运用余额达到 17. 37 万亿元，其中银行存款为 2. 63 万亿元，占比为 15. 16%；债券为 5. 98 万亿元，占比 34. 45%；股票为 1. 30 万亿元，占比 7. 50%；长期股权投资为 1. 79 万亿，占比 10. 30%；证券投资基金为 0. 89 亿元，占比为 5. 11%；保险资管产品为 0. 73 万亿，占比 4. 20%；投资性不动产为 0. 19 万亿，占比 1. 07%；而其他投资为 3. 86 万亿元，占比 22. 21%。从投资标的分配比例上看，我国保险业呈现以银行存款、债券等固定收益资产为主，权益资产和其他金融资产为辅的基本格局，与国际保险业基本相同，如图 3 – 6 所示。

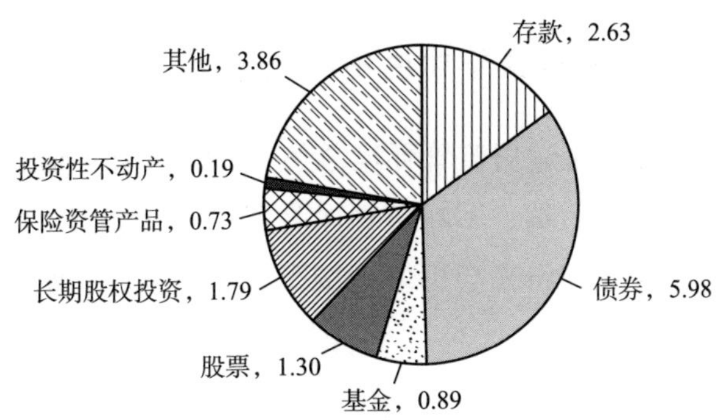

图 3－6　我国保险资金配置比例

（三）投资收益率不断提高

我国保险业投资回报率在 2007 年达到历史高峰，随后由于遭遇 2008 年全球金融危机，投资收益大幅下降，2012 年保险业平均投资收益率最低时只有 3. 39%，此后持续震荡回升 2015 年一度达到 7. 56%，2016 年则小幅回落至 5. 66%。随着我国保险业资金运用限制逐步放开、投资理念逐步与国际接轨、费率市场化改革推进，行业投资收益率保持稳定是较为明确的，如图 3－7 所示。

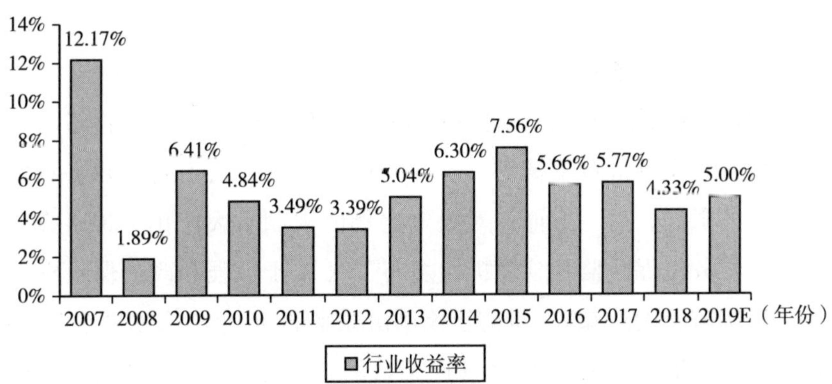

图 3－7　保险资产投资收益率（2007～2019 年 6 月底）

（四）资金运用监管环境不断改善

我国保险业资金运用监管环境总体上在宽松化。监管环境趋向于放开前段，关注后端，不断拓宽保险资产配置范围，简化比例监管约束。保险企业在将来会更多地接受市场的检验，激发创新活力和解放经营动力。

二、保险资产配置的未来展望

（一）监管环境持续改善

党的十八届三中全会对我国经济的深化改革作出了总体部署，为了使得市场在资源配置中发挥决定性作用，保险业作为市场经济下对于风险管理的主要手段，面临着前所未有的发展机遇与严峻挑战。对此，国务院保险监督管理机构较早确立了“放开前端，管住后端”的监管新思路。一来，监管环境会越来越偏向市场化，监管层明确提出建立市场化的定价机制、资金运用机制和准入退出机制。二来，监管层的监管职能会有所改变，侧重点偏向于防范化解市场风险，维护消费者利益。

“放开前端”方面，国务院保险监督管理机构对已有的部门规章、规范性文件进行了清理、合并和更新，一方面不断放开了对投资范围的限制，另一方面，对投资比例的限制大大简化。2014 年 2 月份，国务院保险监督管理机构发布了《关于加强和改进保险资金运用比例监管的通知》，将监管比例由原来的 50 余项大幅减少至 10 余项，全面取消了具体品种投资总量的比例限制，建立监管比例、监测比例及内控比例“三位一体”的差异化分层比例监管体系，将投资决策的自主权更多地交还市场主体。并自 2013 年 8 月起，废除了对外部信用评级机构的准入要求。

“管住后端”方面，国务院保险监督管理机构主要通过能力要求、外部审计、信息披露、压力情景报告等方面，确保行业资金运用风险可控。2013 年 10 月，发布了《关于加强和改进保险机构投资管理能力建设有关事项的通知》，针对风险较高的投资标的，提出了股票、无担保债券、股权、不动产和衍生品运用 5 项投资能力，针对保险资产管理公司，提出了基础设施投资计划、不动产投资计划 2 项产品创新能力，并在相关制度中明确了上述能力的基本要求。配合投资能力监管，国务院保险监督管理机构要求保险公司每增加一项投资能力，要配置 2 名风险责任人。

近年来，部分保险公司奉行“资产驱动负债”策略给整个行业发展造成的不良影响，国务院保险监督管理机构相应采取一系列针对性的监管措施，以维护市场的正常秩序。2015 年 12 月，国务院保险监督管理机构连续发布了《关于加强保险公司资产配置审慎性监管有关事项的通知》《保险公司内部控制指引》和《保险公司资金运用信息披露第 3 号：举牌上市公司》，要求保险公司加强资产负债管理，实施稳健的资产配置策略，明确提出保险公司每年应聘请第三方审计机构对资金运用进行专项审计并向保险监管机构报告，对保险公司举牌上市公司（投资比例达到 5%，且每增持达到 5%）提出强制信息披露的要求。另外，国务院保险监督管理机构还完善了投资性不动产的估值原则。

总的来说，监管环境会越来越往市场化方向推进，监管层对于市场的直接干预会减少，工作方向会转向对市场秩序的建设和完善以及保护消费者权益上。同时，监管层会通过完善保险保障基金制度以建立市场化的风险管控救济制度和市场准入退出制度，以激发市场活力。在未来，监管层“以市场为主、放开前端，管住后端”的监管方向会愈发明确。

（二）投资范围不断扩大

2010 年以来，按照“放开前端”的监管思路，国务院保险监督管理机构陆续出台了一系列放开投资渠道的规章制度，先后放开了对未上市股权、创业板股票、优先股、创业投资基金、保险私募基金等权益类产品、利率互换、股指期货等衍生品、投资性不动产，以及境外投资的投资。具体如表 3－3 所示。

另外，根据国家“一带一路”倡议、债转股、PPP、雄安新区等重大政策的推进，国务院保险监督管理机构也配套出台了相关的政策，为保险资金积极参与国家重大战略提供了及时、良好的制度保障，如表 3－3 所示。

表 3－3　近年来保险资金主要投资标的放开一览表

时间	首次允许投资标的	依据
2010 年 7 月	利率互换	保监发〔2010〕56 号
2010 年 9 月	未上市股权	保监发〔2010〕79 号
	投资性不动产	保监发〔2010〕80 号
2012 年 10 月	基础设施投资计划	保监发〔2012〕92 号
	境外投资	保监发〔2012〕93 号
	衍生品	保监发〔2012〕94 号
	股指期货	保监发〔2012〕95 号
2013 年 2 月	保险资产管理产品发行	保监资金〔2013〕124 号
2014 年 1 月	创业板股票	保监发〔2014〕1 号
2014 年 10 月	优先股	保监发〔2014〕80 号
2014 年 12 月	创业投资基金	保监发〔2014〕101 号
2015 年 9 月	保险私募基金	保监发〔2015〕89 号
2017 年 5 月	PPP 项目	保监发〔2017〕41 号

（三）投资专业化趋势明显

近年来，随着经济快速发展、金融投资机构化，我国的资产管理行业得以快速发展。自2012年5月以来，资管行业持续迎来监管放松、业务创新的浪潮。2013年6月1日，《证券投资基金法》正式实施，新的基金法放开了对保险系资产管理公司、券商、私募这三类机构从事公募基金活动的政策限制。一轮轮放宽的监管实质上打破了证券公司、期货公司、银行、保险公司、公募基金、信托等机构投资者之间的竞争壁垒，加速了大资管时代的到来。在这样的背景下，各金融机构间的同业竞争加剧，同时，快速发展的资产管理业迫使各金融机构推进产品创新，而互联网的应用则为金融产品创新提供了前所未有的发展机遇，层出不穷的创新产品对传统金融产品造成了巨大冲击，从客观上要求参与机构的投资行为向专业化转变。

保险行业的快速成长也促使保险资金投资必然向专业化方向转变。截至2019年12月31日，保险资管业管理总资产规模达18.11万亿，同比增长16.45%；管理费收入达253亿元，同比增长37.27%；保险资管机构35家，较2018年增加4家，其中有26家保险资管公司、6家专业型保险资管机构、3家具备保险资管能力的养老险公司。尽管我国保险市场集中程度仍然较高，但是CR4、HHI等衡量市场集中度的指标逐渐下降，竞争加强，市场活力进一步增强。在这样的背景下，保险公司势必要对自身保险资产运用能力提出更高的要求，以满足偿付能力的增强和企业增值的需求，而非满足于专业化程度较低的自主投资。因此，未来更多的保险公司将通过设立专业的资产管理公司来实现专业投资。

此外，行业监管的不断放宽成为保险资产配置专业化的前提。2010年以来，保险公司投资范围的扩大也为专业化资金运用提供了条件。2013年2月，国务院保险监督管理机构发布了《关于保险资产管理公司开展资产管理产品业务试点有关问题的通知》，提出支持保险资产管理公司开展资管产品业务试点。投资领域的拓宽无疑能够为保险资本管理带来新的机会，而随着保险新政的不断推出和落实，保险资产运用的专业化能够在制度层面上得到更大的支持。

最后，互联网科技为保险资产配置的专业化进程提供了技术上的支持。大数据时代背景下，B2B、C2B 等新的商业模式逐渐成熟，客观上为投资方式的革新提供了新的思路，保险资产被用于直接融资、风险价值投资的可行性大为上升，推进了保险投资的专业化进程。

（四）投资业绩会持续改善，但波动性可能加剧

在当前监管宽松化、垄断市场逐渐分散化、金融行业蓬勃发展、同业竞争加剧的背景下，保险资产投资的业绩有持续改善的总趋势，然而由于会面临更多的外部冲击，资金运用的波动性可能加剧。

由于保险资金运作需要以长期绝对收益为投资目标，且保险业特殊的性质导致其整体风险管理能力突出，其投资在资本市场上会显得更具备稳定性，在低风险领域和养老理财产品等方面具有无可比拟的优势。同时，保险投资的资金规模较大，约占总资产管理规模的25%，具有体量优势。而且保险资金管理的行业成长性较高，保费收入连年快速增长，而赔付支出则占据资金比例则不足40%，导致保费收入持续形成浮存金在保险公司积存。此外，2013 年，证监会和国务院保险监督管理机构对于保险公司投资渠道的放宽使保险资产可以进入私募与公募产品领域，从此保险资产管理的主要业务从被动的资金管理走向了主动开展第三方资产管理业务。这些因素客观上形成了保险公司的相对竞争优势，也加强了保险投资业绩的好转预期。

此外，保险资产配置的市场化程度实质上较低，因为保险资产管理公司大多由相同集团名下的保险公司投资成立，直接承揽集团

的资产管理业务，与保险公司关联性较强。这种自然垄断业务的运营形式导致保险资产管理公司缺乏市场竞争压力与创新动力，而在内部的人才队伍建设与分配机制创新上也显示出不足。此外，我国金融市场发展突飞猛进，市场主体持续增加而金融产品创新层出不穷，而保险资金运作由于监管层面改革较晚，投资领域开放步伐落后，以及运营模式特殊等原因导致自身专业化水平有限，在同业竞争上处于不利的地位。面临当前大资管时代的冲击，保险投资收益可能因为业务水平的不足和竞争的加剧而导致波动性呈现增大的态势。

第四章

风险管理：知行合一

风险是指对企业实现经营目标可能产生不利影响的不确定因素，而企业的财务目标是经营目标的财务数据展现，两者紧密相关，因此，风险管理与财务管理相辅相成、水乳交融。财务管理是风险管理的重要组成部分，而风险管理又是财务管理重要抓手。随着时代和行业的发展，保险公司已进入“全面风险管理”时代。全面风险管理是指从公司董事会、管理层到全体员工全员参与，在战略制定和日常运营中，识别潜在风险，预测风险的影响程度，并在公司风险偏好范围内有效管理公司各环节风险的持续过程。在进行全面风险管理的同时，公司应根据公司经营情况重点监测、防范和化解对公司经营有重要影响的风险。

保险行业风险管理俨然已经成为保险界产、学、研、政共同关注的热点话题，也在事实上扮演了企业界风险管理的风向标。从2007年的《保险公司风险管理指引（试行）》到2010年的《保险公司全面风险管理实施指导意见》，再到2015年《关于正式实施中国风险导向的偿付体系》等，一系列法规无一例外地表明保险公司的风险管理走在时代的前列。尽管我国保险业在风险管理领域取得了不少进展，但随着我国保险业的持续快速发展，承保风险覆盖面日益扩大，风险结构和特征不断呈现新变化，这对保险业提供风险管理服务的能力提出了更高的要求。

为了应对这种挑战，保险公司的财务管理，必然要“识风险、知规则、控风险”，做到“知行合一”。

第一节 识风险：扫翳拨雾找蓝天

保险公司比一般企业更加需要风险管理的能力，每一次风险的本身既包含导致失败的根源，也孕育着成功的种子。发现、培育以便收获这个潜在的成功机会就是风险管理的最高境界。

一、另眼看风险——不确定性的魅力

风险存在与发生的状态是以不确定性为特征的。不确定性（Uncertainty）是一种魔力无限的自然和社会现象，认知不确定性是理解风险这一现象的关键。在民间，一些江湖人士为了谋生，利用不确定性发明了博彩手法，如公园里常见的套物游戏。无论何种游戏，其实背后的魔力正是不确定性，如围棋、象棋等，每一步走法都可能会改变整个棋局，所以才有吸引人的魔力。不确定性带给人们好奇心，好奇心带给人们想象力和创造力。可以说，没有不确定性，生活就像一部机器一样运行，毫无变化，也就毫无趣味、毫无生机，也就没有生活、没有生命。也可以说，世间事物的不确定性创造了这个世界和这个世界生存的方式。

从风险管理的角度看，对不确定性有一套比较严格的界定，因为不是所有的不确定性都会带来风险和损失，只有那些可能带来风险损失的不确定性才是我们需要认真研究、界定清楚，以便进行预测并加以应对的。在对未来进行安排的过程中，我们理所当然地想

要追求准确无误的预测，以获得安全感。但世事万物虽有规律，一方面人的认知是有限的，另一方面各种事物相互影响、相互制约，关系错综复杂，人们难以对一件事情得出结果唯一的判断。结果不能十分肯定，总是有不能让人放心的不确定性。正因为如此，我们无时无刻不面临着种种风险。如果世界亘古不变，也就没有风险观念。

不确定性是有规律、有条件的，所以我们要研究、界定、计量各种不确定性，但不确定并不等于风险，对公司经营管理带来不利影响的不确定因素才是风险。

二、风险和收益如影随形

收益与风险是相对应的，两者相伴而生。一般来说，收益高则风险大，风险小则收益低。正所谓“高风险，高收益；低风险，低收益”。风险与收益是公司财务管理中需要权衡处理的一对基本矛盾。财务活动经常是在有风险的情况下进行的，有风险就要有额外收益，否则就会得不偿失。为了达到企业价值最大化的目标，必须正确处理风险与收益这一对基本矛盾。按照风险和收益的相关性，风险又可以分为系统性风险和非系统性风险。

1. 系统性风险

系统性风险是指由于公司外部、不为公司所预计和控制的因素造成的风险。通常表现为国家、地区性战争或骚乱，全球性或区域性的石油恐慌，国民经济严重衰退或不景气，国家出台不利于公司的宏观经济调控的法律法规，中央银行调整利率等。系统性风险包括政策风险、经济周期性波动风险、利率风险、购买力风险、汇率风险等。这种风险不能通过分散投资加以消除，因此又被称为不可分散风险。系统性风险可以用贝塔系数 β 系数来衡量。

系统性风险和收益之间的关系可以用“证券市场线资本资产定

价模型”来表示：

$$R_i = R_f + \beta \times (K_m - R_f)$$

含义：必要收益率是系统风险的函数。

必要收益率(R_i) = 无风险收益率 + 系统风险补偿率
= 无风险收益率 + 系统风险水平(β 系数) × 风险价格
= $R_f + \beta \times (K_m - R_f)$

风险价格：承担平均风险（β = 1）所应获得的风险补偿率，即（$K_m - R_f$）。

2. 非系统性风险

非系统性风险是指对某个行业或个别证券产生影响的风险，它通常由某一特殊的因素引起，与整个证券市场的价格不存在系统的全面联系，而只对个别或少数证券的收益产生影响，也称微观风险，或特有风险。具体包括财务风险、经营风险、信用风险、偶然事件风险等。

这种风险可以通过多样化投资，构建投资组合来分散，即发生于一家公司的不利事件可以被其他公司的有利事件所抵消。由于非系统风险可以通过投资多样化分散掉，也称“可分散风险”。

三、保险公司的风险——错综复杂

保险公司作为专业从事风险管理的机构，在管理客户风险、履行自身社会职能的过程中，首先应考虑如何管理好自身的风险问题。归纳起来，保险公司的风险可以分成如图 4－1 所示的几类：

第一类市场风险，是指由于利率、汇率、权益价格和商品价格等的不利变动而使公司遭受非预期损失的风险。市场风险是保险公司面临的最主要风险，主要是由保险公司投资业务引发的，结合具体投资业务类型，市场风险又可以细分为利率风险，权益价格风险、房地产价格风险、汇率风险等。

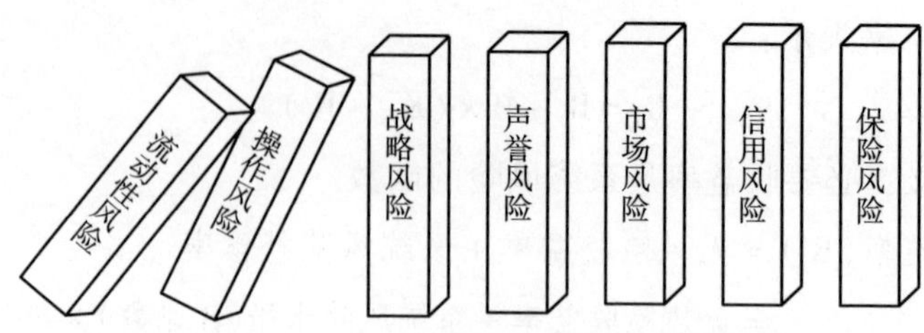

图 4-1　保险公司风险分类示意图

第二类信用风险，是指由于债务人或交易对手不能履行或不能按时履行其合同义务，或者信用状况的不利变动而导致的风险。主要产生于保险公司投资固定收益类资产而带来的风险，又可以细分为利差风险、交易对手违约风险。另外，保险公司的再保业务、日常经营管理中预付款及其他应收款也会带来信用风险。

第三类保险风险，是指由于死亡率、疾病率、赔付率、退保率等精算假设的实际经验与预期发生偏离而造成损失的风险。保险公司最基础的业务是为客户提供意外、医疗、重大疾病、死亡和养老等风险保障服务，因此，保险风险是保险公司面临的最直接的、最基础的风险。根据保险业务特点，保险风险又可以进一步细分为退保风险、费用风险、损失发生风险等。

第四类操作风险，是指由于不完善的内部操作流程、人员、系统或外部事件而导致直接或间接损失的风险，包括法律及监管合规风险。操作风险是风险管控的重要组成部分，贯穿在公司日常的管理活动中，涉及公司所有部门。

第五类战略风险，是指由于战略制定和实施的流程无效或经营环境的变化，而导致战略与市场环境和公司能力不匹配的风险。战略风险子类的分类可以从不同纬度进行考虑，从流程角度可分为战略规划风险、战略执行风险，从公司治理角度可以分为公司层面战略风险、业务层面战略风险等。

第六类声誉风险，是指由于公司品牌及声誉出现负面事件，而使公司遭受损失的风险。

第七类流动性风险，是指在债务到期或发生给付义务时，由于没有资金来源或必须以较高的成本融资而导致的风险。对于保险公司而言，巨大的现金流，较长的给付期限，决定了保险公司的流动性管理更为复杂，更为重要。保险公司一旦发生流动性风险，往往都是非常严重甚至是致命的。

上述七大类风险之间又是相互关联、相互影响的，一种风险爆发会影响其他一种或多种风险。这就是“多米诺骨牌效应”，该效应产生的能量是十分巨大的，骨牌竖着时，重心较高，倒下时重心下降，倒下过程中，将其重力势能转化为动能。“现金为王”在保险公司同样特殊重要，强制的资本保证金存款制度便是其直接证据。第一张牌（流动性）出问题了，倒在第二张牌上，这个动能就转移到第二张牌上，第二张牌将第一张牌转移来的动能和自己倒下过程中由本身具有的重力势能转化来的动能之和，再传到第三张牌上。所以每张牌倒下的时候，具有的动能都比前一块牌大，因此它们的速度一个比一个快，也就是说，它们依次推倒的能量一个比一个大，这显然会对一个保险公司的正常经营造成巨大的伤害。

上述这些风险贯穿在保险公司的经营管理过程中，保险公司一旦发生经营管理的重大风险，轻则给公司造成重大损失，重则面临破产清算，对行业、对国家造成重大影响。保险公司的财务管理人员，应当具备一定的风险识别能力，增强风险管理意识。

第二节　知规则：偿二代现新标杆

随着中国保险事业的发展，保险监管机构在 2006 年便实施了一个全面、系统的保险偿付能力监管体系（简称偿一代），经过近十年的进化，中国政府对保险业监管水平主动提升，在国际上处于先进水平的风险导向偿付能力监管体系（简称偿二代）已经于2016年在中国保险业落地、生根、开花、结果。

一、偿二代概念、背景和基本框架

（一）基本概念与背景

保险公司偿付能力是指其履行保险合同约定的赔偿或给付责任的能力。这也是衡量保险公司财务状况所必须考虑的基本指标。保险公司偿付能力是公司稳健经营的核心问题，保险公司必须具备充足的偿付能力，才能保障被保险人的利益，增强保单持有人的信心。对保险公司实施偿付能力监管是保险业特有的监管制度，也是国际公认的有效监管模式。

保险监管机关对偿付能力实施监管，即检查保险公司偿付能力，并判断保险人的财务状况能否保证其履行财务责任以及能否长期维持经营。

随着中国保险市场的持续快速成长，原有偿付能力体系（偿一代）已经无法支撑保险行业的持续发展和市场化改革，主要障碍表现为：资产负债评估方面过于保守、资本要求方面是规模导向，不能全面反映风险、风险敏感度低，不能及时反映风险变化、强调资本要求而非风险管理能力。

近年来，监管风向渐进。世界众多国家都在对偿付能力监管进行变革，美国风险资本（Risk Based Capital，RBC）监管要求和欧盟偿付能力Ⅱ（SolvencyⅡ）走在前面，国际保险监督官协会（International Association of Insurance Supervisors，IAIS）也从三个层次探讨改良：第一是核心原则（Insurance Core Principles，ICPs），第二是共同框架（ComFrame），第三是全球系统重要性保险机构（Global Systemically Important Insurers，G－SII）规则。因此，中国作为新兴市场主体，建立符合新兴市场实际的第二代偿付能力监管制度体系是保险市场风险日益多元和复杂化监管需要的现实选择。

（二）基本构成框架

偿二代全称为“中国以风险为导向的偿付能力监管体系”（China Risk Oriented Solvency System，CROSS）。偿二代的建设，始终坚持“风险导向”“行业实际”和“国际可比”三个基本原则。它分为三个支柱，每个支柱下又细分为不同的监管工具，三支柱之间不是相互独立，而是相互关联，相互影响，从而形成一个有机整体。如今提起“偿二代”，就很自然地让人联想起“三支柱”。其具体框架如图 4－2 所示。

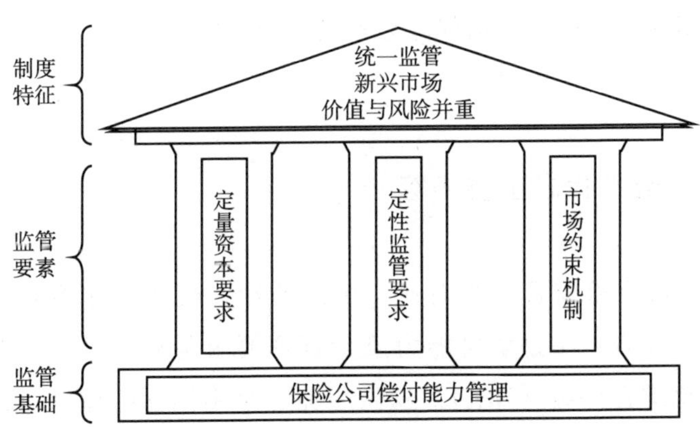

图 4－2　偿二代三支柱基本框架图

第一支柱是定量资本要求，要求保险公司具备与其风险相适应的资本，主要防范能够量化的风险。这一支柱主要面对的是包括保险风险、信用风险、市场风险在内的各类量化风险；其监管工具包括：量化资本要求、实际资本评估、资本分级、压力测试和监管指南；而该支柱的监管评价体系则是最为基本的，包括综合偿付能力充足率和核心偿付能力充足率。

第二支柱是定性监管要求，在第一支柱的基础上，进一步防范难以量化的风险。这些风险主要包括操作风险、战略风险、声誉风险和流动性风险。主要监管工具包括：风险综合评级（Integrated Risk Rating，IRR）、风险管理要求与评估（Solvency Aligned Risk Management Requirements and Assessment，SARMRA）等。其中，在风险综合评级（IRR）中，量化风险占比50%，难以量化风险占比50%；风险管理要求与评估（SARMRA），即监管部门对保险公司的风险管理提出具体监管要求，如治理结构、内部控制、管理架构和流程等，并对保险公司风险管理能力和风险状况进行评估，根据评估结果和量化风险最低资本计算控制风险最低资本。

第三支柱是市场约束机制，主要针对难以监管的风险，通过市场约束机制来实施，包括保险公司的信息披露、监管机构的信息披露和保险公司的信用评级。

二、偿二代之主要内容

与国际保险监管规则对比，中国的偿二代监管体系有两个中国特色的亮点：一是偿付能力风险管理要求与评估（SARMRA）；二是风险综合评级（IRR）。这两个亮点是中国保险监管对偿付能力监管理论体系的重大创新，对完善偿付能力监管体系具有重要意义。

偿二代监管体系将保险公司偿付能力风险分为固有风险和控制风险。固有风险是指在现有正常的保险行业物质技术条件和生产组织方式下，保险公司在经营和管理活动中必然存在的客观的偿付能力相关风险。固有风险由可量化为最低资本的风险（简称量化风险）和难以量化为最低资本的风险（简称难以量化风险）组成。量化风险包括保险风险、市场风险和信用风险，难以量化风险包括操作风险、战略风险、声誉风险和流动性风险。控制风险是指因保险公司内部管理和控制不完善或无效，导致固有风险未被及时识别和控制的偿付能力相关风险。国务院保险监督管理机构根据保险公司的固有风险和控制风险水平综合确定公司的偿付能力风险状况。控制风险及可量化的固有风险通过最低资本进行计量，难以量化的固有风险纳入风险综合评级进行评估。国务院保险监督管理机构定期对保险公司偿付能力的风险管理能力进行评估，确定保险公司控制风险水平及相应的最低资本。

（一）偿付能力风险管理要求与评估（SARMRA）

风险管理要求与评估（SARMRA）分为9个模块，包括基础与环境、目标与工具、保险风险、市场风险、信用风险、操作风险、战略风险、声誉风险和流动性风险。应当特别关注偿付能力风险管理的制度健全性（即保险公司的偿付能力风险管理基础、环境、目标和工具等是否科学、全面、合规）和偿付能力风险管理的遵循有效性（即保险公司的偿付能力风险管理制度、机制是否得到持续、有效的实施）。具体评分内容可以参照表4－1。

在具体评估时，各项子风险管理要求的制度健全性和遵循有效性的评估结果分为“完全符合”“大部分符合”“部分符合”和“不符合”四类。国务院保险监督管理机构根据四类评估结果给予监管评分。其具体打分评价标准如表4－2所示。

表 4 - 1　　风险管理能力评分结果汇总表

评估项目	标准分值	评分结果（不适用项目调整前）			评分结果	权重	最终得分
		制度健全性 60%	遵循有效性 40%	合计	不适用项目调整后		
(1)	(2)	(3)	(4)	(5) = (3) + (4)	(6)	(7)	(8) = (6) × (7)
基础与环境	100					20%	0.00
目标与工具	100					10%	0.00
保险风险管理能力	100					10%	0.00
市场风险管理能力	100					10%	0.00
信用风险管理能力	100					10%	0.00
操作风险管理能力	100					10%	0.00
战略风险管理能力	100					10%	0.00
声誉风险管理能力	100					10%	0.00
流动性风险管理能力	100					10%	0.00
分值合计		0	0	0	0	100%	0

表 4 - 2　　SARMRA 评估之风险评价规则表

序号	模块	要求
1	基础与环境	董事会应当： 1. 持续关注公司偿付能力状况，定期听取管理层关于公司偿付能力风险状况的报告。 2. 监督管理层对偿付能力风险进行有效的管理和控制。 3. 审批公司偿付能力报告。 高级管理层应当： 1. 组织编制偿付能力报告。 2. 研究制定偿付能力风险事件解决方案

续表

序号	模块	要求
2	目标与工具	1. 运用恰当的风险管理工具，管理各类风险。包括但不限于：全面预算；资产负债管理；资本规划与配置；压力测试；风险管理信息系统。 2. 根据《保险公司偿付能力监管规则第 9 号：压力测试》，建立压力测试制度，明确压力测试的管理架构、职责分工、流程、方法和结果的应用。 3. 建立偿付能力风险应急管理机制，明确重大突发风险事件的定义和分类、应急管理组织架构、应急预案内容、应急预案启动触发点、应急处置方法和措施、应急预案责任人以及应急事件报告等。保险公司应当对有必要进行应急演练的风险和处置环节，定期开展应急演练，根据演练中发现的问题改善相关制度，并将演练情况和总结留档备查
3	信用风险	1. 建立再保险应收款项的管理、催收制度，及时计提资产减值。 2. 建立应收保费等应收款项的管理制度，明确相应的职责分工、催收管理、考核评价等内容
4	操作风险	1. 完善销售、承保、理赔、再保险、资金运用、财务管理等各业务条线的内部操作流程，在全面管理的基础上，对公司重要业务事项和高风险领域实施重点控制。 2. 建立有效的业务管理、财务管理、资金运用、风险管理等相关信息系统，将内部控制流程嵌入到信息系统中，并定期对信息系统的适用性、安全性及可用性进行评估并不断完善。 3. 按照《保险公司偿付能力监管规则第 13 号：偿付能力信息公开披露》的规定，编制偿付能力季度报告摘要，按时在公司官方网站披露偿付能力季度报告摘要，摘要在保险公司网站上应当保留至少 5 年，在官方网站发布偿付能力季度报告摘要的同时，非上市保险公司应当向所有股东、上市保险公司应当向持股占 5% 以上的股东，以电子文件或纸质文件形式发送偿付能力季度报告摘要；进行偿付能力信息公开披露时，所披露信息仅限于本公司信息，不得与其他保险公司的信息进行对比。 4. 在可能影响保险消费者首次投保决策或续保决策的各种情景下，以对保险消费者方便的方式，及时、充分披露自身的偿付能力相关信息。包括但不限于：在投保提示书、分红保险红利通知书、万能保险和投资连结保险的保单状态报告等提交给保险消费者的书面或电子文件的显著位置，披露公司最近季度的综合偿付能力充足率、分类监管评级等信息，并说明偿付能力充足率是否符合监管规定。 5. 为开展保险业务参加各类投标时，应在标书的显著位置列示公司最近四个季度的核心偿付能力充足率和综合偿付能力充足率、总公司及本分公司最近一期的分类监管评级等信息，并说明偿付能力充足率是否达到监管要求。 6. 在增资、股权变更、发债等交易时，应当向潜在投资方或债权人书面说明最近四个季度的偿付能力充足率及该项交易对偿付能力充足率的潜在影响。

续表

序号	模块	要求
4	操作风险	7. 保险消费者、股东、债权人等利益相关方要求了解公司偿付能力信息，或对公司披露的偿付能力季度报告摘要有疑问，保险公司应及时受理；按照有关法律法规不能对外提供所需信息的，应给予合理解释。 8. 建立健全偿付能力信息公开披露的内部控制制度，覆盖信息的生成、采集、审核、披露等各个环节，明确各环节的责任部门和责任人，确保信息披露的充分性、及时性、真实性、公平性
5	流动性风险	1. 制定流动性风险管理的策略，明确流动性风险管理的目标、管理模式和主要政策。 2. 建立完善的流动性风险管理架构，明确董事会及其专门委员会、管理层，以及相关部门在流动性风险管理中的职责及报告路线，并建立考核及问责机制。 3. 董事会承担流动性风险管理的最终责任，履行以下职责：审批并至少每年审议一次流动性风险偏好和容忍度、流动性风险管理策略、重要的政策和流程；监督管理层对流动性风险进行有效的管理和控制；持续关注流动性风险状况，及时了解流动性风险水平及其重大变化；审批流动性风险信息披露内容，保证披露信息的真实性和准确性。董事会可以授权其下设的专门委员会履行其部分职责。 4. 管理层应当在董事会授权下履行以下职责：根据董事会批准的流动性风险偏好和容忍度，制定并执行流动性风险管理策略、政策和流程；定期评估流动性风险，及时监测现有和潜在流动性风险的重大变化，并向董事会定期报告；定期评估和改进流动性风险管理制度，确保其有效性；制定和组织实施流动性风险应急计划；建立完备的管理信息系统，支持流动性风险的识别、计量、监测和控制。 5. 建立流动性风险管理的工作程序和工作流程，明确相关部门的职责分工，并指定一名高级管理人员负责流动性风险管理工作。 6. 根据业务规模、产品结构、风险状况和市场环境等因素，在充分考虑其他风险对流动性风险的影响和公司的整体风险偏好的基础上，确定其流动性风险偏好和容忍度。 7. 根据流动性风险容忍度设定流动性风险限额，建立流动性风险限额管理制度，至少应当包括以下内容：各项流动性风险限额，包括现金头寸、非流动资产比例、对外担保额度等；限额的授权制度和审批流程；超限额情况的审批制度和问责制度；流动性风险限额管理的监督检查制度。 8. 加强日常现金流管理，合理安排经营活动、投资活动和融资活动等各类现金流，确保有充足的流动性履行各项支付义务。保险公司日常现金流管理至少应当包括以下内容：监测公司日间整体的现金流入和现金流出，分红产品、投资连结和万能产品等的单独账户的现金流入和现金流出，以及各分支机构的现金流入和现金流出；根据公司的承保活动、融资活动和投资活动，合理估计公司每日现金流需求；合理调配资金，按时履行各项支付义务。

续表

序号	模块	要求
5	流动性风险	9. 制定业务发展计划、销售新产品和开展各项业务活动前，应当充分考虑公司目前的流动性状况，评估其对公司流动性的影响，并采取相应的措施。保险公司应当评估和管理下列各项业务活动对公司流动性风险状况的影响：业务发展计划的重大调整；销售新产品或停售现有产品；开发或调整销售渠道；制定分红保险的分红政策、万能保险的结算利率等；退保、赔付、保单质押销售等因素的变化情况。 10. 加强融资管理，确保公司可以用合理的成本及时获取资金，满足流动性需求。保险公司融资管理至少应当考虑以下因素：加强融资渠道管理，保持在其选定的融资渠道中的适当活跃程度，定期检验其在各类融资渠道中的融资能力；提高融资渠道的分散化程度，设置集中度限额；加强对可抵押资产的管理，定期评估通过抵押资产融资的能力；密切关注金融市场流动性对保险公司外部融资能力的影响。 12. 评估再保险业务对流动性风险的影响，加强再保险业务现金流的管理，并合理利用再保险工具，缓释重大保险事故可能引发的流动性风险。 13. 识别和监测保险风险、信用风险、市场风险、操作风险、战略风险、声誉风险等风险对流动性水平的影响。 14. 加强对传统账户、分红产品账户、投资连结产品账户、万能产品账户、投资型非寿险资金账户的流动性水平的计量和监测，及时识别和控制流动性风险。 15. 关注可能引发流动性风险的重大事件，及时分析其对流动性水平的影响。可能引发流动性风险的重大事件包括：非正常的集中退保；预期的大规模满期或者生存金给付；重大理赔事件；投资大幅亏损；重要交易对手出现财务危机；公司信用评级发生不利变化；出现重大负面报道；失去关键销售渠道；其他重大事件。 16. 定期进行现金流压力测试，在正常情景和压力情景下，对公司未来一段时间内的流动性风险进行前瞻性分析。 17. 根据公司实际情况，制定有效的流动性应急计划。流动性应急计划至少应当包括以下内容：触发启动应急计划的条件；董事会、管理层及各部门在应急计划中的权限和职责；可使用的各类应急措施、每类应急措施可筹集资金的规模和所需时间；应急计划组织实施的程序和流程；与交易对手、客户、媒体等外部相关方的沟通机制；保险公司发生流动性风险时，应当根据流动性应急计划，及时采取适当措施化解流动性危机。 18. 综合考虑业务发展及市场变化等因素，定期评估流动性风险管理机制和制度的有效性，并进行适当调整。 19. 按照《保险公司偿付能力监管规则第 12 号：流动性风险》的有关要求，计算流动性风险监测指标。 20. 在识别、计量和监控流动性风险基础上，建立公司内部的流动性风险管理报告机制，至少每半年向高级管理层报告一次流动性风险评估和管理情况

（二）IRR——风险综合评级

风险综合评级（分类监管）：Integrated Risk Rating，缩写为IRR，是指国务院保险监督管理机构建立了分类监管的评价指标体系，并要求格局公司季度报送，国务院保险监督管理机构再根据报送信息，以风险为导向，综合分析、评价保险公司的固有风险和控制风险，根据其偿付能力风险大小，评定为不同的监管类别，并采取相监管政策或监管措施的监管活动。尤其是在最新的“偿二代”二期工程征求意见稿中，将风险综合评级达标B级以上作为偿付能力达标的一项硬性要求，更是进一步强调了风险综合评价的重要性。

评分标准为量化风险占比50%，难以量化风险占比50%。其中，难以资本化风险的权重如下：操作风险50%、战略风险15、声誉风险10%、流动性风险25%。

分类监管评价中与财务相关的操作风险评价打分标准可参见表4－3。

表4－3　IRR风险综合评级中相关财务操作风险评价规则表

序号	概要	内容
1	财会部门主要负责人专业性	财会部门主要负责人具有财务、会计类学历专业背景；且具有金融机构财务会计工作3年以上从业经验
2	财会部门人数	Ⅰ类保险公司人员数量应≥40人，若财务处理由集团共享中心集中操作或者外包给集团内其他公司的，人员数量应≥20人； Ⅱ类保险公司人员数量应≥12人，若财务处理由集团共享中心集中操作或者外包给集团内其他公司的，人员数量应≥8人
3	财会部门人员流失率	财会部门人员流失率＝最近4个季度内离职的人员数量÷（前4个季度初人员数量＋最近4个季度增加人员数量）×100%，此指标≤20%的，得2分。 财会部门人员指总公司财会部门的人员

续表

序号	概要	内容
4	员工培训频率	员工培训频率 = 最近 4 个季度内员工培训人次/财会部门总人数≥2 员工培训人次指最近 4 个季度内保险公司组织财会部门人员参加的会计、财务、税收、偿付能力、风险管理等各类专业培训的人次
5	业绩考核	业绩考核指公司有明确的制度规定总公司财会部门负责人和分支机构财会部门负责人的业绩考核应与财务管理相关操作风险相挂钩
6	操作风险数据库	操作风险数据库指保险公司建立的财务管理操作风险数据库及时记录会计核算、财务报告、资金管理、单证管理、印章管理、税收管理的操作风险事件
7	核算集中度	核算集中度指保险公司的会计核算应在总公司或省级分公司集中处理
8	会计差错量	会计差错量指是保险公司发生的，达到《企业会计准则第 28 号——会计政策、会计估计变更和差错更正》规定的前期差错的数量，小于等于 2 次的，得 4 分
9	委托投资资产数据核对	委托投资资产数据核对指保险公司建立了委托投资资产的数据核对机制，受托方与托管行每日核对委托投资资产数据；保险公司与受托方、托管行定期核对委托投资资产数据
10	偿付能力报告差错量	偿付能力报告差错量指保险公司向国务院保险监督管理机构报送偿付能力报告出现错报、漏报、未按时报送等差错的次数。最近 4 个季度内，未发生，得 5 分；少于 2 次，得 3 分；超过 2 次，或者发生 1 次重大错报或漏报的，得 0 分
11	财务报告差错量	财务报告差错量指保险公司向国务院保险监督管理机构报送财务报告出现错报、漏报、未按时报送等差错的次数。最近 4 个季度内，未发生，得 5 分；少于 2 次，得 3 分；超过 2 次，或者发生 1 次重大错报或漏报的，得 0 分
12	收支两条线	资金收支应按照“收支两条线”，由总公司进行集中管理，且总公司有专人专岗负责资金管理。大病保险等有特别规定的除外（下同）

续表

序号	概要	内容
13	银行账户集中管理	银行账户应由总公司集中管理，银行账户的设立、变更或注销是否报总公司审批或备案
14	资金管理操作风险事件	资金管理操作风险事件指最近4个季度内保险公司在资金管理方面出现挪用公款、票据欺诈、私自开立银行账户、账外资金等事件。最近4个季度内，未发生，得4分；发生，1≤次数≤3，得2分；>3次的，得0分
15	单证管理	单证管理指单证的领用、核销等有专门内控程序和专人负责。单证是指保险公司财会部门负责管理的有价单证，如发票、银行票据等（下同）
16	空白单证缺失率	空白单证缺失率＝最近4个季度内已发放空白单证缺失的数量÷最近4个季度内空白单证发放的数量×100%。此数据需<0.1%
17	印章管理	印章管理指财务类印章印鉴实行专人管理，且其使用有明确的内部审批流程
18	印章管理操作风险事件	印章管理操作风险事件指最近4个季度内发生印章遗失，未经审批擅自制造印章，未经审批使用财务印章等事件。最近4个季度内，未发生，得3分；发生1≤次数≤3，得1分；>3次的，得0分
19	税收管理	保险公司总公司和分公司应安排专人专岗负责税收管理，或者安排专人负责税收管理。 Ⅰ类公司总公司和分公司有专人专岗负责税收管理的，得1分；Ⅱ类公司总公司和分公司有专人负责税收管理的，得1分；否则，得0分
20	税收操作风险事件	税收类操作风险事件是指最近4个季度内税务部门对保险公司进行的处罚。最近4个季度内，未发生，得4分；1≤次数≤3，得2分；>3次的，得0分
21	系统自动化	系统自动化指保险公司应建立了会计核算系统、资金管理系统等财务信息系统，将财务管理的流程内嵌入相关系统，实现管理自动化
22	系统异常事件数量	系统异常事件数量指财务信息系统在最近4个季度内出现故障，导致系统无法正常运转时间超过4小时的次数。≤3次的，得4分；3≤次数≤5，得2分；否则，得0分

续表

序号	概要	内容
23	系统管理集中度	系统管理集中度指财务数据应由总公司集中存储，分支机构没有修改财务数据权限
24	数据核对频率	数据核对频率指保险公司财务系统与业务系统、再保系统、精算系统等相关系统之间进行人工数据核对的频率。 人工数据核对指在系统自动核对的基础上，有专人进行系统差错核对处理，并保存相关作业文档。核对频率高于等于每周一次的，得 3 分；核对频率低于每周一次但高于等于每月一次的，得 1 分；否则，得 0 分
25	数据差错率	数据差错率 = 数据差错金额绝对值之和/当期保费收入； 数据差错金额指最近 4 个季度内保险公司财务系统与业务、再保、精算等系统之间出现数据差错的金额。最近 4 个季度内差错率少于 1/10000 的，得 3 分；否则，得 0 分
26	对新政策的参与和反应	对新政策的参与和反应速度指保险公司应能积极参与、密切跟踪新的会计、税收、财务监管、偿付能力等政策制度，并能及时调整财务管理流程和经营行为的情况、及时对高管、相关部门人员进行培训。 能积极参与、密切跟踪新的会计、税收、财务监管、偿付能力等政策制度，能够及时调整财务管理流程和经营行为的，得 3 分；对新的会计、税收、财务监管、偿付能力等政策制度，保险公司能够及时对高管、相关部门人员进行培训的，得 2 分；否则，得 0 分
27	监管评价	监管评价指国务院保险监督管理机构根据日常监管工作掌握的信息，对保险公司财务管理操作风险进行监管评价
28	风险事件合计次数	风险事件合计次数指保险公司会计差错量、偿付能力报告差错量、财务报告差错量、资金管理操作风险事件、印章管理操作风险事件、税收操作风险事件等 5 项风险事件相加之和，各保险公司风险事件合计次数的算术平均数为该指标的行业平均水平

三、偿二代下分类监管要点

（一）基本分类

国务院保险监督管理机构按照偿付能力风险大小将保险公司分

为四个监管类别：A 类公司，偿付能力充足率达标，且操作风险、战略风险、声誉风险和流动性风险小的公司；B 类公司，偿付能力充足率达标，且操作风险、战略风险、声誉风险和流动性风险较小的公司；C 类公司，偿付能力充足率不达标，或者偿付能力充足率虽然达标，但操作风险、战略风险、声誉风险和流动性风险中某一类或几类风险较大的公司；D 类公司，偿付能力充足率不达标，或者偿付能力充足率虽然达标，但操作风险、战略风险、声誉风险和流动性风险中某一类或几类风险严重的公司。

（二）分类监管措施

国务院保险监督管理机构每季度对保险公司法人机构进行一次分类监管评价，确定其风险综合评级，并对特定类别公司采取相应监管措施。国务院保险监督管理机构在市场准入、产品管理、资金运用、现场检查等方面，对 A、B、C、D 四类保险公司及其分支机构实施差异化监管政策：

除对 A 类公司实施正常监管外，对 B 类公司，国务院保险监督管理机构可根据公司存在的风险，采取以下一项或多项具有针对性的监管措施，包括但不限于：风险提示、监管谈话、要求限期整改存在的问题、进行专项现场检查和要求提交和实施预防偿付能力充足率不达标或完善风险管理的计划。

对核心偿付能力充足率或综合偿付能力充足率不达标的 C 类公司，除可采取对 B 类公司的监管行为外，还可以根据公司偿付能力充足率不达标的原因采取以下一项或多项具有针对性的监管措施，包括但不限于：责令调整业务结构，限制业务和资产增长速度，限制增设分支机构，限制商业性广告；限制业务范围，责令转让保险业务或者责令办理分出业务；责令调整资产结构或交易对手，限制投资形式或比例；责令增加资本金，限制向股东分红；限制董事和高级管理人员的薪酬水平；责令调整公司负责人及有关管理人员。对操作风险、战略风险、声誉风险、流动性风险中某一类或某几类风险较大的C类公司，除可采取对B类公司的监管措施外，还可采取以下监管措施：对操作风险较大的C类公司，针对公司存在的具体问题，对其公司治理、内控流程、人员管理、信息系统等采取相应监管措施；对战略风险较大的C类公司，针对公司在战略制定、战略执行等方面存在的问题，采取相应监管措施；对声誉风险较大的C类公司，针对公司产生声誉风险的原因，采取相应监管措施；对流动性风险较大的C类公司，针对公司产生流动性风险的原因，根据《保险公司偿付能力监管规则第12号：流动性风险》有关规定采取相应监管措施。

对D类公司，除可采取对C类公司的监管措施外，还可以根据情况采取整顿、责令停止部分或全部新业务、接管以及国务院保险监督管理机构认为必要的其他监管措施。

第三节　控风险：精准锁定均衡点

结合上述“识风险”和“知规则”，如何管控好保险公司的经营风险？在现行“偿二代”监管规则体系下，其核心就是要有效、有序、有度地组织好业务拓展与资本匹配的关系，确保公司偿付能力符合监管要求。因此，管控好偿付能力也是保险公司风险管理“知行合一”的重要体现。

一、影响偿付能力的主要因素

保险公司经营管理的特点是双轮驱动，一轮是保险业务，另一轮是投资业务，保险业务主要涉及市场风险、保险风险、信用风险、操作风险、战略风险、声誉风险和流动性风险，投资业务主要涉及市场风险、信用风险、操作风险。

根据国务院保险监督管理机构公布的数据，2016 年第一季度偿二代保险公司量化风险最低资本结构中，保险风险为 28.3%、市场风险为 91.7%、信用风险为 21.7%、风险分散效应为 18.7%、损失吸收效应为 15.5%。由此可以看出，市场风险是保险公司面临的最主要风险，其次是保险风险，信用风险等。近年来，偿二代更加全面、科学地计量风险，能够更加精准地显示业务结构、投资稳健对公司风险和偿付能力充足率的预警和提升效用。

二、寿险风险管理的难点和痛点

（一）业务发展与资本消耗的平衡

按照偿二代的监管规则，保险公司的业务发展，无论是保险业务还是投资业务，其发展必然会面临更多的风险，必然需要更多的资本支持，发展越快，则资本消耗越快。尤其是保险公司，因成立初期投入较大，而后续产出有时滞，导致其初期处于亏损，往往需要 7 ~8 年才能盈利，在没有盈利形成公司自身的实际资本造血机制之前，业务发展对资本消耗较快。而偿付能力监管是严肃的，一旦没有协调好业务发展和偿付能力的关系，业务发展中偿付能力不能达到监管的基本要求，则会面临风险提示、监管谈话、限制业务发展、机构发展，甚至是停业整顿等严厉措施。

要解决偿付能力，单纯依靠股东增资也是不现实的。因为资本是股东的投入，是有成本的，是有限制约束的。在这种情况下，对于保险公司而言，如何充分利用好公司的资本效率，更好地支持公司业务发展，是摆在管理者面前的重要课题。

（二）风险和收益的平衡

按照偿二代的规则，偿付能力充足率 = 实际资本/最低资本，在实际资本不变的前提下，偿付能力充足率最大的影响因素是最低资本要求。而在最低资本要求中，针对风险较高的投资业务，又设定了较高的最低资本要求系数。资本计量方式更有针对性，能直观地比较各类资产的资本占用和风险程度。“偿二代”的资本计量规则不再只局限于关注大类资产配置，而是同时对资产的期限结构、信用评级及久期等特征都确立了对应的计量规则及因子赋值，引导保险公司资产管理者关注具体资产对应的特定风险。这样，就造成了高收益投资产品与最低资本要求的相互冲突，收益高，则风险系数高，最低资本要求也高，形成了风险和收益的相互制约。

传统的保险公司普遍存在“重业务、重收益，轻风险”的理念。这就要求在具体经营管理中，不能单纯追逐收益却不考虑风险，而是要寻求一种风险和收益的平衡。这对财务和风险管理提出了巨大挑战。

（三）风险的预警和监测

在偿二代体系下，风险不再是看不见、摸不着的东西，而是定量的、直观的资本约束和要求。在总体资本约束的前提下，如何有效地将这些风险分解落实到日常经营管理中，及时监测各类风险，将各类风险控制在公司可以容忍的范围内，是对保险公司风险管理提出的新的挑战。

（四）流动性风险管控

保险公司经营的无形产品，是负债经营，特点是大量的资金流转。对于保险公司而言，巨大的现金流，较长的给付期限，决定了保险公司的流动性管理更为复杂，更为重要。保险公司一旦发生流动性风险，往往都是非常严重甚至是致命的。因此，保险公司的流动性风险管理极为重要，如何管控好流动性风险，是保险公司风险管理的重点和难点。

三、构建系统性的风险管理模式

针对上述风险管理的难点痛点，保险公司在日常风险管理中，应明确风险管理模式，建立起适合自身风险管理的组织体系、风险偏好体系、风险监测和预警体系、风险绩效考核体系，形成一整套三位一体的风险管理综合模式。

（一）建立偿付能力风险管理的组织体系

保险公司应建立由董事会负最终责任，管理层直接领导，相关职能部门密切配合，覆盖所有业务单位的偿付能力管理体系。

公司董事会是公司偿付能力管理的最高决策机构，对公司偿付能力管理的有效性负责，董事会主要履行如下职责：指定偿付能力管理具体工作的负责人和部门；审定三年资本规划、资本规划调整方案；审定经审计的年度偿付能力报告，对偿付能力报告内容的真实性、准确性、完整性和合规性负责等。

在经营管理层，应设立偿付能力管理工作组，作为公司偿付能力管理的执行机构，主任由公司总裁担任，副主任由总精算师和财务负责人担任。工作组成员构成包括：董事会秘书、投资负责人、运营管理负责人、法律合规负责人。偿付能力管理工作组履行如下职责：对偿付能力管理的有效性进行评估和改进；建立与公司全面风险管理工作紧密结合的偿付能力预警机制；审定偿付能力管理机构设置和职责；审议公司重大决策对偿付能力的影响和偿付能力达标方案；审议偿付能力责任追究制度等。

各部门应在偿付能力管理工作组的指导下，在全面风险管理工作的基础上，加强资本约束意识，协同配合，开展偿付能力管理工作。

（二）建立适合公司经营的风险偏好体系

公司的风险偏好体系由上至下包括风险偏好、风险容忍度及风险限额三个组成部分，如图 4－3 所示。

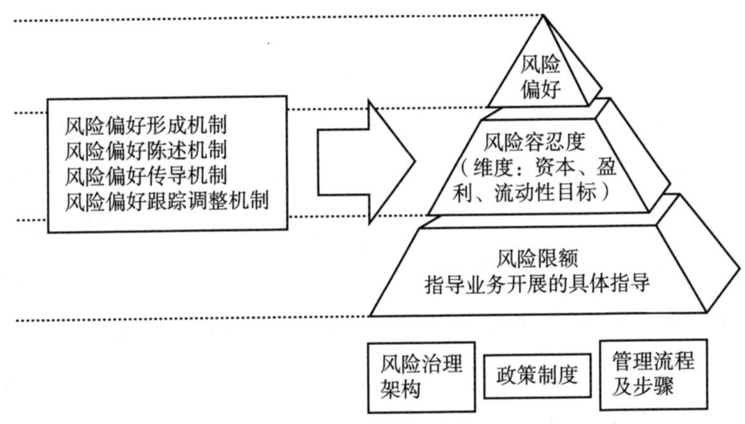

图 4－3　风险偏好框架示意图

1. 风险偏好

风险偏好是指公司在实现其经营目标的过程中愿意承担的风险水平，风险偏好是公司对风险的基本态度，为战略制定、经营计划实施以及资源分配提供指导。风险偏好通常连接公司的战略规划，陈述公司对于风险的基本态度，为经营计划的实施及资源分配提供有效指导。风险偏好以定性描述为主，阐明公司愿意承担的风险水平。

2. 风险容忍度

风险容忍度是指公司经营目标实现的过程中对既定风险水平出

现差异的可接受程度。风险容忍度与风险偏好保持一致，一般采用定量与定性相结合的方式，并涵盖所有风险类别。在综合考虑公司治理，以及经营业务的性质、规模、结构、复杂程度等所面临的各类风险，公司的风险容忍度按资本、流动性、战略、风险控制和声誉五个维度进行陈述。通常，以销售价值保障产品为主的大型保险公司，其投资策略比较稳健，风险容忍度低。中小型保险公司风险偏好高，业务策略和投资策略相对激进，风险容忍度相对较高。

3. 风险限额

风险限额是对风险容忍度的进一步量化和细化。在风险容忍度范围内，通过风险偏好传导机制，进行指标选取与阈值设定。公司应结合自身实际建立风险管理定量模型，将模型的运用与日常风险管理相融合。风险计量模型应体现公司的经营战略，反映公司风险管理实践，并应用于资本分配与风险限额的制定。风险限额指标主要围绕保险、市场、信用、操作、战略、声誉和流动性七大风险领域，通过风险因素与风险偏好相关联，为公司提供量化的风险水平参考，并为日常决策提供有效的支持。风险限额指标与各项日常经营活动息息相关，作为公司日常运营活动中的监控目标，通过对其进行实时监测，公司可以对发生异常的指标及时开展跟进程序。

4. 回溯机制

在建立上述风险管理体系模式的基础上，公司还应当建立风险偏好的检视机制，每年评估风险偏好体系运行的有效性。评估的重点包括公司对于风险的态度与承担风险的能力，即评估管理层对于风险的可接受程度、市场环境对于公司的影响及公司的资本实力。当两者发生偏离时，公司应当调整风险偏好与风险容忍度。在此基础上，公司应统计过去一年风险限额指标突破阈值的频率与突破的程度，判断在一定置信水平下，风险限额的设定结果是否适用于公司的管理现状。

（三）做好风险限额的监控和预警

（1）在建立风险偏好体系的基础上，设定各类子风险的风险容忍度和限额，定期（每季度）报送限额指标，定期分析制定各子类风险。

（2）建立风险限额指标的定期收集报送机制。

（3）建立风险管理信息系统，搭建风险管理信息系统，实现风控系统与业务、财务等系统实时无缝对接，实现各类风险指标数据的采集、计算、存储、加工，切实提高偿付能力风险管理的准确性和效率，强化风险监测指标的实时监控，增强风险信息的识别、评估和信息传递，为公司经营决策提供支持。

（四）构建以风险为导向的绩效评估体系

绩效考核是最有效的指挥棒。搭建了风险管控体系，关键是如何落地，如何实实在在地应用到公司日常的经营管理中，这就需要将风险管理的理念和要求嵌入到绩效考评体系中。

构建以风险为导向的绩效评估体系，最有效的两大指标分别为RAROC（风险调整资本收益）和EVA（经济增加值）。这两大指标较好地联系了资本、风险和收益三者之间的关系，能够较好地引导公司权衡单位风险的收益，追求公司价值的稳健增长。

资产端RAROC，是指风险调整后的收益，用于衡量资本占用权重下的投资收益率，能够真实地反映和对比资产所占用资金的投资收益和投资价值。资产端EVA，是用于衡量投资策略为公司带来的新增价值，反映了风险资本调整后股东价值的变化。

在风险绩效体系指标达成的基础上，进一步延伸建立公司人力资本绩效、业务管理能力、运营预算管理等方面的薪酬激励机制，结合偿二代监管规则，将偿付能力风险绩效考核指标细分到保险风险、市场风险、信用风险、流动性风险、声誉风险、战略风险和操作风险子项目绩效指标，并将这些绩效指标分解落实到相关责任部门和岗位，将各层级的利益相关者联系起来，形成共同的风险管理意识和价值追求方向，增强公司的内部凝聚力和外部竞争力。

四、对症下药，主动管控偿付能力风险

结合保险公司的经营特点以及风险管理中的重点和难点，管理好前述风险主要有如下举措。

（一）市场风险管理

市场风险管理的策略主要包括权益价格风险管理和利率风险管理。

1. 权益价格风险管理策略

对权益产品价格风险采取完善权益资产投资决策、授权、风险和交易程序，防范操作风险和合规风险；定期对宏观经济、市场风险情况进行分析，及时跟踪影响公司权益资产的有关风险，分析金融市场变化对公司权益资产的影响；运用风险暴露、在险价值、敏感性指标等工具对权益价格风险进行计量，及时分析、监控和防范权益价格风险；根据公司偿付能力情况及最低资本限额，管理和控制权益资产最低资本；定期分析权益资产组合在单项资产、行业、地区分布等方面的分散化情况，及时分析、监控集中度风险。

2. 固定收益类资产利率风险管理策略

对于固定收益类资产利率风险采取完善固定收益投资决策、授权、风险和交易程序，防范操作风险和合规风险；定期采用久期、凸性、剩余期限等工具，运用情景分析和压力测试等方法分析固定收益资产的利率敏感性和利率风险状况；定期分析固定收益资产组合在单项资产、信用等级、行业、地区分布等方面的分散化情况，

及时分析、监控集中度风险。

（二）信用风险管理

信用风险管理主要是投资业务信用风险管理。首先要做好投资业务信用风险限额的日常监控。监控风险指标可以包括：单一行业投资比例、担保机构占比、单一法人主体集中度、单一固定收益类资产投资集中度、单一其他金融投资集中度、境内 AA 级（含）以下长期信用评级的债券占比、购买单一保险资产管理产品占比、债券分布（按信用级别）等。其次要完善内部信用评估体系，规范内部信用评级方法和流程，及时对拟投资信用风险资产进行内部评级，揭示信用风险，建立并维护交易对手信息库，对交易对手进行分级和授信管理，对超过交易对手授信范围的，进行合理审批，采用利差分析等工具，分析利率敏感性固定收益资产的利差风险，用投后跟踪管理、信用跟踪评级等方式，跟踪了解公司固定收益资产信用风险承担状况。

（三）流动性风险管理

1. 做好流动性风险限额管理

流动性风险限额的日常化管理是财务线的一项义不容辞的重大职责。其通常的关键管理指标如表 4－4 所示。

表 4－4　　流动性风险限额管理关键指标

指标名称	核算方式	数值	预警	危险
融入资金余额占比	同业拆借、债券回购等融入资金余额/上季末总资产			
基本情景下未来一年的净现金流	净现金流反映保险公司报告期的净现金流量			

续表

指标名称	核算方式	数值	预警	危险
压力情景下的未来一年净现金流	同上，情景不同			
综合流动比率	综合流动比率 = 现有资产的预计现金流入合计/现有资产的预计现金流出合计 × 100%			
流动性覆盖率	流动性覆盖率 = 优质流动性资产的期末账面价值/未来一个季度的净现金流 × 100%			
非流动资产比例	非流动资产市值/上季末总资产市值 非流动性资产是指不能在 1 年内变现的资产，包括长期股权投资、固定资产等			
流动性比率	流动资产/流动负债 × 100%			
对外担保额度	对外担保总额度			
流动性资产与剩余期限在 1 年以上的政府债券、准政府债券比例	投资流动性资产与剩余期限在 1 年以上的政府债券、准政府债券的账面余额/上季末总资产			

2. 流动性风险管理应对策略

在做好流动性风险限额监控的基础上，定期监测公司账户现金流入和现金流出的情况，合理调配资金；保持适当的流动资产比例，控制非流动资产比例；针对集中退保给付等事项，提前预估金额做好相关支付准备工作；加强融资管理，确保公司可以用合理成本及时获得资金；适当应用再保险工具，缓释巨灾事故可能引起的流动性风险。

3. 流动性风险管理压力测试

定期进行现金流压力测试，在正常情景和压力情景下，对公司未来一段时间内的流动性风险进行前瞻性分析，以尽早发现并采取相应应对措施，防范化解流动性风险。

4. 流动性风险应急预案

关注可能引发流动性风险的重大事件，及时分析其对流动性水平的影响。可能引发流动性风险的重大事件，包括但不限于：非正常的集中退保、预期的大规模满期或者生存金给付、重大理赔事件、投资大幅亏损、重要交易对手出现违约风险、公司信用评级发生不利变化、重大负面报道、失去关键销售渠道和其他重大事件。

流动性风险应急事件按照其性质、紧急程度、危害程度、影响范围等因素，由高到低分为特别重大（Ⅰ级）流动性风险事件、重大（Ⅱ级）流动性风险事件、较重大（Ⅲ级）流动性风险事件，作为流动性风险应急事件信息报送和分级处置的依据。

发生流动性风险时需根据危机的具体情况制定相应的应急方案，具体的应急措施主要包括：调集日常流动性储备的现金和活期存款；第一时间调动日常经营性现金，延迟日常经营中的非紧急支付事项；在同业市场卖出回购金融资产；赎回或卖出货币基金、短期融资券等为流动性储备的资产；卖出流动性高的交易性金融资产或可供出售金融资产；出售原定持有至到期的金融资产，包括定期存款、债券等。

（四）主动管控偿付能力、充分利用资本效应

在偿二代监管体系下，可以充分利用规则，主动管控偿付能力，可以有如下举措：

（1）调整证券组合，将其投资资产转移为较高信用评级的债权，降低资产的违约风险，就可以同时降低其偿付能力要求。改变产品结构，销售低风险的产品等方式也可有效降低保险公司风险，从而达到改善保险公司偿付能力的目的。

（2）充分发挥风险之间的分散效应。部分量化风险各指标之间根据其相关性具有一定的分散效应，如何整体协调和充分利用好这种分散效应，是开展偿付能力主动管理的重要举措。首先，在资产段和负债端，部分量化风险之间就有抵消效应，比如，长期保险负债与长期固定收益类资产之间利率风险的分散效应最为典型。协调好投资业务与保险业务，充分发挥和利用保险负债的利率风险和债券类投资资产相应的利率风险的抵消效应，减少最低资本要求。其次，在资产端内部，信用风险、市场风险之间还具有相关性，在市场风险内部，利率风险、权益价格风险，汇率风险等之间又还具有相关抵消效应。具体的投资业务中，参考各类资产的风险因子，保险公司可以根据自身的风险承受能力及投资回报率的需求，构建不同的投资组合，在收益率相近的投资组合中，选择风险因子较小的投资组合，节约资本成本。

（3）做好再保险管理。再保险也会影响保险公司的偿付能力。保险公司通过再保险的方式可以将一部分业务风险转移到再保公司，从而降低对资本的需求；另外保险公司可以与再保险公司共同承保业务，在有限的资本金条件下可以承保一些超过自身独自承保能力的业务，提升了承保业务范围，也间接降低了资本的需求；通过再保险的介入，保险公司也可以探索开展风险较高的业务线或业务领域，完善公司的产品线，提升公司整体实力。另外，通过再保险可以改善公司的财务状况，使用财务再保险的方式可以有效降低对股东资本的注入需求。

（五）拓宽融资渠道

保险公司自身积累不足时，可以通过以下三种渠道从外部融资，补充资本：

1. 增资扩股

这种融资方式的优点在于不用还本和股息，支付灵活，缺点是费用较高，发行新股涉及现有股东利益及控制权问题，易造成公司经营政策方面的变动，同时股本的资本成本较高。增资扩股可以分为吸收原有股东或吸引新股东参股、外资参股、公开上市三种方式。

2. 发行次级债（资本补充债券）

保险公司次级债，是指保险公司经批准定向募集的（或公开募集）、期限在5年以上（含5年），本金和利息的清偿顺序列于保单责任和其他负债之后、先于保险公司股权资本的保险公司债务。次级债权兼有债权与股本的特征，次级债的清偿顺序排在强制后置债权以及所有股权之前，对于投资人而言更有吸引力。发行次级债融资可以延缓资本金需求的压力，但无法从根本上解决公司资本需求的矛盾，且次级债具有较高的付息压力，不得用于弥补亏损和非生产性支出。此外，次级债的发行额度不能超过保险公司上一年度的净资产，对大多数资本金较小，并由于持续亏损已经耗蚀了部分资本金的保险公司而言，发行次级债的可行性并不高。但是，发行次级债仍不失为中小保险公司补充资本金的一种有效途径。

3. 利用金融衍生工具

近年来随着金融创新的蓬勃发展，出现了保险公司负债和资产证券化的趋势，保险公司的资金来源已不再局限于资本金、保费和其他负债，还可以通过金融衍生工具向更广阔的资本市场获取动态偿付能力的补充。

保险负债证券化主要包括巨灾风险债券和保险期权两种基本形式，还存在一些其他途径，如由保险组合的总损失引发的借款协议。巨灾风险债券是通过发行收益与指定的承保损失相连接的债券，将保险公司部分承保风险转移给债券投资者。该债券合同规定，如果在约定期限内指定的承保损失超过一定限额，债券投资人的本金和利息收益将用于补充保险公司超过限额的承保损失，若指定的承保风险损失不超过该限额，则证券投资者可得到高于无风险利息的回报，作为承担相应承保风险的回报补偿。保险期权的运作类似于损失限额再保险，保险公司通过购买看涨期权，当特定的承保损失超过期权行使价时，可以通过行使该期权将损失限额控制在期权行使价之内，降低公司的承保风险，从而保障保险公司的偿付能力。保险负债证券化将保险公司的风险从保险市场转移到容量更大的资本市场，可以将风险转移给投资者，具有传统再保险的功能，但所需的风险转移成本比再保险方式低，它要求资本市场比较成熟和发达，对金融衍生产品定价的技术要求也比较高。

保险资产证券化主要指保单销售证券化，它是将期限类别相近的保单销售组合打包，通过创立以保单销售未来的本金和利息收入为担保的证券，在资本市场上将其出售变现的一种融资方式。保单销售证券化提高了资产的流动性，从而缓解了保险公司的现金压力。但总的来看，这种交易现在还不成熟，成本较高，要想广泛地运用还需要进一步发展。

第五章

财务共享：大势所趋

时下，人们对“共享”一词并不陌生。随着大街小巷各种各样的扫码即用的共享单车、共享汽车、共享雨伞、共享充电宝、共享睡眠舱不断走入视线，共享概念越来越火热，我们似乎跨进了资源共享的时代。我们有理由相信，共享不是一波行情，也不是一时的潮流，在可预见的将来，共享将作为一种主要的经济形式存在。本质上，共享是资源的充分利用与分享，这种冲动早已有之。但是，由于信息充分性与流动性限制，以及交易模式、交易手段等掣肘，使得冗余资源长期以来停留在互助与局促的互换层面，并不能大规模进入“交换”领域。随着移动互联、大数据、云计算、物联网等互联网技术发展，信息的充分性和流动性得到了保障、交易成本大幅降低、交易的可靠与可控性大幅提高，使得冗余资源进入“交换”层面成为可能，也因此催生了优步、爱彼迎、滴滴打车、股权众筹等共享经济的典型模式。

殊不知，经济领域的共享服务概念早已存在。最早诞生于20世纪80年代西方国家的共享服务，被视为一场跨国公司的“集体冲动”。彼时，正值经济全球化和信息技术的迅猛发展期，一些领先的跨国公司加速区域化扩展步伐，通过投资、并购等方式建立了遍布全球的分支机构。而随着公司规模的不断发展壮大，分支机构日益增多，原有的分散式组织形式出现了规模不经济、管理成本居高不下、集团管控难度大、政策执行力差、机构人员冗杂等问题。时间的年轮到了21世纪之后，财务共享中心（FSSC）应运而生。它是将不同地点的实体会计业务拿到一个共享服务中心来记账和报告，保证了会计记录和报告的规范、统一和标准化。不同于现在流行的“共享单车”等共享经济，财务共享中心是在公司内部实施，旨在服务于大型公司各个分公司以及事业部的财务人员。

从另一个维度分析，财务领域的共享创新显然不能脱离信息技术的成熟与支撑。信息技术的飞速发展，让一切皆有可能！从手工记账时代，从原始凭证到记账凭证，到登记账簿，再到编制报表，每一个环节都是手工操作；到了会计电算化时代，会计核算流程尤其是凭证编制与报表生成环节的组织模式发生了变革；再到会计信息化时代，财务流程不断优化、财务运作效率不断提升，包括但不限于财务共享的新事物层出不穷。不仅如此，一些先锋团队已经迈进了智能化时代，机器人流程自动化（RPA）技术开始在实质上渗入会计审计工作。前后短短三十年左右功夫，我们所经历的这个技术变革带来的会计时代跨越不得不让人震撼。如图5－1所示。

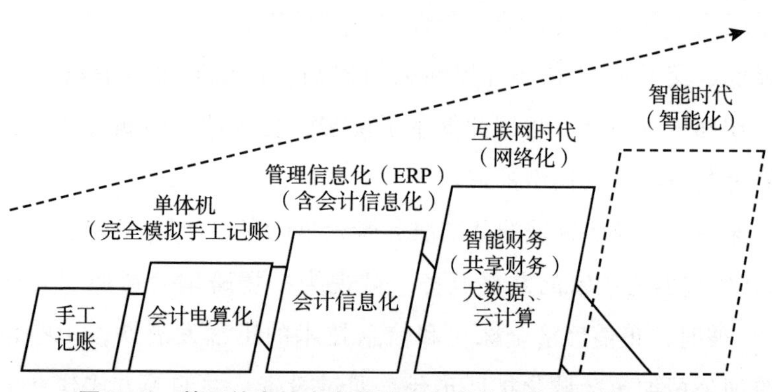

图5－1 基于信息技术变革的财务进化与共享时代示意图

本章将通过对财务共享事业的发展历程、核心思想、构建地图、运营模式等方面的阐释，并结合其在保险公司的应用，力求真实还原财务共享在我国保险业的落地情况。

第一节　财务共享的强劲风暴：顺势而为

根据国际财务共享管理协会（IFSS）的定义，所谓共享服务，是依托信息技术，以流程处理为核心，以优化组织结构、规范流程、提升流程效率、降低运营成本或创造价值为目的，以市场化的视角为内外部客户提供专业化生产服务的管理模式。财务共享正在成为国内外会计领域的一场风暴。

一、财务共享的基本趋势

共享服务的目的是为所有“客户”提供低成本、灵活且优质的服务。共享服务模式结合了集中化模式和分散式模式的优点，促使公司达到更高绩效，其特点为：一是通过流程和技术标准化消除冗余过程；二是合并并重新设计非核心支持职能，将其纳入服务中心；三是对运营单元保留的组织和职责进行重新设计；四是通过双向的服务水平协议促进责任共担；五是加强对于内部客户服务和成本管理的关注。

财务共享中心（FSSC），秉持财务共享理念，将公司各种财务流程集中在一个特定的地点和平台来完成：其本质上是一个信息化的平台。公司通过建立和运行财务共享平台，使财务组织和财务流程得以再造，使一些简单的、易于流程化和标准化的财务工作，包括核算、费用控制、支付等，集中到统一的信息化平台上来。与此同时，改革开放后，国内经济快速发展，众多国内公司经历了由计划经济向市场经济的转换，特别是随着集团型公司不断的规模化发展，其所属办事处、分公司、子公司等成员公司都因不同的财务制度而被迫面对结构不统一、报告不规范的财务数据，甚至还有可能面对被包装过的数据，十分耗费集团公司的人力成本与时间成本，进而可能会误导管理层决策与未来战略规划。因此，构建新的财务管理体系和模式势在必行，财务共享中心不仅可以将集团内各成员公司的某些事务性功能统一流程、集中处理，以达到规模效应，降低运作成本，而且能够发挥管理会计职能，为管理层决策提供支持，强化集团的管控能力。

如今，在财务领域里，共享模式早已不是什么新鲜事儿了，“财务共享中心”在欧美等发达国家的应用已日趋成熟，其在国内的大、中型集团公司中亦正大行其道。

二、财务共享的核心效力

财务共享好处多多，它对于公司降本增效、加强财务控制、加快财务转型等方面均有显著作用，其核心思想就是财务集中管理。财务集中管理，即将信息技术与先进的管理思想、管理方法有机融合，以系统化的动作平台为依托，通过集中控制和协同处理保证公司整体战略目标的一致和信息流、资金流、单证流的统一，对公司整体资源进行有效配置、管理、控制和优化，将公司财务会计核算和财务管理工作集中起来统一进行，提高集团财务管理水平，从而实现集团公司价值最大化的一种新的财务组织和管理模式。

财务集中管理是一个动态过程，即通过财务法规和制度，以计划、决策和控制等手段，对公司的经营管理进行指导、督促、约束，在公司内部管理工作中处于不可替代的重要位置。因此，没有建立一套完善和科学的财务管理模式，势必将影响公司的运营。财务集中管理不是简单意义上的财务集成，其至少包含三层含义：

一是财务管理权限的再分配。公司财务活动是对公司生产经营活动的综合反映，是公司各种利益关系的焦点。所以，公司财权是公司所有权的核心内容，同一集团内部，母公司和各级子公司的财权来源于不同层级的所有权，因而实施财权的分配方式决定了集团内部的财务管理模式。从财务管理的角度来看，集团公司的本质特征就是集团内部各成员单位之间必须以资本为联结纽带，或是以某一公司为核心的单项控股关系。集团财务管理必须面向集团及其所属成员单位，并且这种管理不能仅限于集团管理总部自身，还必须关注对其子公司或分公司以及其他成员公司的管理和控制。财务集中管理要求在整个集团内部强化集团总部财务决策的权威性，集团利益的整体性，从而实现资源的有效配置，保障集团战略的顺利实施。

二是财务信息的集成。在整个集团内部，在IT信息系统集中管理的基础上，各财务子系统之间需要实现无缝对接，实现在分布异构环境下信息和资源的共享，各级财务人员可以在线处理、远程报账、远程表传送，集团和子公司总部可以随时了解下属机构的财务信息，将公司的财务管理能力延伸到下属的任何一个分支机构，延伸到每一个财务科目和核算凭证，真正实现网络化、集中化的现代财务管理。与传统的财务管理模式相比，基于网络平台技术的集中财务管理模式会明显提高公司对资金的有效利用，及时对财务数据库系统中数据进行加工处理，提高管理效益。

三是财务作业流程的再造。财务集中管理不仅需要高效地反映经营成果，有效地监督公司财务状况，更重要的是还会重组内部工作流程，将反映人、财、物等方面的信息与公司流程结合，实现集团内部的财务、业务的集成，因此，财务集中管理模式也是对业务流程改造的一项新举措，通过制定标准化的流程，统一的口径和操作手册，在很大程度上贯彻了公司集团的财务制度和决策，控制了财务风险。

三、财务共享的战略目标

根据相关调查，综合中外已经建立财务共享中心的公司的实践情况，建立财务共享中心的战略目标主要有以下三个：

一是降低成本、提高效率。降低成本是所有建立财务共享中心的公司的一个共同目标，因为毕竟公司是以营利为目的的经济体。事实也证明，财务共享中心在成本降低方面成效显著。据埃森哲在欧洲的调查，30 多家在欧洲建立财务共享中心的跨国公司平均降低了 30% 的财务运作成本。建立财务共享中心，需要统一公司的财务制度，梳理公司的财务流程，最终促使公司财务的统一化和标准化，这无疑既有助于降低公司的财务成本，又有助于提升公司的财务效率。据英国特许公认会计师公会（The Association of Chartered Certified Accountants，ACCA）对中国公司的调查，超过 50% 的中国公司认为，实施共享服务对于降低财务成本、提升财务流程效率非常重要。

二是加强财务控制、降低风险。在建立财务共享中心之前，很多公司的财务往往比较分散，子公司、分公司，甚至下面的部门都建有财务部门，配备有财务人员。这种分散的财务管理模式不但削弱了公司对财务的控制力，而且隐藏着巨大的风险。建立财务共享中心，就需要将比较分散的财务权力集中，对于公司来说，这也是一个加强财务管控的好机会。

三是促进财务转型。这个目标对于中国公司来说，可能显得更为重要。因为中国公司的财务部门和财务人员，总体层次相对较低，大部分人员主要从事核算工作，而一些高级财务人员相对不足。公司通过建立财务共享中心，使大量基础财务工作标准化流程化，可以提高财务核算工作的效率，大大降低对基础财务人员的需求量，使很多财务人员能够从烦琐的核算工作中解放出来，从事战略财务和业务财务工作，从而使公司的财务实现转型升级。

除了以上三个目的外，建立财务共享中心的战略目标可能还包括：提升财务能力、提高财务工作质量、提升内部和外部客户满意度、加强财务对决策的支持力度、强化公司内部管理等。

四、财务共享的优势分析

财务共享中心优势与普通的公司财务管理模式不同，它的优势在于其规模效应下的成本降低、财务管理水平及效率提高和公司核心竞争力上升。具体表现为：

第一，运作成本降低。这可进行量化计算与比较，如分析一个"共享中心"人员每月平均处理凭证数、单位凭证的处理费用等。这方面的效益主要通过减少人员数目和减少中间管理层级来实现。如果"共享中心"建立在一个新的地点，通常成本的降低效果更显著，原因是：通常选择的新地点，当地的薪资水平会较低；通过在"共享中心"建立新型的组织结构和制定合理的激励制度，能显著地提高员工的工作效率，并形成不断进取的文化。

第二，财务管理水平与效率提高。比如，对所有子公司采用相同的标准作业流程，废除冗余的步骤和流程，"共享中心"拥有相关子公司的所有财务数据，数据汇总、分析不再费时费力，更容易做到跨地域、跨部门整合数据；某一方面的专业人员相对集中，公司较易提供相关培训，培训费用也大为节省，招聘资深专业人员也变得可以承受，"共享中心"人员的总体专业技能较高，提供的服务更专业。此外，“共享中心”的模式也使得 IT 系统（硬件和软件）的标准化和更新变得更迅速、更易用、更省钱。

第三，公司整合能力与核心竞争力提高。公司在新的地区建立子公司或收购其他公司，“共享中心”能马上为这些新建的子公司提供服务。同时，公司管理人员能够更集中精力在公司的核心业务，而将其他的辅助功能通过“共享中心”提供的服务完成。“共享中心”将公司管理人员从繁杂的非核心业务工作中解放了出来。

第二节　财务共享的构建地图：循序渐进

一、财务共享中心的建设步骤

财务共享中心建设的过程，本身就是公司财务流程再造的过程。实行财务共享之前，公司的报账、核算、结算的流程是分散在各业务单元单独进行的，每个业务单元都有自身的流程，而每个流程上的运行标准、效率和风险管理规范都不尽相同。建立财务共享中心，应按照统一的要求，调整各业务单元现有财务业务流程，并将简单事务性的会计核算工作向集团总部集中，将财务权限上收，缩减地方财务人员编制，并最终制定一套适合所有业务单元的业务流程。

一般来说，建立财务共享中心的流程再造包括以下四个步骤：

（一）财务流程分析

财务流程分析的重要目标，是寻找那些可以、需要纳入财务共享中心的流程。一般而言，可纳入财务共享中心处理的财务业务具备如下特征：

（1）业务量大、发生频次较高、相似度高。如：员工报销、应收应付等。

（2）各业务单位中存在普遍共性的业务。如：会计月结年结、总账核算、各类标准报表。

（3）能够专业化、标准化的业务。如：各公司的会计核算、单体和合并报表的编制。

（4）支撑集团公司层面对业务单位财务管控的标准制定。如会计核算标准的制定等。

（二）财务流程的优化及重新设计

财务流程的优化和重新设计，是指在分析现有流程的基础上，系统地改造和创建新的财务流程，最终实现规范化（或标准化）。规范化业务流程需要达到以下几个标准：

（1）处理环节操作规范化。例如，针对票据而言，其范围界定、票据审核、票据流转、票据归档，各循环的会计核算流程、会计报告编报流程、统计信息发布流程等均要实现规范化与标准化。

（2）客户需求的响应机制规范化。建立客户需求受理、客户需求分析、风险评估规划、项目立项、系统开发、任务分解、任务跟踪、项目验收全流程标准化管理，提高响应速度。

（3）业务流程以及信息系统的变更流程规范化。

（三）试点与转换

财务共享中心流程的再造必须先要保证新旧两种流程的“并行运转”。虽然这种行为会对组织造成一定的不便与资源浪费，但与通过试点积累的经验和得到的教训相比，试点必不可少。在试点期间，如何选择优秀的组织团队，理解新流程的内涵以保证试点工作的有效性和高效性是关键所在。完成试点之后，需要在整个组织范围内确定转换次序，分阶段进行新流程的引入实施。

（四）持续改进

流程管理是一个持续性的过程。财务共享中心流程改进的目标，不能脱离公司对于整体战略、成本、效率和合规性方面的要求。因此，财务共享中心的管理者不但需要具有改进变革流程的技能技巧，更重要的是要有持续改进的意识、敏锐的洞察力及坚定的信念。

二、财务共享中心的支持平台

在共享模式下，集团公司将会计核算、费用报销、资金支付等易于流程化和标准化的财务工作集中到统一的信息化平台集中处理，通过规模化运作提供高质量、低成本、标准化的会计服务。然而，局部最优不等于整体最优。如果仅仅认为财务共享的价值就是降本增效，无异于管中窥豹。第一批共享服务的先行者们发现，受困于传统财务共享的定位不够高或定位存在偏差，完全没有站在管理者的角度去立项，曾经的目标定位与现行的管理需求渐行渐远。事实上，一个成功的共享服务中心，应该是一个完整的集核算、管控和决策支持于一体的平台，建立共享中心的真正目的是提供业务支持，为决策提供数据和信息支持，最终助力公司实现价值最大化。

传统的财务共享中心是根据特定行业、特定公司的特定需求进行的定制化开发，不具有适用性。而且，随着公司管理需求的增加，每次优化都需要打补丁。定制化产品应用的局限性，致使共享服务中心难以大范围、低成本地推广。

可以预见，财务共享中心是一个可独立运行并不断优化发展的平台支持系统。相对于定制化产品的适用局限性，共享服务平台化产品是一套综合的工具，它形成了完整、开放、模块化的解决方案，旨在能随需应变开发软件和基于软件的服务，从而能够灵活创新和迅速响应市场变化。换句话说，平台化产品的适用型强、架构易拓展，能满足不同行业、不同公司、不同模块的不断变革的需求，每家公司只需要简单地改变配置或稍作调整，就能轻松满足各个公司的应用需求。

传统财务共享中心集中的数据基础是对外披露的、以单体公司核算为主的“局部”数据。这些数据的局限性表现在以下几方面：只注重核算、忽视了分析；只有法人口径的数据，没有管理口径的数据；只有核算数据，没有业务数据；空有数据，但很难提炼出对管理决策有价值的成果。

事实上，数据是公司的一座“沉睡的金矿”。舍恩伯格在《大数据时代》一书中指出，数据已经成为一种商业资本，一项重要的经济投入，可以创造新的经济利益。一切为集团管控、战略决策提供依据的数据，都可以从共享服务中心的大数据里挖掘出来。

未来的财务共享中心，其核心在于构建以数据共享为核心的财务共享中心，使其成为集团级数据中心，集成核算数据、预算数据、资金数据、资产数据、成本数据、外部标杆数据等与高层管理和决策相关的信息，成为公司未来决策的最重要的数据支持平台。

第三节　财务共享的运营模式：中心风格

公司需要根据自身的经营情况、组织结构、信息化程度等，确定财务共享中心现阶段的运营模式。按照组织发展的阶段，财务共享中心的运营模式分为以下五种类型：

一、基本模式

基本模式通常处于财务共享中心发展的初期阶段。这种模式下，组织内部的基础运营与决策权统一在公司总部。出于集中管控、降低成本以及提高效率等方面的考虑，公司通常会强制性地要求各分支机构将总账、应付账款、应收账款、固定资产等典型的财务工作集中到财务共享中心处理。这种类型的财务共享中心比较注重选址、人员测算、最优工作量标准核定等。

二、市场模式

市场运营模式是财务共享中心发展到一定阶段的产物。它分离了公司职能内部的基本运作权和决策权，使财务共享中心成为相对独立的经营实体，有了基本运作权而使得机构更加灵活，只需执行总部规定的相关政策，并受总部的监管，集团内部分支机构的客户不再被动接受托管性的服务，而是可以根据自己的意愿作出是否接受这些服务的决定。这种模式的财务共享中心，不但要提供基础的业务服务，还要提供更专业的咨询服务，要不断提升自身的服务质量，根据确定的服务流程与标准提供服务。与此同时，财务共享中心开始通过服务收费抵偿成本。我国大多数公司集团采用这种服务模式。

三、高级市场模式

高级市场模式是市场模式的发展，与市场模式最大的不同是引入了竞争，其核心目标是为客户提供比竞争对手更优的服务。此时，公司内部各机构的客户具有更多的自主权。因为市场上有更多能够替代的系统软件服务商，这种财务共享中心按照市场价格或成本加成收取相应费用。目前，这种运营模式的应用在我国不是很多，只有一些具有雄厚实力的大型公司集团会采用这种运营模式。

四、独立经营模式

独立经营模式是财务共享中心运营发展的高级模式。这一阶段财务共享中心的服务对象包括公司内外部客户，面临与各种外部咨询机构与服务供应商的竞争，需要不断提高技能，充实各种咨询服务知识。此时的财务共享中心以盈利为出发点，其服务收费采用的是市场价格模式，成为能够创造新价值的利润中心，具有完全的独立性，并且通过服务与产品的不断改进或升级来发展壮大其市场，提高客户满意度。国外跨国公司或咨询公司一般采用这种类型的运营模式，我国公司集团对该模式的应用还很少。

五、面向未来的财务众包模式

“众包”概念由美国人杰夫·豪于2006年提出，国内的刘锋同期提出的“威客”概念与此类似。而借助于“互联网+”和互联网思维、技术，财务业务也可以在逻辑上集中，物理上分散，由此产生了“财务众包”的概念。这也意味着，财务共享中心本身的管理可以分散进行，员工即使分散在不同的地区也可以完成同一个工作。2016年10月17日，阳光保险发布“阳光财务众包平台”，将古老的会计作业与新兴的互联网结合，开创“互联网+会计”的共享经济新模式。该平台将会计作业极致拆分成微任务，并面向互联网用户进行任务招募，由互联网用户抢单、随时处理完成。阳光保险也由此成为首家面向社会大众、采用财务众包模式处理会计事项的公司。

第四节 财务共享的保险落地：先行先试

目前，国内的绝大多数保险公司仍采取分散式的运营管理模式：即核保、核赔、客户服务、财务、IT 支持、人力资源等支持性的职能分散在各级分支机构，多家大中型保险公司如中国人寿、中国平安、新华人寿、阳光集团、合众人寿等则纷纷尝试建立财务共享中心。分散式的运营管理模式虽然具有较高的灵活性，在公司发展的早期较好地支持了机构的拓展、提升了对客户服务的响应速度。但随着公司业务规模和机构数量的不断增加，以及竞争的加剧和经营成本的快速提升，分散式的运营模式在成本、效率、标准化、风险控制等方面面临的问题日益突出。正是在这种形势下，保险业开始积极推动从外延式向内涵式，从粗放式向集约式的转型，以全面提高行业的竞争力。

一、财务共享的管控目标

保险公司通过实施财务共享管理，可以实现总公司对分公司和各中支公司资金的有力控制，从而有效地使用全公司的存量资金。公司的扩张，必然带来公司层级的增加，导致公司财务管理职能分散，引起核心公司监控力不足，从而严重损害总公司的利益。实行财务集中管理可以有效保证公司整体财务目标的统一协调，也是改变这一现状的有利途径。虽然保险公司并不具备大型集团公司那么复杂的层次结构，但随着其规模的发展与业务的增长，由总公司制定的经营战略和规划要分解下达到每个中支公司，需要的反应时间会越来越长，相应的反应效果也会大打折扣。实施财务集中管理能使总公司的各个中支公司在有效实施战略规划产生聚合效应的同时，最大程度降低公司的经营成本。然后，由于财务集中管理可以使公司决策层得到更加真实可靠的财务信息，而财务信息又是其他各项专业管理活动的综合体现，这就使得集团公司在对下属公司实施绩效考核时有理有据，从而取得预期效果。实施了财务集中管理后，全公司财务管理趋于一体化，从而使核心公司的财务管理职能得到最大程度发挥，大大提高了分子公司的经营协同效率，降低了经营风险。

所以无论着眼于学习世界先进的财务管理模式或公司本身的发展，还是适应国家经济从“粗放型向集约型”转变的需要，保险公司都需要开展财务集中管控效应的分析研究，实施财务管理与运营控制的集中化策略，并制定一套适合自身财务管理与运营控制的集中化方案。

从保险公司的基本职责出发，其基本目标是建立专业分工、高效协作的灵活组织结构，财务组织可以分为三部分：一是共享服务中心，通过集中化、标准化和端到端的流程管理，低本高效地为公司提供各项财务服务，包括财务交易处理、财务数据处理。共享服务中心可以跨地域服务，可以根据公司的情况、比较优势的原则建立一个或多个专业服务中心。二是做好业务决策支持工作，与各级公司的管理要求相适应，提供财务分析和预算管理等经营决策支持服务。这类财务机构与业务单元是紧密联系的，需要在每个层面设置相关的机构。三是作为公司战略的主要参与者，有相应的职责做好公司资本运作，为公司战略决策与实施提供高价值的财务服务。这类机构在总部保留基本可以满足需要。

在这样的未来目标下，现在保险公司在财务组织结构变革上还需要经历一个渐变的过程，从共享中心建设的基本路径上看，要迈出的一步就是集中化与标准化，在此基础上将财务工作专业化为三类，并将交易处理类逐步独立建立共享服务中心，之后再逐步建立有市场竞争力的服务水平协议。在总部服务层面，要逐步搭建相应的机构，引入精算技术与人才，改善目前财务队伍在管理会计、成本管理、综合财务分析方面的不足，如：凭证传递链条长，财务档案管理难度大，总、分公司沟通成本增加，IT系统不能完全满足集中管理的需要等。

二、财务共享系统的关键控制环节

财务共享系统的关键控制环节，将通过资金集中管理、财务委派机制和全面预算管理三方面进行阐释：

（一）资金集中管理

保险公司通常将账户按照性质分为：收入类账户、支出类账户、投资账户、临时账户和其他账户。收入类账户包括保费收入账户、理财险收入账户和代理账户；支出类账户包括保险业务支出、费用支出、税金专户、理财险支出户等；投资账户指专用于投资的账户；临时账户主要是机构筹建期间开设的账户；其他账户主要用于工会、社保基金、住房公积金等。银行账户实行分类管理，专户专用，各账户资金不得串用。费用支出户和业务支出户分别设立，统称为支出类账户。同级机构业务支出户之间不得相互转款。

总公司下属机构管理中心开设收入户和支出户。收入户用于向总公司基本户申请资金，支出户用于向下属分支机构划拨资金及费用、赔款的直接打款。

分支机构的账户严格实行收支两条线的资金管理。账户的开设权和销户权集中在总公司，只有通过流程审批，才能开户和销户。分支机构分别开设收入户和支出户，其中支出户又分为基本户（费用户）和业务支出户（赔款、退保）。分支机构收入通过网上银行系统每日自动上划，赔款和大宗的费用资金由分支机构按流程申请，总公司直接打款支付，零星的退保和费用资金则通过定期的资金申请，从总公司回调。另外，保险公司通过银行余额调节表监控分支机构的未达账项，不允许存在过期未达账。

（二）财务委派机制

总公司财务部对各分公司财务部进行整体考核，考核分为量化指标和主观评价两部分。其中量化指标由总公司计财部机构管理中心牵头，通过日常过程管控，直接计算得分。主观评价由总公司计财部负责人根据各分公司财务管理能力直接进行评分。

量化指标分为会计系列管理指标、出纳系列管理指标、综合能力管理指标三部分，涵盖了财务核算、报表管理、资金管理、单证管理、预算管理、应收管理、资产管理、财务人员管理等项目。其中，会计量化指标包括：核算准确率、核算及时率、结账完成率、往来账项清理率、费用预算控制率；出纳量化指标包括：业务收付及时率、资金专款专用率、银行未达账管理率、有价单证超期未回销率、单证遗失率、单证作废率；综合管理能力指标包括：报送材料及时率、会议出勤率、考试成绩合格率。

总公司机构管理中心每月对量化指标进行公示排名。每季度总公司财务部负责人对分公司财务经理业绩进行主观评价，分公司财务经理对下级财务人员进行主观评价，加权后作为所属机构财务人员考核得分，计入年度考核成绩，并作为浮动及绩效工资发放的重要依据。

以上制度呈现两个特点：一是考核的集中性，二是委派的彻底性。分支机构财务人员所在机构负责人和人事部不参与财务人员的考核。财务人员的工资、绩效也不与所在机构效益挂钩，而是取决于总公司考核结果和总公司整体的经营效益。这是和行业内很多公司不同的地方。这种委派与考核体系，从源头上确定了财务人员的归属，便于更好地代表总公司管理派出机构的财务工作，使总公司的各项财务管理措施，得到强有力的执行。

（三）全面预算管理

全面预算管理是以货币及其他数量形式反映的对公司经营各个环节和各部门（成本中心、利润中心）进行管理控制，以及对公司各种财务、非财务资源进行配置的一系列活动。全面预算是公司控制经营活动的依据和考评业绩的标准。完整的全面预算管理包括：收入预算、资本性收支预算、投资预算、费用预算、赔付预算、再保预算、最终形成现金流预算、资产负债预算和损益预算。

三、财务共享系统的实施效应

（一）关乎财务 KPI 指标的改善

对于公司的 KPI 指标来说，财务集中制度的实施所带来的变化主要表现在以下三个方面：其一，体现了精算、财务、投资一体化的大财务理念。国外保险公司在组织上融合了精算、财务、投资的职能，多数财务人员同时具备精算人员的执业资格，为财务职能的融合提供了基础条件。包括现金管理、资产负债匹配管理、产品成本、风险管理在内的工作都是由具备精算和财务专业能力的团队共同完成。其二，集中操作处理与财务管理控制职能基本剥离，财务操作处理一般以共享服务形式实现，通过集中化、标准化和“端到端”的流程管理，低成本高效地为公司财务服务，降低风险和经营成本，提高效率。财务管理控制则以服务于高层管理者和业务部门进行预算与预测分析，提供决策信息的职能为主，发挥公司价值创造者、业务支持者和风险管理者的专业服务职能。其三，突出了专业化分工的特点。国外的财务组织通常有明显的专业化分工特点，这种专业化划分可按工作职能、工作流程、产品和地域进行，也可以以包括两种以上组织的矩阵式管理体系构建。

综上所述，在共享技术框架下，财务集中涉及的有代表性的KPI指标及改善情况如表5－1所示。

表5－1　　财务集中框架下KPI优化要素分析表

可量化指标	现状	未来
首期件均出单效率	≤5天	≤4天
客户主动发起交续期保费	>2小时	<1小时
批量转账数据修改		0%
批量收款到账时间	48小时	<24小时
批量收支金额准确率		100%
网银支付差错数（笔数比率）	<1/1000	<1/10000
资金沉淀（在途）量比率		<1‰内
银行批次转账成功率	<40%	>70%
银行结算手续费用率	>0.5‰	<0.3‰
会计核算/审核（每单效率）	>5分钟	<3分钟

（二）对内外客户提供服务的改善

在高速扩张的情况下，如何继续为内外部客户提供更方便、快捷、安全的服务，是保险公司面临的重要挑战，通过集中模式，公司对客户、员工服务的途径和方式将产生明显的变化，现归纳分析如表 5 - 2 所示。

表 5 - 2　　财务集中框架内外客户服务优化要素分析表

类别	现状描述	未来展望
渠道	客户对公司指定银行做法反感	1. 渠道： 主要商业银行渠道 电信（移动）渠道 人工收费渠道 网络渠道 2. 收付费方式： 现金收付 批量转账收付 网银支付 网上交费 电话交费 短信交费 银行柜面交费
	客户对公司没有开通网上交费不解	
	客户对交现金给业务员不放心	
首期	业务员收现金或要求客户到银行存款（现金存款单）	
	公司要求客户提供指定的银行折、卡号	
续期	客户去公司柜面交现金或 POS 机	
	业务员收现金或要求客户到银行存款（现金存款单）	
理赔	公司要求客户提供指定的银行折、卡号	
	客户去公司柜面交现金或 POS 机	
	客户到公司领取现金赔款	
	客户提供保单所在地指定银行折、卡号	
满期领取	业务员代办送现金上门	
	异地代付（只能省内）	
	客户到公司办理手续	
	客户到公司领取现金	
	客户提供保单所在地指定银行折、卡号	
	业务员送现金上门	
重复收费	批量转账收费同时，客户还可以交现金成功	通过系统改造判断重复收费现象，系统提示电话中心及时通知客户征求处理意见或主动生成退费信息退费
	系统不能将重复收费主动生成退费记录并退费给客户或系统，不能通过电话中心及时告知	
保单迁移	客户到公司柜面	不需要再做保单迁移

续表

类别	现状描述	未来展望
佣金、工资	必须提供指定银行折、卡号	主要商业银行折、卡号
费用报销	粘贴发票	粘贴发票
	填写纸质报销单	网上填写金额即可
	打印预算纸质签报单等	不需打印
	财务审核（可能反复多次）	财务审核（只有票据不合法才会反复）
	财务人工判断是否超支	系统自动判断预算是否超支
	到处跑找领导签字	领导网上签字
	会计应付账款账务处理，会计主管审核	自动处理，会计审核
	财务通过网银转账支付	财务通过批量转账支付
财务对账	现金交款单与保单之间对账（尤其是银行代理业务）难度极大或无法核对，工作量极大	取消客户现金存款单，使用其他方式替代，并实现系统自动对账
	月末公司账与银行对账单核对因核心系统制证限制，对账工作量极大或无法对账	系统勾稽对账，资金系统可以解决核心系统制证限制问题
	总公司－分公司－中支公司往来账手工核对工作量大	实时系统自动勾稽，不需要对账
	公司柜面普通 POS 收费，财务出纳手工逐笔对单工作量极大或无法核对	使用“网付保”式与公司系统和银行系统联网 POS 机系统，结算时系统对账
	现金收付费出纳缴存银行现金交款单因核心业务系统制证限制，对账工作量大	尽量减少或取消现金收付费方式，用其他方式代替，通过系统改造解决核心系统制证限制
	网银支付系统不能下载信息，需要手工编制并上传网银付款，工作量极大，作业风险高	对公客户使用网银支付，对私客户使用批量转账支付

（三）防范风险方面的改善

风险控制是保险公司经营管理的永恒主题，是保险公司稳健经营的首要保证，通过对收费方式的改造和系统控制的加强，在大集中项目完成后，公司的风险将被高度集中到总公司进行管理并将得到有效控制。现具体列表分析如表 5－3 所示。

表 5－3　　财务集中框架下风险防范优化要素分析表

主要风险	具体描述	风险属性	分类	现状可控度	公司可接收度
业务员挪用保费	收取保费不交回公司	系统外	道德	低	不可接受
业务员骗取赔款	理赔代办件不（全额）支付给客户	系统外	道德	低	低
业务员欺诈公司风险	故意制作不实客户资料，骗取核保保额	系统外	道德	低	低
业务员欺诈客户风险	欺诈案件发生，公司承担责任	系统外	道德	低	低
基层机构套取佣金	利用虚拟组织架构、截留续佣等各种手段套取佣金	系统内	道德	低	不可接受
套取预算	采用虚拟项目及票据套取公司预算	系统内	道德	低	低
设立小金库	套取公司资金用于小集体利益	系统外	道德	中	低
员工侵占、挪用资金	利用职务之便侵占、挪用公司资金	系统外	道德	中	不可接受
重复退还押金	以收据遗失为借口，重复领取押金	系统外	道德	低	低

续表

主要风险	具体描述	风险属性	分类	现状可控度	公司可接收度
现金持有风险	社会治安环境不好带来的盗抢风险	系统外	作业	低	低
转账生、回盘风险	转账生、回盘数据修改带来的资金风险	系统外	道德	低	不可接受
转账支付风险	支付差错造成资金流失	系统外	作业	低	不可接受
网银支付风险	支付差错造成资金流失	系统外	作业	低	不可接受
现金支付风险	支付差错造成资金流失	系统外	作业	低	不可接受
现金存取风险	社会治安环境不好带来的盗抢风险	系统外	作业	低	低
暂收收据使用风险	开立鸳鸯单，骗取保费	系统外	道德	低	低
重复收取保费风险	转账和现金重复收费，造成形象损失	系统外	作业	低	低
支付时效风险	支付时效未达到预期造成的公司形象损失	系统外	作业	低	低
批量转账提前收费	未到收费日，提前扣取客户保费，造成形象损失	系统内	作业	低	低
交费渠道不足	交费渠道不足造成客户抱怨，造成形象损失	系统内	作业	低	低

（四）业务员收费方式变化

曾几何时，保险公司的业务收费是一大挑战，在共享技术条件下，业务员道德风险的防范可以通过收费方式的改变加以有效控制，如图5-2所示。

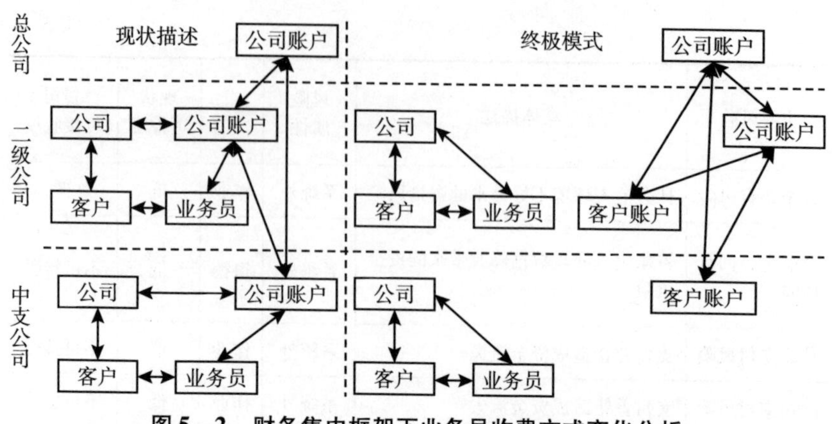

图 5-2　财务集中框架下业务员收费方式变化分析

（五）提高作业效率方面主要改善

提高效率是降低成本、改善服务的有效手段，通过系统的改造和手工作业的减少，保险公司主要作业环节的效率将得到有效提升，如表 5-4 所示。

表 5-4　　财务集中框架下作业效率提升分析表

项目	客户对时效的要求	外勤对时效的要求	契约对时效的要求	保费对时效的要求	客服对时效的要求	财务对时效的要求	银代对时效的要求	团险对时效的要求	营销对时效的要求	理赔对时效的要求
核保	低	高	—	—	—	中	高	—	高	—
保费	中	中	—	—	低	中	低	中	高	低
业务员	高	低	高	高	高	高	高	低	高	高
客服中心	高	高	—	高	—	低	中	低	高	高
财务	高	高	高	—	高	—	高	高	高	高
银行代理	低	高	高	—	—	高	—	—	—	低
团险	低	高	高	—	—	高	—	—	—	低
营销	低	高	高	—	—	中	—	—	—	—

续表

项目	客户对时效的要求	外勤对时效的要求	契约对时效的要求	保费对时效的要求	客服对时效的要求	财务对时效的要求	银代对时效的要求	团险对时效的要求	营销对时效的要求	理赔对时效的要求
理赔	高	高	—	—	高	低	低	高	高	—
电话中心	高	高	高	高	高	中	中	低	高	高

（六）降低成本方面的主要改善

成本控制是实现股东价值最大化的有效手段。通过集中的集约化作业和流程的持续改进，保险公司的作业成本会得到有效控制，特别是集中作业操作简单化会有效降低保险公司对一线简单操作人员的用人标准，从而实现综合成本大幅度降低，如表5－5所示。

表5－5　财务集中框架下降低成本方面分析表

成本项目	现状	未来	成本趋势
人力成本	高标准进人，低产能，低效率	低标准进人，高产能，高效率	降低
职场成本	作业人员分散，分摊面积大	集中作业，节约人均分摊面积	降低
网银费用支付	对公对私5.5‰～0.2‰/笔	对私（改批量）1.00元/笔	降低
作业人均产能	出纳网银支付极限100笔/天	出纳网银支付极限n笔/天	降低
	手工对账全系统3500小时以上/月	系统自动对账1～2小时以内/月	降低
	应付账款会计，80笔/天	费用核算200笔以上/天	降低
续期收费成本	保险员上门收费，出纳收取现金	客户主动网银交费，公司批量转账，节约收费人力	降低
资金沉淀	账户分散，归集较慢	总公司集中收支，沉淀接近0	降低

财务集中目标的实现，一定会大幅度降低公司整体的运营成本，

据同业专项测算，对业务发展成熟的公司，大集中的投入大概在 8 ~ 10 年内能够收回成本。

（七）管理压力方面的主要改善

保险公司的高速发展对各级管理者都提出了更高的要求，同时也带来了更大的压力，如何降低管理压力，达到有效管理的目的，是整个公司面临的共同问题。共享技术条件下的管理压力情形有所不同，如表 5 – 6 所示。

表 5 – 6　　财务集中框架下管理压力分析表

压力来源	具体描述	现状	未来
业务增长	业绩增长后带来的管理和服务压力	高	持续
增员压力	为扩大业务规模增加销售人员带来的压力	高	持续
保单服务	由于客户选择问题带来的续期缴费能力不足及业务员脱落后带来的客户后续服务等压力	低	可改善
外部协调	公司品牌和业务规模带来的外部协调压力	高	可改善
外部监管	监管部门关注公司风险管理带来的压力	高	可改善
人员技能	人员技能不足带来的作业时效压力和作业差错压力	高	可改善
制度执行	制度执行不到位带来的风险压力	高	可改善
人员变动	人员变动后工作衔接问题带来的压力	高	可改善
系统压力	系统不完善带来的人工操作过多，控制不力的压力	高	可改善
费用压力	投入产出不匹配导致的费用投入压力	高	可改善

第五节　行业优秀公司应用典型

说起财务共享技术，国内一些行业和企业已经率先行动多年，中兴通讯、浙江大华等取得了丰硕的实践经验，而保险业内也有探索者先行先试获得了圆满成功。本节则将保险行业内先进案例呈现给读者。

一、行业共享用户的衍生背景

提及中国保险行业的优秀公司，业内业外可能都会首选平安保险。中国平安保险集团的前身是1988年成立于深圳的中国平安保险公司，经过30多年的发展，平安已经由一家单一的财产保险公司发展成为拥有财产保险、人寿保险、养老保险、健康保险、证券、信托、银行等多家子公司的综合金融服务集团。

（一）初期发展中遇到的财务管理难题

1988年成立的平安保险作为一家区域性保险公司，其早期业务主要集中在深圳、厦门、大连等沿海开放城市。1992年开始，公司加快了全国布局的速度，各级分支机构迅速增加。由于受到当时技术条件、既有作业模式的影响，平安的财务管理采用了分散式做法。从总公司到县级机构，都有专门的财务部门和相对独立的财务管理与作业职能。随着公司业务规模和机构数量的快速扩张，大量资金沉淀在分支机构，严重影响了资金使用的效率，也使资金安全面临巨大的风险隐患。各级机构的经营管理和财务人员管理与专业水平参差不齐，财务管理的质量、效率无法保证。公司财险业务的综合成本率居高不下，与主要竞争对手中国人保与太保相比都有较大的差距，财险业务连年亏损。寿险业务随着利率的持续下降和经营成本的提高，前期销售的高利率保单亏损持续增加，公司偿付能力的压力也更加严峻。

（二）实施财务共享系统模式驱动因素

2003 年，在前期财务集中管理的基础上，平安提出了建设财务共享中心的构想，其主要的驱动因素如下：控制成本，提升可持续竞争优势，提高服务质量和效率，促进公司核心业务的发展，加速公司的标准化进程，增强公司规模扩张的潜力，强化风险控制能力。此后的实战中，平安的发展一路顺风，如虎添翼。

二、财务共享系统模式构建与实施

（一）财务共享系统模式建设框架

财务共享中心建设是一项复杂的系统工程，财务共享系统战略的成功实施需要经历四个阶段，即评估阶段、设计阶段、实施阶段和完善阶段。

（二）财务共享系统模式设计与构建

1. 总体设计思路

财务共享系统的设计是以客户为中心，以产品和服务为核心，通过整合客户接触界面、共享的作业、集中和专业化的核心运营以及第三方服务网络，建立利用影像、工作流、客户关系管理等最新科技的 IT 平台。整个平台的流程及系统设计以内外部客户需求为驱动，工作流管理和过程监控为要素，体现高程度的网络化、自动化、标准化；突出安全性、实时性、便捷性和高效性。

客户接触层是直接与公司终端客户接触的作业部门。在财务方面，是指与客户直接接触的机构柜台和机构受理岗，他们为客户提供咨询、信息查询、凭证受理与扫描等服务。

共享作业层业务内容包括财务集中审核及核算，文档录入等服务，提供高度标准化的同质作业服务，不同专业公司相同的业务需求均可通过共享服务来实现。

运营管理和控制层对各类型作业进行运营分析和管理控制，通过预测规划、预算控制、生产计划、过程监控和绩效评估等管理动作，优化后台资源管理，提升成本控制水平。

政策规则制定层根据典型案例研究、作业统计分析、业务效益分析和集团战略，制定与作业相关的政策规则，以指导作业和管理行为。

2. 流程与制度

流程改造一般经过以下三个阶段：一是流程的分析与诊断，即对保险公司现有的流程进行描述、分析其中存在的问题及与共享模式下流程的差距。二是流程的再设计。针对前面分析诊断的结果，重新设计或改进现有流程，使其趋于合理化。流程再设计应该将信息技术、先进的公司管理思想和管理方式融入流程设计，尽可能体现信息集成，支持实时控制和快速反应。三是流程重组的实施。这一阶段是将重新设计的流程真正落实到公司的经营管理中去。这是一项艰巨又复杂的过程，涉及组织的调整、人员权利和地位的改变、集成信息系统的建立等。流程重组的成功实施会带来各方面业绩的巨大进步，包括利润上升、成本下降、生产能力提高等直接表现，以及产品质量、客户服务、员工满意度、整体获利能力等的相应提高。同时，流程重组实施不当，也会给公司带来极大的危害。

3. 信息系统及技术支撑

根据新的流程和制度，平安保险对财务 IT 系统、业务系统进行了全面改造，依托信息采集、数据库、网络通信等技术手段，在公司总部层面构建信息共享平台，最大程度地将分支机构资金结算、会计核算等后台作业集中处理，一方面可以降低运营成本、支持产品销售、提升服务水平；另一方面可以通过信息共享平台上回收子公司及其分支机构的管理和审批权限，实现保险公司总部管控。

4. 组织与人员设置

一是组织架构。财务共享中心在人员、服务、所有权归属等方面有别于传统的业务部门组织，是一个专业的服务提供部门。财务共享中心通常设立为独立的执行单位，其服务的对象主要是公司内的全体机构。财务共享中心下属资金管理部、会计作业部、品质管理部、项目管理部四个部门。资金管理部主要负责资金的管理；会计作业部负责财务凭证的录入、审核、核算及财务凭证的打印和保留；品质管理部负责财务共享中心的内部审计和品质管理；项目管理部负责项目的管理。

二是人员管理。财务共享中心具有人力密集的特点，既有从事具体和简单业务操作的工作人员，也有从事运营管理和共享服务支撑的管理与技术人员。建立适合需要的人力资源管理体系，是确保财务共享中心稳定运作的重要保障。在人员管理上，要统筹考虑人员的招聘、人员的配置、人员的培训、薪酬与福利、绩效管理等多个因素。

5. 办公地点的选择

实体型财务共享中心是目前保险公司通常采用的财务共享系统模式，所以地址的选择就显得尤为重要。美国亚特兰大市的一家顾问公司，专门研究选址问题，它罗列出了一系列需要考虑的因素，包括的因素从可利用的劳动力和成本，到当地政府对经营的支持。据其分析，财务共享中心的实体办公地址选择应该主要考虑空间独立性、办公便利性和联络枢纽性等。

（三）财务共享系统项目实施

考虑到集团旗下各子公司业务特点的不同和复杂性，平安财务共享中心建设采用了“资金集中先导，分流程和职能渐进推进”的策略。

1. 资金集中

财务共享中心的建设先从资金集中开始入手，即所有业务的资金收支都集中在集团财务共享中心进行，子公司和分支机构不再发生资金的收支。各级机构的保费和营业收入，直接打入总部账户，各种费用和业务支出（理赔款、保险给付金、员工工资、费用报销款等）统一由总部直接打入收款人账户。

资金收支集中前，虽然采用了收支两条线的管控模式，但各机构都需要开设收支账户，各机构都需要大量人力进行对账等工作，而且导致大量资金在机构的沉淀，增加了风险，也降低了资金使用效率。资金集中后，财务共享中心成为具体操作公司各子公司现金收付或者往来结算的专门机构，全系统的银行账户数量大幅减少，所有资金信息和资金都能够及时汇总到总部，不仅节约了大量的管理资源，更实现了风险的集中管控。

2. 实现零现金管理——规避现金风险，降低资金在途损失

一是“零现金”收付。即现金保费直接由客户通过银行进入公司银行账户，现金业务支出直接由公司账户通过银行到达客户账户，减少了现金流通环节，实现公司柜面结算的零现金收付。在资金集中收付的模式下，减少了业务员的持现风险和持现时间，避免了收费人员直接携带现金所造成的被抢劫等风险；也使业务员、续期收费人员有更多、更灵活的时间从事非收费的客户服务，比如拓展新保单。二是“零在途”资金收集。即保费实时到达公司银行账户，下属机构代收保费资金实时归集到总公司银行账户——实现银行与机构间及上下级机构间资金归集的零在途，进而减少资金分散和沉淀、压缩现金库存，提高资金使用效率的目的。

3. 实现集团资金内部统一调剂——降低融资成本、发挥资金统筹优势

在共享服务模式下，所有的资金收付均通过资金管理系统进行，且通过总公司账套完成。集团根据财务共享中心每日上报的现金流量表，可以实时监控总部的资金头寸与资金需求，财务共享中心按照集团指令统一调拨、上划。对于机构申请调款，必须上报集团批准后，由财务共享中心执行调款动作，杜绝了机构私自动用资金的现象，达到账户管理和资金使用的严格控制。由此可建立起集团资金统筹的优势，内部平衡资金余缺。集团通过这种方法全面管控了各子公司的现金收支管理，统一对外筹资、投资，不仅能确保整个集团的资金需要，更为重要的是将提高资金集中运作的投资收益。

4. 系统实时无缝对接——提高财务、业务数据的一致性，减少错给错付现象

保险公司的资金管理系统，实现了内部连接各子公司业务系统、总账系统，外部连接银行交易系统。银行与公司数据库的实时连接，对账工作量将大幅减少，保证了公司财务收付资金与业务部门数据的一致性，基本解决了长期以来困扰公司财务、业务之间对账难的问题。资金集中后，保险赔付金的支付数据是由资金管理系统与各业务接口系统直接对接，接口系统送至资金管理系统的收付数据，由各接口系统的财务共享中心理赔部门完成包括收款人、付款人、金额、账号正确性等的审核；另外，财务共享中心将资金管理系统中的收付数据提取传送至银行系统的过程中，均实现批量传导、集中支付。系统的无缝对接，改善了数据收集和信息共享，大大降低了错给、错付的情况出现概率，也可避免人为作假的道德风险，杜绝坐支保费、保费收入不入账的现象。资金的集中为后期的会计核算集中奠定了良好的基础。

5. 财务共享中心模式的主要成果

一是流程改造——作业的标准化。前端将收集的资料通过扫描系统传输到财务共享中心，由财务共享中心根据影像进行集中操作和作专业判断，同时通过系统的权限管理，实现集中远程审计。二是系统改造——实时无缝对接。通过对整个集团的系统改造，实现了业务、财务、资金系统的实时无缝链接，提高了财务、业务数据的一致性，减少了错给错付现象。三是运营管理——实现事前预测、事中控制、事后反馈。事前预测：通过采集历史数据，利用历史数据建模预测分析，可预先做好工作安排；事中控制：通过实时数据监测功能，实时自动分析业务状况并自动警示自动检视措施成效；事后反馈：通过系统自动生成的报表，提供日、周、月、年等多周期总结反馈定时反馈管理实现跟踪自动化、管理无纸化。对流程、系统、运营管理等诸方面改造使公司在降低成本、风险控制、作业品质和效率四个方面都取得了明显的改善。四是财务运行成本降低。在保证业务量每年增长的同时，通过共享财务职能，公司实现了效率提高、产能增加以及人力等成本降低。

总之，平安保险采用财务共享模式实现的显著成本降低再次证明了这一运营模式的巨大价值。在我国保险业持续快速发展、市场竞争日趋激烈的形势下，适时采用财务共享模式，是保险公司降低运营成本、提高服务效率和质量的必然选择。

第六节　共享征程的初步疑问及应对策略

当然，财务共享中心的建立很难一帆风顺，在建设过程中仍然面临着诸多的问题和困惑，亟待解决：

一、共享框架初步上线引发的适应性问题

问题之一：集中管控带来的阶段性效率降低问题

集中管理模式往往导致出现以下问题：一是承保、理赔政策均由总公司制定，非保险合同除制式合同外，均需要总公司进行审核，从而导致基层公司的责任心大大降低。核保速度降低，客户等候时间过长，业务人员情绪低落，市场机遇瞬间发生变化；赔付承诺难以兑现，社会信誉受到影响。二是信息传递、判断决策的速度方面逐步下降，也带来了信息在传递过程中的变形。在核保核赔的“两核”方面，由于基层公司不能根据当地实际情况灵活掌握市场，往往也会坐失良机。

问题之二：总分公司之间就政策制定不断进行博弈的问题

新设公司在扩张之初，往往在全国的设立呈现加速度状态，强调以速度取胜。总公司的精细化管理到基层很难适应。例如机构设置、考核管理指引、人力资源管理指引、固定资产管理指引等，由于“水土”不服，往往到基层机构实践后，引发总分公司之间矛盾的加深。由于总公司集中管控，事无巨细均要上报，导致效率低下，人财物资源也难于配置。因此基层公司在实际操作中明执行暗变通，给公司经营管理带来很大的风险。

问题之三：中高级管理人员、核保核赔人员和资源型业务人员流失的问题

在目前分公司建立和扩张的过程中，基层公司中出现人员不断流失的问题。流失的人员主要分为三个层面：第一个层面为中高级管理人员，第二个层面为有经验的核保人员和理赔查勘人员，第三个层面是有一定保险资源的业务人员。造成人员流失的主要原因有以下两个方面：一是各式各样社会资本不断进入保险行业，保险主

体在不断增长的情况下，各家新设公司都需要有经验的中高级管理人员、两核人员和业务人员。保险主体在增多，而此类人员的存量并没有发生实质的变化，造成“僧多粥少”的局面。二是随着新设保险公司机构的不断设立，中高级管理员工的流动也呈现加速度流动状态，围绕这些专业群体的人力竞争将更为激烈。

问题之四：公司形象树立的问题

新设公司一般进入某一区域市场，宣传费用主要投放在新设公司公告、招聘广告、公司户外形象和开业宣传方面。一旦开业后，就几乎没有任何宣传费用的投放了。且不要谈公司的美誉度，即使知名度方面，除投保在该公司的客户知晓外，在社会上形成一定的知名度是很难的。如果客户服务再跟不上，对公司美誉度造成的杀伤力会更大。

二、共享框架下尽快适应系统的几点策略

策略之一：提高经营管理水平，切实解决授权经营管理的问题

新设公司对基层公司的管控能力主要是基于统一的人事、财务、两核、监察审计体系，这样的集中管控才会有很强的约束力。但集中管理的前提是总部是人才高地、专业性更强，这样才能为新设公司今后稳健、长远的发展打下良好的基础。但是，市场是不断变化的，对于所有经营管控的公司又要有一定的授权，使其有经营自主权，确保其结合当地市场的实际情况进行有效经营。第一方面是“两核”管理的授权。“两核”工作在经营中至关重要，它直接关系到风险控制和效益结果。但从目前的情况来看，新设公司对基层公司信任不够，完全根据赔付数据情况，并借助信息技术平台来进行管控，对当地市场缺乏敏感度。因此新设公司总部要加强调研，充分授权，根据当地市场的变化，出台有针对性的业务政策，从而赢

得当地市场，为公司的长远发展打下基础。第二方面是业务政策有调配权。新设公司基础业务数据不足，在业务政策的制定上，一般采取“两率”联动的手段发展业务。“两率”联动在目前的保险市场是非常有效的管理方式，但前提是建立在理想的保险市场即各家公司均合规经营的基础上。但目前的保险市场还存在这样或那样的问题，导致新设公司在经营管理上十分被动。因此，用现有的经营成本拿到有效益的业务难度确实很大。所以，要给予基层公司经营管理平台，给基层经营者相对自由的空间。如果不能获得充分授权经营，且又必须严格执行总部的各项政策，基层经营者就很难有发展，业务也难有拓展。第三方面是借助现代信息设备和技术，建立良好的客户服务体系。这是公司竞争取胜的主要因素。

策略之二：树立价值管理理念，切实解决粗放式经营管理的问题

目前，国内各保险公司在经历了前期粗放式管理并尝到经营苦果之后，均提出了建立以价值为核心的持续盈利之商业模式的要求。从目前整个保险行业情况来看，坚持以价值为导向，正确处理规模和效益的关系，坚持“质量效益优先，风险管理先行”的理念，建立以价值为导向的经营管理机制变得越来越迫切。因此，基层公司价值管理要重点关注两个方面：一是现有优势业务要保持并有所发展；二是劣质业务要逐步加以改善。因此，要在大力改善业务品质、提高资源使用效率和有效管控风险的基础上，按照价值增长的要求优化和完善盈利模式，加强精细化经营，提高人均产能，确保效益险种业务的快速稳定增长，切实解决粗放式经营管理的问题。行业中一些公司之所以陷入步履艰难的境地，就是因为没有正确认识和处理好速度与效益的关系，或者说是没有认识和掌握保险公司经营的规律和特点，过度粗放，盲目经营。因此，在做大的同时一定要强调做强。而做强的标志主要体现在对综合成本率、满期保费赔付率等指标的控制上。而实现的基础就在承保方面，做到防止“病从口入”；在理赔方面，做到不滥赔、不惜赔，严格把好出口关，“两头做好文章”。同时，严格控制保费应收率，有效降低经营风险，提高资金流量和效益，确保各项经营指标健康发展。新设公司在开业之初，应认真分析市场的具体情况，取长避短，对业务发展有针对性地进行了定位。同时，配套制定出台经营绩效考核、销售人员薪酬福利制度及展业费用实施办法等制度，这都是取得良好经营业绩的基础。也可以通过加强公司内部管理，挖潜节省来实现公司效益。目前国内寿险业增速放缓，财险逆势增长，这种情况值得国内各保险公司高层管理人员深思。

策略之三：提高队伍素质，切实解决干部员工队伍素质不高的问题

毛泽东同志曾经指出：“政治路线确定之后，干部就是决定的因素。”这对于今天的保险公司经营也是一样。新设分公司在筹建和开业以后，肯定需要把团队的引进和建设放在重中之重的位置。但目前的保险市场，已经存在着难于找到合适业务人员和管理人员的现象，人才短缺已经成为保险行业高度关注的问题。现在市场上经营团队功利化和短期化的现象越来越严重，管理人员的管理能力和工作经验已经明显跟不上市场发展的需要。因此，新设公司需要特别关注如下几点：首先，在引进优秀人才方面要创造良好的文化氛围、工作氛围和满足最基本生活需要的薪酬收入。但新设公司在以上方面都难以做到有效保障。这都不利于调动基层公司员工的积极性。新设公司要给予基层公司一定的定薪权，便于基层公司经营管理层进行调配。其次，加强员工培训。目前基层公司能够对团队的培训主要集中在业务和制度的培训上，而且在培训上没有形成体系。总公司要给予培训方面的支持和支撑，尽快形成本公司的教材体系、师资队伍，加大人才的本地化程度，系统地培养和打造公司团队，提升员工素质，推进干部员工队伍的建设。

策略之四：以客户为中心，切实解决机构延伸和客户服务的矛盾问题

业务发展是衡量保险公司经营管理发展的终极指标。新设公司开业以后，机构服务延伸一般是本着“边发展、边建设”的原则，围绕职场、队伍、保源及售后服务等方面的原因筹设机构。但由于资本金的问题，新设公司在服务网络上一般投入不足，致使市场拓展和服务优势都受到了一定的制约，客户反应也比较强烈。因此，新设公司要对基层公司“扶上马，送一程”，努力实现“外延式扩张和内延式发展”并举的路子。

第六章

成本管控：落地策略

一家保险公司业务的渐次推进、一个保险合同的依次签订、生效与履行，必然会发生相应的成本，也就是说，保险公司收到投保人缴纳的保费，即为“销售”功能实现；而后，将保费进行专业投资并最终用于赔付，即为“金融”功能实现；保险公司有义务对投保人未来发生的特定风险事件进行赔偿或给付，并提供其他服务，即为“风险”“服务”功能。与此相对应，保险公司就会发生一定的保单取得成本、资金成本、管理成本和风险成本，这是经济理论视野下的成本主题。而从财务管理角度看，“收入－成本＝利润”，公司要想追求利润，增加收入与降低成本须同时并举。砍掉成本，杜绝浪费，就要慧眼识刀，把成本当成恶魔杀死，不断灌输降低成本的重要性，全员参与，将成本管理与控制纵向推行到底，横向推进到边。成本管理是公司永恒的主题，成本管理与控制的标准化、精细化、严谨性、现实性、紧迫性，要求公司经营工作务必不能忘记成本管理、理念更新、流程再生。

成本管理行为，包括成本与费用的管理，其中成本是指各种保险合同所载明的在特定时间内发生特定的保险事故时应该由保险人公司所承担的责任，如：保障支出（面向客户而支付的赔付支出、退保支出、保单红利支出等）、寿险责任准备金（未到期责任准备金、保险责任准备金)、分出保费、税金及附加。费用是指为获取保单、维持运转、谋求发展而发生的各类费用支出，主要包括手续费及佣金、业务及管理费两大类别。

第一节　成本管理思维：规范先行

成本高低体现一个保险公司的重要竞争能力，千万不要指望以高投资收益率来掩盖成本管理的虚弱与无能。那些在投资形势看涨时就对成本管控不屑一顾的观点只能表明思维的短视。成本管控自始至终是一项战略战术都重要的职能。成本管控任务有近期的，有中期的，也有长期的，要分清轻重缓急，有计划有秩序加以推进。对任何一家企业来说，如何有效控制成本都是公司高层最头疼的问题之一。企业里到处都在花钱：客户接待要花钱、市场公关要花钱、行政办公更要花钱、水电气房屋维修汽车电话“人吃马喂”没有一样是不花钱的。经常听到管理者感叹：这一天从早到晚签出去的哪是单子啊，简直就是一张张的钞票！“穿过你的成本是我的预算”。成本不光是一系列会计科目和相应的数字，费用背后是业务活动、人力资源投资、大数据，费用等待挖掘的宝藏。统筹得当就是一座宝库，否则，漂浮的钞票就像落花流水。

一、成本与预算的一体两面

保险公司与工业、商业等实体产业不同，没有了金额巨大的物化成本，人工成本上升为主要项目，且预算与成本常常是直接呼应的，因此更加需要直接穿透成本与预算来统筹安排。要打当面鼓，不敲背后锣。公司经营就是整天围绕着成本与收入、亏损与盈利，丁是丁，卯是卯。这都是经营领域的活生生数据或者说硬碰硬结果，容不得任何模棱两可的说法。保险公司的预算与成本并非彼此相隔着好几层物质表现形态、好几个生产经营环节的事物，而是同一个事物的两个方面，彼此直接联系，是两个没有了物质隔断的货币化要素。接下来让我们先来认知一下两者的内在联系。

如图 6－1 所示，成本与预算分别代表着保险公司资源投入的一体两面，预算代表着资源的统筹安排，具有事前性；而成本则正是资源的实际耗费，具有事后性。如何做好两者的有机结合，使其符合公司的长期战略和中短期经营目标，是摆在每一家保险公司决策层案头的重要课题。

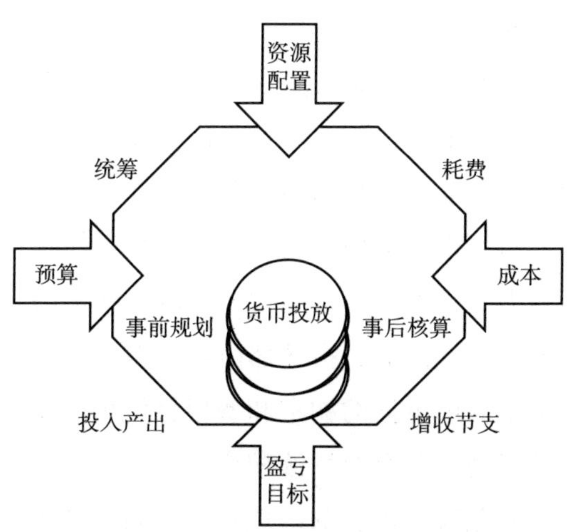

图 6－1　保险公司成本与预算关系示意图

二、预算管控体系

保险公司成本管理与控制的方法是全面预算管理，即在公司战略目标指导下，对未来的经营活动和相应财务结果进行充分、全面的预测和筹划，并通过对执行过程的监督、控制，将实际完成情况与计划目标进行对比、分析，从而及时指导经营活动中的资源配置情况，以帮助管理者更加有效地将战略落实到经营活动当中。

全面预算管理既注重过程管控，也需要全员参与。通过全面预算管理，明确各部门管理责任、各岗位控制职能，真正将全过程、全方位、全员参与的理念夯实。

（一）成本管控的角色职责

在成本管控的责任链上，会有多个岗位承担着不同的职责，发挥着不同的作用，以下将对其中核心的部门预算岗、财务预算岗和领导签批岗的职责进行阐释。

1. 部门预算岗

在保险公司，每一个职能部门，都需要配置一个预算岗位，或专业或兼职，这是整个公司财务线的基层落脚点。从部门预算岗的职责来看，承担的主要事项包括但不限于以下各条：一是负责做好部门内的有关公司预算及费用报销政策的宣导工作；二是负责部门员工费用申请的事前动支和借款申请，及时提醒部门负责人把控部门预算执行进度；三是协助、指导部门员工做好费用单据的整理粘贴，负责部门员工费用单据的初审和费用报销单的提交；四是做好与财务预算岗的报销单移交及后续配合工作；五是做好部门员工借款的还款清收，避免跨期借款的形成；六是做好跨机构、跨部门费用的分摊或调整工作。

2. 财务预算岗

从财务预算岗的职责来看，承担的主要事项包括但不限于以下各条：一是负责制定公司预算管理相关制度；二是负责年度预算编制工作的整体组织、审核及沟通；三是负责组织预算修正及预算调整工作；四是负责预算追加、调整事项的指导和实施；五是负责撰写预算月报、季报、年报以及领导或上级单位要求提供的数据；六是负责各部门费用报销的初审，包括对报销事项的齐全、真实性，以及报销附件和票据合法性和合理性的审核。

3. 领导签批岗

从领导签批岗的职责来看，承担的主要事项包括但不限于以下各条：一是审核预算申请事项的整体合理性、合法性；二是审核借款事项的整体合理性、合法性；三是审核报销事项的整体合理性、合法性。

（二）全面预算管理的流程落地

全面预算管理是在公司战略目标指引下，通过预算编制、执行、修正、控制、考评与激励等一系列活动，全面提高公司管理水平和经营效率继而提升公司内涵价值的全过程，其通常包括年度预算编制、预算执行、预算调整和预算考核等。

1. 预算管理组织体系

董事会是公司预算管理的决策机构，负责最终审核批准年度预算方案及年度预算执行情况报告。公司预算管理委员会作为预算管理工作的领导机构，负责公司预算政策的审批，指导总公司及下属分支机构各项预算工作的开展，审核年度预算方案、审核分解落实各项指标、审核预算调整、审核系统年度预算执行情况报告。预算管理委员会下设工作小组，与财务部预算工作联合运作，负责预算编制工作的组织推动、预算的汇总和预算编制主体间的协调以及日常预算管理等工作，并向公司预算管理委员会报告。

2. 年度预算编制流程

年度预算编制是各预算单位以公司年度经营计划目标为基准，根据本部门或本机构年度工作计划，依照总公司制定的预算编制办法，据实合理地编制年度预算的过程。预算编制采取自上而下和自下而上相结合的方式，按预算管理层级实行逐级汇总预算数据、逐级审核预算的制度。预算编制的基本原则如下：

（1）贯彻公司发展战略，战略牵引预算。预算编制工作是以公司经营发展战略为主要依据，全面反映公司计划年度各项收入、支出和经营成果，它是公司经营管理中的重要组成部分，又是组织收入、控制支出、落实经营决策及考核经营成果的重要依据，也是指导各项财务工作开展的基本依据。

（2）充分切合工作计划，业务匹配预算。预算编制是合理配置财务资源的重要手段，各预算单位编制预算应以年度工作计划为基本依据，充分考虑实现年度工作目标需要做哪些工作，需要匹配哪些财务资源，从而编制相应的财务预算，实现预算与业务的合理匹配，最终完成公司财务资源的最佳配置。

（3）全面体现责任意识，责任联动预算。预算是强化和落实责任意识的重要手段，也是对经营结果进行科学化衡量和考核的重要依据。预算需分系列编制，预算编制单位是总公司各部门和各分支机构，并分解为后援、个、团、银等几大系列进行编制，预算编制遵循“谁召集谁编制，谁管理谁编制”原则，通过这样的方式实现预算与责任的联动。

（4）信守分工管控原则，严格考核预算。预算编制是一个系统工程，需要各部门、各分支机构全员参与，编制过程中，按照部门工作职责都有相应的工作分工：各部门、各分支机构负责人为本单位预算编制总负责人和总协调人，承担本单位预算编制及审核的责任，各分管领导对所分管部门的预算负责，各职能部门负责各专项费用（人力、职场、IT 资产等）的编制、初审工作，总公司预算管理委员会负责对公司整体预算的审定。

预算一经审定，将由各部门及各预算责任中心具体实施，公司将对预算执行情况进行考核，并将此作为年度工作考核的重要指标。预算编制的基本要求如下：

对于保费收入预算编制，主要由公司各业务渠道负责编制。首先，依据营销人力发展规划、现有人均绩效水平、预计的年度增长率、续期率、市场环境等因素初步编制。其次，将初步保费收入预算与保费收入的历史数据及增长率对比，找出差距后，对人均绩效水平及有关指标进行合理调整。再次，根据调整后的相关指标，编制符合公司规划要求的保费收入预算。最后，在保费收入预算的基础上，依据保费收入险种结构占比的历史数据比例，参照公司的销售政策导向，编制分险种的保费收入预算。

对于投资预算编制，主要由资产管理部负责，是按照资产负债匹配的原则，在对公司的投资资产的现金流入、投资产品分配、投资收益、投资产品期限结构分析的基础上编制的预算，具体反映投资资产的分布、投资收益的获取、投资资产的投放时间等。投资预算应当与公司战略、利润目标以及长期现金流量计划紧密联系在一起。

对于营运预算编制，主要包括死伤医疗给付、满期给付、年金给付、退保金、赔款支出等项目。营运预算可根据业务收入预算进行预测，各类给付项目与产品设计及销售时间密切相关，可依据历史数据、经验比率或国家规定比率及总公司有关规定，由精算部门依据精算基础进行测算和编制。

对于成本类预算编制，通常包括下列 9 个类别：

（1）薪酬预算编制。薪酬预算遵循总公司人力资源部统一要求，由各分支机构自行编制本机构人力预算，集中报总公司审核。

（2）管理费用预算编制。管理费用仅指总公司、各分支机构后援部门日常管理所需费用，例如广告费、宣传费、差旅费、业务招待费、办公用品费等。后援管理费用的编制应根据本机构、本部门预算年度的工作计划及机构所在地实际情况进行。针对每个细项，应附有详细的工作计划和编制说明相匹配。对于由总公司统一结算或统一征订的费用（前者如网络专线费、总公司召集各分支机构发生的会议培训费，后者如总公司统一定制的单证和非单证、宣传用品及印刷品），预算由总公司相关部门按标准统一编制，核算时附费用分摊表分摊到相应的机构和部门。

（3）业务费用预算编制。业务费用是指公司业务系列部门所发生的费用，按照与保险业务规模、质量等绩效的变动是否直接挂钩可以分为固定性费用和变动性费用。固定性费用包括本系列内勤薪酬、职场费用和折旧摊销费用，其中内勤薪酬由人力资源部门负责编制，职场费用、折摊费用分别由行政和财务等部门负责编制，核算时按照受益原则进行分摊。变动性费用是业务部门为推动和促进本系列业务发展而发生的业务费用，公司对其实行费用控制率管理，即针对不同险种、不同年限的产品下发相应的可用费用比例，业务部门可结合业务计划和实际需要编制预算，并与总公司下发的费用率标准进行综合比较，预算上报数应控制在总公司下发产品可用费用率与保费计划的乘积之内。

（4）职场费用预算编制。职场费用预算以公司每个职场作为编制对象，由总公司、各分支机构分别进行编制，分为存量职场费用预算和增量职场费用预算。存量职场为当年或过去年度已签订合同的职场，增量职场为次年将签订合同的职场。存量职场费用预算按照合同的标准和预计支付时间编制；增量职场费用预算参照总公司指导标准及开业时间进行预算编制。

（5）资本性预算编制。资本性预算包括固定资产预算、低值易耗品预算和无形资产预算。固定资产预算和低值易耗品预算主要以总公司和各分支机构为单位编制，分职场以零基预算方法，按新增机构资产预算、存量机构资产预算分别编制；编制存量机构资产预算时需考虑新成立部门、人力增长，资产报废、总公司对口管理部门的要求等因素；编制新增机构资产预算主要按照新筹机构标准及机构开设计划编制，该部分预算只有在机构开设时才启用。无形资产预算由总公司需求部门统一编制。

（6）项目费用预算编制。项目是指为改变现有的或增加现在不具备的功能，以达到提高工作效率、促进公司发展的目的，一般目标明确、具有一定的阶段性且投入较大，有专人或由公司指定部门负责建设、实施与管理，例如，IT 大型项目投入、业务部门大型激励活动或方案等。项目费用预算由总公司相关部门按照实际工作需要进行编制，如果有涉及多个机构的项目费用，总公司统一进行预算编制，在核算时按照受益原则将费用进行分摊。

（7）折旧摊销费用预算编制。由总公司和各级财务部分别编制，不纳入预算管理和考核。

（8）手续费及佣金支出预算编制。手续费由公司银保部门根据银保系列年度保费计划、产品构成以及与银行签订的代理合作协议进行综合预测；佣金包括直接佣金和间接佣金，直接佣金由个险部门结合个险系列年度保费计划、产品构成以及精算的产品佣金率预测，间接佣金由个险部门结合个险系列年度保费计划、产品构成以及个险基本法等预测。

（9）准备金预算编制。准备金包括长期险责任准备金和短期险准备金。其中长期险责任准备金包括寿险责任准备金和长期健康险责任准备金；短期险准备金包括未决赔款准备金和未到期责任准备金。准备金由精算部门结合年度保费计划，在一定的精算假设下进行编制。

根据总公司预算管理委员会提出的预算编制要求，总公司各部门及各分支机构在允许的范围内，详细编制各单位的分项预算草案，总公司预算管理委员会对预算编制的合理性及正确性进行审核，讨论通过或驳回重编。经审批后，由总公司预算管理委员会作为正式的预算方案下达实施。如果在审批时发现差异较大，经过协商、调整、修订等工作后，以修订后的方案作为正式方案实施。

3. 预算调整和追加流程

由于编制预算时对一些特殊情况的预计不足或者在预算实施中客观情况发生变化等原因，原预算中的部分内容可能无法适应实际的情况时，相关部门有必要考虑修改预算，以达到预算与实际相一致。为保证预算管理的严肃性和权威性，公司的预算调整和追加通常安排在年中进行，其他时间如确因工作需要作预算调整或追加的，可以通过以下方式进行申请：

（1）预算调整：指在预算内已有项目中进行的修正调整。

情形 1：部门内预算科目调整（部门预算总额不变）

审批流程：部门负责人→分管领导→总公司财务部

情形 2：部门间预算科目调整（相关性业务）

审批流程：部门负责人→分管领导→总公司财务部

情形 3：月度预算间调整（部门内预算）

审批流程：部门负责人→分管领导→总公司财务部

情形 4：部门间科目调整（无相关性业务）

审批流程：部门负责人→分管领导→总公司财务部→预算管理委员会

（2）预算追加：指预算外的追加项目或金额。

部门预算追加流程为部门负责人→分管领导→总公司财务部→预算管理委员会，若公司整体预算超支，追加申请应由预算管理委员会呈报董事会，由董事会进行最终审批。

4. 预算考核流程

预算是一个“指挥棒”，预算考核是一个“试金石”。预算考核决定了预算管理的最终效率，两者是紧密联系在一起的。预算考核是在对前期预算控制过程中出现的预算差异进行分析的基础上，通过评价实际工作的运行状况、存在的问题及环节，查明产生问题的原因，为纠正偏差提出改进措施，并对各责任单位的预算执行结果进行评判并兑现奖惩，同时也为以后的预算管理确定预算目标提供重要依据。

对预算的考核通常实行定期考核（按月、季、年度）。预算考核的主要内容是预算执行指标考核和预算管理工作质量考核，其中预算管理工作质量考核包括预算编制、预算申请、预算调整和预算追加等方面。为正确评价各机构、各业务系列的预算执行情况，根据实际需要，设置以下预算评价及考核指标：

（1）综合预算执行率＝本年预算考核实际支出÷本年预算总额×100%。

本指标为衡量各预算单位整体预算管理情况的评价指标。

（2）投入产出比（费用率）＝（业务及管理费支出＋手续费及佣金支出）÷保费收入×100%。

本指标为衡量各业务系列整体费用投入水平的评价指标。

（3）业务费用执行率＝实际业务费用支出÷实际可用业务费用×100%。

本指标为衡量各业务系列业务费用管控能力的考核指标。

三、预算管控要点

保险公司预算管控按照公司所处的经营阶段不同，可以分为筹建期预算管控和经营期预算管控。对于机构筹建期的预算管理，一般实行标准预算管理，以监管机构正式批筹文件为下达依据。待公司进入经营期后，总、分支机构的各项开支均应控制在预算范围内，同时遵循公司发布相关文件精神，合理、合规、合法进行。

（一）筹建期预算管控要点

机构筹建期费用应专款专用，由筹建负责人指定专人建立备用金登记簿，详细记录备用金收支情况，保证账实相符，并按公司规定及时收集、粘贴核销票据，交由财务人员进行账务处理。机构筹建期的薪酬、职场租赁费、装修费和统购资产配置费用，均采取“分级编制，统一管理”的原则。筹建期费用各预算项目之间可作适当调剂使用，但总量不得超支。筹建期预算管控要点如下：

（1）分支机构的筹建期通常起始于获取国务院保险监督管理机构筹备批复之日，终止于经当地保监局验收通过同意开业之日。特殊情况下，如实际运行中相关筹建事项实施进度早于批文，则以实际筹建重大活动日作为筹建起始时点。监管批筹以后，分公司的筹建期限最长不超过 6 个月，中支不超过 4 个月。针对分支机构负责人先于机构批筹到位的情况，将其发生的住宿、交通等费用计入开办费支出。

（2）分支机构筹建期的预算支出分为资产性支出与费用性支出。资产性支出主要包括非 IT 资产配置和 IT 资产配置，总公司对机构筹建期资产性支出实行标准配置，各机构按规定标准在公司财务系统预算模块申请资产采购，尚未开通财务系统的新筹分支机构在规定标准内通过手工预算申请签报申请资产采购。费用性支出主要包括职场费用和其他开支，总公司对机构筹建期费用性支出实行定额管控，各机构在各预算科目的标准额度内开支。

（3）分支机构筹建期支出的总体原则是：“总额控制，分项管理，统筹安排，适量结转”。总公司对分支机构筹建期预算通过总额控制，大类间费用不允许串用，小类间费用可以适量调剂使用。分支机构负责人对费用支出进行统筹安排，在保证顺利开业的前提下合理利用资源，对于筹建期预算结余的财力，经总公司审批后可适量结转到经营期。

（4）分支机构筹建期间的非财务事项（如规划、申报、招聘等）由分支机构筹建小组全面负责，选址工作由总公司综合行政部全面负责。涉及筹建期的资产配置和费用开支等财务事项由公司财务部掌握，其中资产购置由综合行政部、信息技术部等分别按相关制度办理。

（5）二级机构筹建，由总公司各部门组成筹建小组；三级、四级机构筹建，由上级分公司组成筹建小组，切实做好与拟任机构负责人的无缝对接，防止筹建设计、布局、投资与使用、经营“两张皮”的脱节现象。

（6）分支机构是独立的预算管理与责任中心，机构负责人为机构预算管理的第一责任人。筹建费用按照“谁受益、谁承担”的原则进行独立核算、专项考核。

（7）分支机构筹建期其他开支主要包括办公费用和业务费用，均采用定额管控原则。办公费用为维持机构筹建期所发生的管理性费用，例如差旅费、市内交通费、业务招待费和公杂费等。业务费用为机构在筹建期间发生的，为经营期业务顺利开展做好铺垫的启动性费用，按照业务渠道不同分别下发。

（8）机构筹建期间的办公费用及业务费用应按照预算项目及定额标准开支，如果明细科目费用使用过程中预算不足，而其他科目又有预算结余的，可以向总公司财务部办理预算调整申请手续，经审批同意后使用。

（二）经营期预算管控要点

机构在结束所有筹建工作，并通过保险监管机构的开业审核，获取开业许可后，将正式进入经营期。经营期预算管控相较筹建期预算而言，涵盖面和管理难度大幅提升，其精髓在于如何将公司发展的长期目标与短期目标相结合，合理规划和分配资源，衡量和监控公司及各部门的经营活动，并充分有效发挥公司战略目标、资源配置及经营活动三要素之间的规划、控制及评估功能。经营期预算管控要点如下：

（1）分支机构经营期费用主要包括薪酬成本、固定成本和变动成本。薪酬成本由人力资源部负责统一编制、统一作归口管理。固定成本和变动成本分别由后援部门和业务部门按照一定标准进行编制，经预算管理委员会审核，董事会批准。

（2）总公司对分支机构预算实行总体管控。总公司根据机构所属层级及当地经济发展和消费水平，对机构进行分级分类，制定相应的费用预算标准，并实行标准管控。对因特殊原因超出公司标准的，申请机构需在申请签报中注明，预算申请通过后方可执行，与外部合作单位所签订的合同条款必须对等、公允，切实维护公司利益。

（3）分支机构内部明确预算分类责任主体。分支机构负责人为本机构预算管理的第一责任人，对机构整体预算负责，拥有决策审批权，并对决策效果负责；机构财务负责人为本机构预算管理的第二责任人，拥有事前审核、事中监控权及事后评估权；机构各业务系列分管负责人为本系列预算管理的直接责任人，对本系列预算负责。

（4）公司对于管理费用和项目费用采取定额原则管控，即支出金额不得超出预算额。对于业务费用，由于其多为在开展保险营销活动中直接发生的，随保险业务规模、质量等绩效直接增减变化而变化的费用，所以公司采取“以收定支”的管控方式，以业务系列实际达成的保费及标准费用率计算可用额度，业务费用的开支进度由相关机构和部门自行掌控。

四、费用报销要点

保险公司的成本支出中，通过费用报销方式的支出，从金额上来说虽然未必是最多的，但其肯定是涉及公司内多个部门互动最多的部分。一般来说，会由公司财务部门牵头，对费用报销的流程进行定义，对票据、附件等费用报销过程中涉及的各个要素进行规范，以满足内外部监管规范的要求。

（一）报销流程

支出类的报销按其所属对象不同，可分为费用类报销、业务类报销和往来类报销。

费用类报销，首先，由经办人在费控系统中填写电子费用报销单或差旅费报销单，并在系统中扫描附上原始单据及其他相关资料。报销时除了已签准的预算申请单外，对于职场租赁与装修、大额资产采购、广告设计、律师、业务方案和公出事项，还应附有其他支持性附件，对于重要的公出事项，在紧急情况下可口头申请；其次，财务部预算审核员就报销票据的合法性、合理性、真实性及完整性进行全面的技术性、合规性审核；然后由部门负责人签批，若有必要，需相关部门会签；最后，依照《费用支出审批权限表》，由有权审批人在费控系统中进行审核、批准。报销单签批通过后，由财务部进行款项结付与会计核算等作业。

业务性类报销，首先由经办人提供相关表单、资料，后由有权审批人在相关表单上签字核准后交由财务部进行付款等作业。

往来款项办理报销时，由经办人填写《付款单》，并附原始单据及相关资料。由相关签批人在《付款单》上签字核准后交由财务部进行付款等作业。

（二）注意事项

（1）为确保监管机关及财税部门规定的月度各项报表及时上报，原则上财务部每月最后 1 个工作日不受理费用报销。

（2）所有支出费用原则上应在次月 5 个工作日内完成报销流程。如确因特殊情况（例如：公司领导外出、发票开具后寄送时间较晚），报销部门能够提供合理理由的，超过 5 个工作日的报销也可接受。

（3）原始单据必须合法、真实、内容清楚。所有报销的单据按要求粘贴及填列，签准必须以签字笔或钢笔填写。不合法或不合规、无法确定印章、数字文字涂改、大小写金额不符的单据，一律不予报销。

（4）收款方为单位或收款方为个人但一次性支付金额超过 1000 元的，原则上采用转账支付。以非现金方式对外部供应商首次付款作业时，经办人须同时提供外部供应商支付信息。

（三）票据要素

发票是记录公司经济事项的合法凭证之一，是公司会计核算的原始依据，为提高公司的税务风险防范能力，各级机构、各部门均应加强税法学习，提高对外来发票的检查和鉴别能力，对于不符合税法要求的外来发票，财务部门认定后有权拒绝，不予办理报销手续。在购买商品、接受服务以及从事其他经营活动支付款项时，经办人员应当向收款方索取税务机关监制的有效、合法的发票。具体要求如下：

（1）发票内容不得涂改，大小写金额必须一致。发票抬头必须为公司全称，如“××人寿保险有限公司”。

（2）取得的发票上必须加盖有发票专用章，发票背后需发票持有人背书签字。

（3）发票联上的发票名称、发票代码、发票号码、经营项目、开票日期、数量、单价、大小写金额、开票人、开票单位签章等要素必须齐全，经济事项记载必须清晰完整。

（4）原始发票上所列商品名称，如果出现“办公用品”“修理费”“礼品”等没有具体商品名称的字样，或者是一张发票上无法开具所有物品的单价和数量，则必须在原始发票后面附清单，并加盖与发票相同的财务（发票）专用章。

（四）附件要求

（1）市内交通费、业务招待费：附报销说明单。

（2）内部会议培训费：会议通知、议程安排、参会人员名单及签到表、费用明细表（实际发生费用说明）；封闭式会议应提供酒店结算清单，非封闭式会议应列明住宿、餐饮费用开支具体明细。

（3）外部会议培训费：举办单位的正式会议通知，会议参加人员应按照会议通知严格控制出差时间，如确因工作原因超过公出参加申请和会议通知时间的，应提供详细原因说明，并报部门负责人。

（4）资产采购：验收单、领用单、相关核价资料、预算外需提供预算追加签报，统购资产还需提供采购订单等；工程类项目在验收阶段需提供验收单。

（5）异地差旅费：出差计划审批表、预算申请单。

（6）广告、房租、物业、保洁、绿化费等：合同或协议，职场费需提供分摊表。

（7）快递、办公用品、电子设备耗材、水电费：通过相应的分摊表具体分配转入各负担对象。

（8）竞赛方案兑现：原始方案、达成情况说明表、有总公司人力资源部业务线税务岗签字的计税表。

（9）开办费：筹备组织应在营业执照开业日期后一个月内完成报账，超期后的预算结余不得继续使用。

（10）所有自制凭证附件如费用明细表、费用分摊表等需报销所在部门负责人签字。

第二节　人力成本管控：本固邦宁

保险公司的薪酬是公司经营成本费用的重要组成部分，按照保险公司经营活动的一般规律，薪酬会占到业务及管理费支出的50%以上，是保险公司成本费用管控的重点项目。现首先阐述薪酬管理的创新思维，并分别就内勤线与外勤线的薪酬管理进行阐述。

一、薪酬管控的思维与措施

众所周知，在薪酬高成本时代，保险公司人力成本占据公司总体运营成本的比例日益攀升。为此，如何有效做好人力成本构成分析，节约人力成本并提升人工效率，是增加企业经济效益的重要方面，也是间接提升企业竞争力的关键举措，更是财务管理核心价值的体现。

（一）人力成本构成模型

无论何种企业，在人力成本构成方面都大同小异。从人力成本是否可度量角度，人力成本分为显性成本和隐性成本。显性成本是指直接发生的、财务可度量的、能算得清的成本，例如员工薪酬（五险一金）。隐性成本则是无法度量的成本，例如员工离职成本。显性成本又可分为直接成本和间接成本，直接成本是直接发生的成本，例如薪酬福利、培训费用等直接有关的成本，间接成本是指和直接成本有关的成本，例如与福利有关的供应商采购成本等。人力成本构成应覆盖到全生命周期，主要分为入职成本（招聘和入职环节）、在职成本（包括人才培养、开发和使用）以及离职成本。

（二）薪酬管理的价值节点

1. 根据人员类型作分析

在人力成本分析上，应做好大数据统计分析（例如不同类型员工薪酬、培训、招聘及离职）占比。通过不同类人员的对比，可以挖掘分析出问题的根源。例如研发人员离职成本高，公司可否采用内部应届生培养方式来解决？公司历届应届生稳定性如何？培养效果如何？总体投入人力成本如何？……这些都可以进行对比分析。

2. 抓住关键分析要点

在作人力成本分析上，不能眉毛胡子一把抓，同样的招聘渠道效果不同，例如研发人员和销售人员，不同人员通过何种渠道招聘成本最低？哪些人员通过何种渠道试用期合格率高？……这些都是人力成本分析的关键点。

3. 抓住企业管理痛点

任何企业在人力成本投入和管控上都有痛点，例如哪些核心人才的人力成本管理有问题？企业招聘投资重点是什么渠道？如何大幅降低离职成本？……透视与人力成本关联的这些分析对于很多企业都是有价值的。有专业分析文章说“员工的离职成本大约是这位员工年工资的150%，原因在于企业核心人才的流失至少有2个月的新员工招聘期，3个月的适应期以及6个月的融入期。此外还有相当于4个月工资的招聘费用以及招聘超过40%的失败率。更令人不安的是，一个员工离职会引起大约3个员工产生离职的想法。辛苦栽培的员工离职，企业的损失大到你无法想象。”联想到我们的周围来看，这篇文章讲的是有道理的，但是对于非核心职位则没有代表性，例如，人才供大于求的职位就不会涉及这个问题。总之，人力成本的分析务必抓住企业的问题、痛点来开展，针对问题和痛点提出有针对性的解决方案，这是人力资源部门价值的核心体现。

在我国保险公司，人力成本过高已经演变成企业发展过程中亟需破解的难题。企业不得不思考如何有效降低和控制人力成本，通过科学合理地控制人力成本，间接地给企业创造利润。

（三）人力成本管理的价值策略

1. 通过技术创新实现减员增效

如今的员工配置正逐步从职能导向向业务需求导向转变。从工作形式来看，传统风格更关注把事务性工作做好，而现代人力资源配置属于主动性工作，通过人才的获取、发展、合理配置等方式为业务发展提供支持。结合大数据、信息技术，将薪资、社保、人事管理等事务性工作交由系统处理，解放和释放出更多时间和精力；借助系统自动排班、时间管理等功能，防止排班过量和不足，同时考虑不同技能的员工，分别满足高峰和低谷的需求等。帮助人力资源部门进行预测，实现前置的管理。通过技术的创新以及组织形态的变革，提高组织运行的效率，也能减少同等岗位上不必要的人员浪费，让企业可以把更多时间和精力放在最核心的业务上。

2. 灵活的用工及组织方式

企业的用工从来源上有自主招聘、劳务派遣；从用工时间上又分为全日制和非全日制；从劳动合同期限，又可以分为固定劳动合同期限、无固定劳动合同期限、按照完成一定工作任务为劳动合同期限；从工时考虑，还有标准工时、综合工时和不定时用工形式。企业可以从自身实际考虑，选择更适合的用工方式，采取几种或多种形式组合，将不紧要非核心的业务外包。企业的运行需要多方面协调配合，运用自己的专业并贴近业务，能够让企业在规避用工风险的同时提升企业运行效率。

3. 加强工时管理，降低无效成本

降低人工成本，有一个变量必须有效控制，即工时。要有负荷量的概念，对于工时有效合理的管控尤为重要，例如采取不定时或综合工时管理，或聘用兼职人员。同时还要进行有效的时间管理，尤其是针对行政人员而言，让每天的八小时更有效率，可遵循 80/20 法则，把 80% 的时间用于 20% 的关键事务，在保证工作数量效果的同时兼顾效率。

二、内勤线薪酬管理

内勤线薪酬是指与保险公司签订雇佣劳动合同并从事业务支援的后援线员工之工资、内勤奖金、五险一金、“三费”等薪酬。内勤薪酬具体由总公司人力资源部门集中统一管理，财务主要是通过预算进行管控。每个年度，按照全面预算管理办法的要求，人力资源部门应根据公司经营战略规划，明确公司各级机构的组织架构和人力编制，并结合公司人力薪酬方案编制年度薪酬预算，经公司预算管理委员会审核后明确年度预算。内勤线薪酬管理的主要内容如下：

（一）工资

工资预算由总公司人力资源部门编制，具体编制应按照公司董事会审议通过的薪酬管理办法执行，工资预算可分为存量预算和增量预算，存量预算按照上年实际薪酬编制，增量预算根据本年度业务发展目标所需的新增人力适度谨慎配置。原则上，年度工资预算增幅不得超过年度业务发展增幅的 50% 。为强化内勤薪酬与公司整体预算目标的关联度，可将公司工资预算细分为基本工资预算和绩效工资预算，基本工资每月固定，绩效公司可根据季度员工的关键指标考核情况进行调整浮动。

（二）内勤奖金

内勤奖金是指内勤系列员工在每个年度结束后，根据自身的年度关键指标考核情况，并与公司整体预算达成情况相结合，在月度工资之外计算发放的奖金。奖金预算额度年初编制，原则上总体不超过3个月的工资额度，经营效益好的，不得超过该机构年度经营考核利润的30%。

（三）五险一金

"五险一金"年度预算由总公司人力资源部门统一编制，按照各地社保政策标准计算编制。

（四）"三费"

"三费"包括工会经费、职工教育经费、职工福利费。这三项费用实施年度预算总额管控，每年度编制预算时，工会经费按照不超过工资总额的2%编制预算，职工教育经费按照不超过工资总额的2.5%编制，职工福利费按照不超过工资总额的14%编制，具体使用按照公司统一的管理办法执行。

三、外勤线薪酬管理

保险公司的外勤薪酬是指与公司签订雇佣劳动合同关系的，从事前线业务销售的员工，主要包括银保业务经理、团险业务经理、个险员工制业务人员，其相应发生的薪酬主要包括以下项目：基本工资、业务提奖、五险一金、“三费”。

业务系列的基本工资按照人员编制和各业务系列的基本法编制年度预算，年度预算总额纳入变动费用率总额进行动态管控；业务系列提奖根据每月实际达成的保费，分险种分缴别计算相应的业务提奖，汇总业务系列的基本工资发放；五险一金应结合公司制定的业务系列基本法以及当地社保政策标准缴纳，缴纳标准既要考虑合法合规，又要考虑成本节约的因素；业务系列的工会经费和职工教育经费管控办法同内勤系列，福利费的发放按照业务系列基本法中明确的福利标准执行，各分支机构结合自身总体经营情况实施弹性发放，但总体不得超过专用管理办法（行业俗称《个队基本法》或《银保基本法》）中的标准。

第三节　固定成本管控：细针密缕

在成本管控过程中，一般根据与公司业务是否直接关联，将成本分为固定成本和变动成本。固定成本多为固定预算，其主要包括职场费用、管理费用、项目费用、资产购置费和开办费。

一、固定成本管控的意识与策略

财务管理需要确立新的成本管控思维，格局宽视野则宽、格局大策略则新，格局大就要有创新与侧重：

（一）固定成本也不是一成不变，而是顺势而行

固定成本被分为刚性固定成本和柔性固定成本，前者又称约束性固定成本，例如：固定资产折旧、无形资产摊销、办公租金、人

工费、资金成本等，不论是否开工运营、销售多少产品，都需要承担的固定开支；柔性固定成本又称为酌量性固定成本，是诸如广告费、培训费、研发费用等酌量支出的成本，酌情而定，年景较好时可以多一些支出，摊销进入单位产成品中作为固定成本，而年景不好时，完全可以暂时不用支出或者减少支出。

（二）成本管理不仅要做减法，而且要做加法

传统的成本管理主要是通过减少各种服务项目或内容等短期行为来达到节约开支、控制成本的目的。固定成本并不是没有管理的余地，而是不被管理者重视。比如弥补固定成本大导致低收益的方法是设计和生产附加值高（价格高）的产品及获得较高的劳动生产率。

（三）从提高固定资产利用率的角度，增加对固定成本管理的贡献

众所周知，在成本结构中，固定成本所占比重越大，固定资产的使用效率对单位保险产品成本的影响就越大。从提高固定资产使用效率的角度，企业需要考虑的战略管理指标包括：主导产品设计生产能力运用模式指标、企业内部组织效率指标、产品开发指标等。

（四）从生产业务环节的角度，管理和分析固定成本

从战略管理方面对固定成本进行分析和核算是比较困难的。传统的固定成本大多采用本量利、盈亏平衡等分析方法，而且数据不准确。由于固定成本包含在间接成本科目里，进行传统成本核算时，往往按照产量被分摊计算了。比如：有些设备即使没有使用，其折旧也被摊销在产品成本里，这恰恰掩盖了产品成本的真相，容易被管理者忽视。如果采用作业成本法计算，按照设备的机时、人

工将实际成本分配给实际行为或作业上，就能够弥补这一缺点。

（五）不同企业的管控模式

不同的企业有其发展的特殊性，每个企业不同的发展阶段，包括震荡期（初创期）、规划期、发展期以及后期（多元集团或精细）对财务信息的关注点不同，财务从业者必须对不同阶段采取不同的分析策略（或者说符合企业战略的需求）。针对企业发展的特殊性和对财务信息的关注点，在费用管控（期间费用）上会有不同的效果。有时需要结果导向，有时需要过程导向。

二、职场费用

职场费用主要包括办公职场的租赁费、物业管理费、装修费、水电费和绿化费等。总公司根据机构所属层级及当地经济发展和消费水平，对机构进行分级分类，制定相应的职场费用预算标准，实行标准管控。

分支机构筹建期职场租赁费和物业管理费的预算申请由机构筹备组提出，综合行政部会签。对特殊原因超出公司标准的，筹备组需在申请签报中注明。预算申请通过后，分支机构筹建项目组即可与职场业主方谈判并履行合同签订手续，合同条款必须对等、公允，切实维护公司利益。

分支机构职场租赁期限应结合公司经营发展战略规划制定，原则上，管理职场为3～5年，营销职场不超过3年（如机构管理职场与营销职场在一起，则按租赁期限孰长计算）。

公司提倡节约用电、节约用水，要求办公室尽量采用自然光，不开或少开照明等，午休及下班后要关闭所有电源，杜绝长明灯现象，做到人走灯灭，减少办公设备电耗和待机能耗，饮水机、复印机、电脑、空调等各种用电设备停止使用时，要及时关闭电源，人未到办公室或者离开不得开机，以免造成不必要的浪费。

三、管理费用

管理费用按其支出用途不同，主要可分为广告宣传类、公务交通类、职场办公类、公出管理类、营运支持类、监管使用类和业务招待类等费用。

（一）广告宣传类费用

广告宣传类费用主要包括广告费、宣传活动费、宣传用品费等。

1. 广告费

广告费是公司为推销产品和塑造公司形象，通过媒体传播而发生的广告性支出。广告费报销必须使用广告业统一发票，并附公司与代理发布单位签订的广告合同。如为报纸广告需附广告所属版面样张，户外、公交广告需附实物照片，电台、电视广告原则上需附电台、电视播出证明，经办部门同时需将广告录音、录影拷贝留存备查。

机构广告费的开支应集中由分公司综合部编制年度预算计划，各级财务部门按预算计划支付。根据公司所得税法有关广告费的支付标准是：必须通过经工商批准的专门机构制作；广告是已实际支付费用，并已取得广告业专用发票的；广告是通过一定的媒体传播。

各机构在每一纳税年度发生的广告费和业务宣传费支出不得超过当年保费收入的15%。

2. 宣传活动费

宣传活动费为企划部及运营部发生的费用。企划部发生的宣传活动费主要用于宣传公司形象或举行专项宣传活动，包括活动的场租费、招待费等；运营部发生的宣传活动费主要用于宣传公司形象而举办的客户服务活动。宣传活动费报销必须附有活动方案。

3. 宣传用品费

宣传用品费主要是为宣传公司形象而制作的礼品、赠品、宣传品发生的费用，一般应带有公司标识（LOGO）。宣传用品费报销必须附有宣传用品清单，相关票据需符合会计基础工作规范要求。

（二）公务交通类费用

公务交通类费用包括车辆保险费、修理费、燃油费、过路过桥费、停车费、洗车费、外聘司机费等。公司公务用车和驾驶员由综合行政部门统一管理和调配，综合行政部必须合理分配各驾驶员的工作，督促其确保业绩行驶安全，并做好所负责业绩的整体状况检查、日常保养、清洁维护及业绩档案的存放与登记等各项运行维护工作。

公务用车有关的租赁、油料消耗、停车、清洁等运营费用由综合行政部门统一管理，按规定程序报批核准后办理。油料管理实行一车一卡、不得转借，因特殊原因需现金加油应经综合行政部负责人同意。

分支机构筹建阶段，原则上尽量使用公共交通工具，做到实报实销。如果确实因工作需要存在私车公用情况的，可在筹建期开办费预算专项费用中报销一定额度的业绩使用费。分支机构开业后，公司将根据机构的规模和等级租赁业绩，业绩配置相关费用计入各分支机构经营成本。

（三）职场办公类费用

职场办公类费用包括办公用品费、电子设备耗材费、公杂费、报刊书籍费、软件使用费、硬件维护费、网络专线费、安全防卫费、邮寄费、固定电话费、修理费等。

1. 办公用品费

办公用品由综合行政部统一计划、统一购买；办公用品购买实行月度申报制，每个部门将所需的日常办公用品报送综合行政部，由综合行政部汇总，通过费控系统进行预算审核批准后统一购买，发放时要进行登记，报销时提供部门分摊表格，由综合行政部经办人和部门负责人签字。

2. 电子设备耗材费

电子设备耗材费主要包括为保证计算机正常运转所支付的费用，如电脑、打印机、复印机等耗用鼠标、墨盒、色带、打印纸、复印纸、碳粉等费用。为延长硒鼓的使用寿命，应禁止将褶皱严重、带涂改液、不清洁的纸张放入纸盒打印。

3. 公杂费

公杂费主要是指公司因业务需要支出的零星小额费用，公司对其实行定额管理。

4. 报刊书籍费

报刊书籍费主要是指用于核算公司订阅的各类报纸、杂志、专业书籍等的费用。公司报刊书籍的订阅购买工作由综合行政部归口管理，根据公司安排负责办理报刊订阅及发放、书籍登记保管等事宜。报刊订阅一般每一年进行一次，其他时间确需补订时，由公司领导审核同意后办理。

各部门在申请订阅报刊时，应遵循“必要、节俭”的原则；公司领导在审核时，还需考虑报刊资源共享的可能性，尽量减少重复订阅。各部门应妥善保管报刊，并安排人员摘录或剪报，充分利用报刊信息资源；必要时可将重要信息通过公司办公系统网络发至有关人员。

5. 软件使用费、硬件使用费、网络专线费

各类电脑系统软件服务的使用、维护费用和网络专线费，统一由信息技术部归口管理，使用时应与年度预算项目对应。

6. 安全防卫费

安全防卫费主要是指保安费、治安管理费、保安保卫设施器材费、人工费等与安全防卫相关的费用，公司应对其实行定额管理。

7. 邮寄费

邮寄费是指因工作需要机构间或者向外部寄送公司产品、文件、发票、合同、行销辅助品发生的费用。邮寄费由公司综合行政部统一负责管理、记录和结算，并且一并在费控系统中履行报销手续。

8. 固定电话费

固定电话费是指因工作需要对外联络发生的固定电话费。固定电话费由公司综合行政部统一负责管理、记录和结算，并且一并在费控系统中履行报销手续。内勤电话费应计入后援管理成本，外勤电话费应计入业务成本中。

9. 修理费

修理费是指因公司电子数据处理设备、办公设备、机器设备及业绩等因故障损耗等发生的修理费用，归口管理部门为公司各级综合行政部，负责对各部门办公设备修理费用的日常管理。各部门办公设备出现质量问题时需上报综合行政部，由综合行政部直接联系厂家维修。

（四）公出管理类费用

公出管理费包括异地差旅费、会议费、培训费、市内交通费等。

1. 异地差旅费

报销时按照出差的时间、地点、事由等事项对外出工作人员的差旅费进行审核、报销。严禁将非差旅费项目混入差旅费报销（如招待费)，严禁给非本单位员工报销差旅费。出差员工的市内交通费、伙食补贴费、目的地市内交通费，实行“总额包干、分项计算、限额扣除、超支不补”的办法（实报实销人员除外）。

2. 会议及培训费

会议是指公司组织的各种例会，各职能部门、业务部门组织的全公司性不定期工作会议，以及在重要来访或外事活动过程中组织的全公司性会议；培训是为提高员工工作技能和素质而组织的授课及训练活动。某些会议、培训两者内容兼有的活动（如以会代训），均作为会议申请及核算。

公司应本着节约、高效的原则，严格履行报批程序，从严控制会议费的开支，各机构年度会议费必须控制在当年保费收入1%以内，同时根据公司所得税法有关会议费的纳税调整要求，会议费支付必须附会议通知、会议纪要、会议预算、参会人员名单等资料；上级公司召开的会议，要附上级公司会议通知。

会议及培训按照发起的主体不同被分为以下三个大类：一类会议及培训为总公司举办的各种会议及培训，如全系统年度工作会、业务高峰会、高级管理干部培训班等；二类会议及培训为总公司各部门、各分公司举办的专业会议及培训、各分公司年度工作会，如各专业工作会、分公司年度工作会等；三类会议及培训为分公司各部门、中心支公司举办的各种会议及培训。

各部门举办的小型会议及培训，可充分利用公司视频会议系统，以提高资源利用效率。必须集中举办的会议及培训原则上选择公司部门所在地举行，并选择与公司签订优惠协议的宾馆。无特殊需要不得到异地或者由机构承办会议及培训。

公司举办的会议及培训结束后，由主办部门负责提供会议及培训费用分摊表，随费用报销单一并交财务部办理预算结报，财务部负责将相关费用分摊至各成本中心。

3. 市内交通费

市内交通费用是指因公出发生的交通费用，包括公交车费、出租车费。公司员工因公务外出，应在报销时填写《市内交通费报销说明单》，由部门负责人签字后扫描作为报销附件。

因工作需要而加班或外出办事的，时间在8：00前或20：00后，可乘坐出租车。乘坐出租车的人员在报销车费时，须在市内交通费报销说明中写明乘坐原因及起讫地点。

（五）营运支持类费用

营运支持类费用主要包括：印刷费、财务结算费、会费、保险资产托管费、董事会费、外包运营费、理赔查勘费、客户体检费、咨询费、审计费、人事招聘费、人事代理费等。

1. 印刷费

公司印刷费分单证印刷费和非单证印刷费两类。单证印刷费只能用于各类业务单证的印刷费；非单证印刷费用仅限于核算办公、内部期刊等印刷费。保险费发票的印刷费应计入单证印刷费核算。印刷品的印制必须本着货比三家、质优价廉的原则，根据实际需要进行印刷，避免浪费。支付时应附明细清单和收货单，必须是印刷费专用发票。

2. 财务结算费

财务结算费指公司按规定支付给银行的汇兑、结算邮费、电汇费、网银手续费以及向银行购买专用凭证等费用。各级分支机构财务人员应及时取得结算凭证，并进行核对，核对无误后据此交由会计核算岗在财务系统总账中进行录入和验证。

3. 会员费

会员费是指公司向保险行业协会、同业公会或保险学会缴纳的费用。

4. 保险资产托管费

保险资产托管费是指支付给履行为投资资产提供账户管理、资金清算、会计核算、信息披露、投资监督以及绩效评估等专业托管服务职能的商业银行的费用，确保公司投资资产的安全完整和合法合规，从而保障广大保险投保人的合法权益。

5. 董事会费

董事会费指公司董事会及其成员履行职能发生的各项费用，包括差旅费、会议费、独立董事津贴等。董事会费在发生前需进行预算申请和履行报销流程。

6. 外包运营费

外包运营费是指公司为了节约人力、提高工作效率，通过外包的方式将一部分运营工作交由外部公司来完成而产生的费用。外包运营费在与外部单位签订协议前需进行预算申请，预算申请和协议签订通过后进行定期结算，由总部及各分支机构运营部在费控系统中走报销流程。

7. 理赔查勘费

理赔查勘费是公司业务、理赔人员赴现场检验、调查、查勘、取证所支付的费用以及聘请专家鉴定、咨询所支付的费用。理赔查勘费应作为保单成本的一部分进行列支，对于公司理赔人员实地查勘发生的费用实报实销。

8. 客户体检费

客户体检费是公司在客户投保时按照风险保额提供的必要体检程序所发生的费用。客户体检由运营部核保人员综合评估保单承保风险，联系客户在指定医院进行体检。客户体检费无须预算申请，由运营部与定点体检医院定期结算后，附上客户名单直接在费控系统中走报销流程。

9. 咨询费

咨询费是指公司就相关事项从咨询人员或公司获得意见或建议而支付的报酬。如向律师或律师事务所咨询相关法律问题而支付咨询费，向税务师咨询相关税务问题而支付咨询费等。咨询费一般应提前做好预算申请，与相关咨询机构签订协议后，按照要求直接在费控系统中走报销流程。

10. 审计费

审计费是指公司聘请外部机构对公司进行审计发生的费用。审计费一般应提前做好预算申请，与相关外部审计机构签订协议后，按照要求直接在费控系统中走报销流程。

11. 人事招聘费

人事招聘费是公司外部招聘过程中发生的费用，主要包括广告费、摊位费等。对于人事招聘活动中发生的餐费、频次和人均标准均应控制在一定标准范围内。

12. 人事代理费

人事代理费是指公司人事代理发生的费用，主要包括户籍、档案管理费等。人事代理费一般应提前做好预算申请，据实在费控系统走报销流程。

（六）行业监管类费用

监管费用类主要包括：保险保障基金、业务监管费、印花税等。

1. 保险保障基金

保险保障基金是指按照《保险法》等规定缴纳形成，在保险公司被依法撤销或者宣告破产，其清算财产不足以偿付保单利益，或保险公司存在重大风险，可能严重危及社会公共利益和金融稳定时，用以救助保单持有人、保单受让公司或者处置保险业风险的非政府性行业风险救助基金。保险保障基金通常由财务部统一提取和缴纳。

2. 业务监管费

业务监管费由财务部统一提取和缴纳，上交国务院保险监督管理机构。

3. 印花税

印花税是指公司以在经营活动中签订的各种合同、营业账簿、权利许可证等应税凭证为对象所课征的税。印花税由财务部统一缴纳。

（七）业务招待类费用

业务招待类费用主要包括：业务招待费、礼品费等。

1. 业务招待费

业务招待是指对以建立、维护良好关系或进行重大业务谈判为目的来访的政府机构、相关公司、客户、社会团体等的招待，纯属于业务推动的不包含在此范围。招待费形式主要包括餐费、住宿费、礼品赠送费、业绩使用费以及鲜花、水果、饮料等用品的购买费。

公司各机构、各部门必须按照“必需、合理、节约”的原则，根据公司招待费的相关规定制定内部招待费管理办法，按照招待费预审手续，从严、从紧掌握招待费标准，努力降低招待费开支。同时，应按照预算核定的额度统筹安排，优先考虑与公司长期合作、有一定优惠的餐饮招待场所。

各机构年度招待费不得超过当年保费收入的3‰，超过部分将缴纳所得税。因此，对招待费超标造成纳税调增的单位，分公司将在季度考核时，直接冲减相关费用。业务招待费报销时，应如实填写所招待的单位、时间、来宾及陪餐人数。

2. 礼品费

公司统一定制的对外礼品原则上由综合行政部统一管理。各部门领用时，在预算额度内填写礼品领用单，经部门负责人、财务总监及总经理批准后向综合行政部申请领取，月末综合行政部将各部门领用情况汇总表交财务部进行费用分摊。

特殊情况下，公司现有礼品不能满足对外赠送要求的，部门提出申请，经由财务总监和总经理审批通过后自行购买。统购类物品采购可参照公司采购管理办法执行。

四、项目费用

项目费用一般在年初设立，每一个项目对应填写一张《项目预算申报书》。内容包括：项目背景概述、实施目标和必要性、实施资源需求明细、投入产出预测和实施计划。

项目实施完毕后，公司应组织相关部门对项目实施情况进行相应评估。

五、资产购置费

分支机构筹建期资产主要包括非 IT 资产和 IT 资产，非 IT 资产主要包括员工席位、电话机、复印机等。总公司对机构筹建期家具设施预算实行标准管控。非 IT 资产采购前应由机构综合支持部统一作预算申请，总公司综合行政部会签，申请审批通过后由综合行政部负责统一采购。

分支机构筹建期 IT 资产主要包括台式电脑和笔记本电脑等。总公司对机构 IT 资产预算实行标准管控，由总公司信息技术部统一配置和管理。IT 资产采购前应由机构综合支持部统一作预算申请，总公司信息技术部会签，申请审批通过后由信息技术部负责统一采购。

第四节 变动成本管控：千随百顺

渠道变动成本是指与业务量增减变化直接相关的匹配性销售费用，一般为部门发生、在部门预算中直接列支的费用。本节将对保险公司最常见的个险、银保、团险渠道的变动成本进行阐释。

一、变动成本管控策略

（一）目标成本警戒线意识

目标成本警戒线主要包括成本预算值和产能目标值，即费用管控各指标和数额必须控制在随产出量而变动的成本警戒线以下，设置百分比幅度预警，比如发生到60%、80%、90%相应幅度设置预警模式（可有联动会议、绩效、调岗等措施），也可与主要责任人、部门签订目标责任状。

（二）内控完善与宣传贯彻意识

在内控完善方面，要制度完善（战略、财务层面分主次逐步）、流程规范（如资金审批、费用报销流程），过于集中或过于散乱的资金申请和报销（如开发一个客户或渠道项目一次性申请100万元，后6个月都不申请，这种情况是要杜绝的），都不利于资金的有效流动。

在各条线、各部门对销售策略、行为规范等宣传和贯彻执行方面，要始终记得，财务工作不是仅仅单靠财务部门、财务人员就可以做好的，需要公司上下联动、各部门的协作配合。拿费用来讲，需要专人进行培训，培训预算表怎么填、预算值怎么算出来、报销流程怎么样、发票如何获取并保证真实等。这些基础工作没做好，得出来的就是假数据，没有参考意义。

（三）区别对待，分类管控

对待变动成本，也要坚持抓大放小：抓关键、抓主要、抓重点的方式，那么多费用明细你不可能全部去监控。工作那么多，也不可能对所有财务信息事无巨细地去分析。财务线对变动成本的管理与控制，一定要有财务思维，还要有业务观和全局观。

二、个险业务费

通常，个险业务费可以划分为四大类别，即业绩挂钩类、外部拓展类、内部激励类和拓展支持类，现逐一加以分析说明。

（一）业绩挂钩类费用

业绩挂钩类费用可细分为四种：直接佣金、间接佣金、续期佣金、交叉销售佣金。

1. 直接佣金

直接佣金，包括首年度直接佣金和续期佣金，首年度直接佣金是指保险营销员销售的保险合同在第一保单年度所获得的佣金（包括月交方式在第一保单年度内的续期保险费产生的佣金）。其计算公式为：首午度佣金＝第一保单年度保险费×第一保单年度佣金率。

2. 续期佣金

续期佣金，指保险营销员销售的保险合同从第二保单年度起所应获取的佣金。

3. 间接佣金

间接佣金，是指个险基本法中规定的，除去直接佣金以外的保险营销员可获得的利益，主要形式包括季度业绩奖金、年度业绩奖金、业务质量持续奖、员工制外勤主管基本工资、职务津贴和管理奖金等。

4. 交叉销售佣金

交叉销售佣金，是指个险营销员代为销售非个险渠道产品，而获取的交叉销售佣金收入。交叉销售保费收入业绩统计归产品所在渠道所有（例如个销团，保费统计归团险渠道所有，费用理应由团险渠道承担），佣金合并保险营销员佣金发放后，实际费用由个险业务管理岗申请，经相应渠道负责人确认后，交由财务部作调表处理。

（二）外部拓展类费用

业务拓展费是指为推动业务发展或组织发展、维护外部直接业务关系发生的餐费招待、礼品赠送费用等。

1. 公关餐费

公关餐费是指个险内勤对外联络拓展发生的餐费，拓展费中核算科目为招待费的比例不得超过拓展费的一定比例，超过部分可按倍计入考核。

2. 公关礼品赠送

公关礼品原则上由公司综合行政部统一订购及发放，其他要求如下：

（1）业务部门根据销售工作实际情况统计所需的公关礼品，于年初报综合行政部。

（2）综合行政部对每年统一购买的礼品提出需求申请，根据金额不同经公司管理层或公司授权人员审批同意后，按公司相关采购办法签订合同。

（3）货比三家，择优选择，最大程度提高资金的使用率。购买金额达到招标采购标准的，必须进行招标采购。

（4）礼品款式和设计不得追求贵重奢侈，须注意风格的继承性和统一性，保持公司整体形象的和谐统一。

(5) 业务部门所需礼品原则上到综合行政部领取，特殊情况也可按需采购，但必须上报综合行政部申请并经综合行政部负责人批准后方可购买。

(6) 各销售部门应本着节俭的原则，严格控制礼品的领取和发放。

(7) 需购买节日礼品时，由各业务部门填写《年节赠送礼品预算申请单》，由综合行政部统一汇总报公司领导审批后统购或分购。

(8) 各销售部门已领用的物品，再发放时须做好登记使用记录，以备核查。

（三）内部激励类费用

内部激励类费用是指竞赛推动费，就是为推动和促进外勤业务发展而发生的业务竞赛方案兑现费用。主办部门申请竞赛推动费时，必须注明活动方案的期间、内容、入围、奖励方式、预期效果、预计投入产出，如果是召开产品说明会或业务启动大会，应按照会议管理办法注明召开的时间、地点、参会人员数量及其他费用明细等，报销时对活动效果进行分析总结。

竞赛推动费应在预算额度内使用。单项业务激励方案预算支出一般不超过本方案预期标准保费的5%左右，竞赛方案兑现后需按要求填写业务系列竞赛方案情况反馈。

对于保险营销员的现金、实物、福利和旅游奖励一律按税法规定合并佣金计税；对于以实物进行奖励的，主办部门必须建立台账记载实物的购置、发放、结余的数量以及领用去向。发放清单要有领取人签字。

（四）拓展支持类费用

拓展支持类费用包括：销售支持费、外勤培训费、宣传活动费、人才引进费、团队活动费、业务会议费、差旅费、市内交通费等。

1. 销售支持费

销售支持费是指个险系列为推动和促进业务发展而发生的辅助支持费用，例如易拉宝制作费、销售彩页印刷费、电话助理工资等。

公司对销售支持费总额与实现保费动态比例挂钩，年初确定相应比例；单位标准在正式发文标准内，报销时需按照要求附上相应附件，否则财务有权不予受理。对于总公司、各分支机构印制的彩页，主办部门必须建立台账记载实物的购置、发放、结余的数量以及领用去向。发放清单要有领取人签字。

2. 外勤培训费

外勤培训费指公司为提高个险业务员展业技能及相关知识举办培训活动发生的支出，包括培训教材、兼职讲师课时费、场地租金、食宿费、学习材料用品及与培训相关的差旅费、交通费、公杂费等与培训活动相关的费用。

外勤培训费应遵循先申请后使用原则，申请的内容应包括：时间、地点、培训目的、培训对象、人员数量、费用预算、课程表等内容。培训班结束后，主办部门应及时报销，结报时将该次培训发生的费用票据按要求粘贴，并填写报销单，附上预算申请单、课程表、参训学员签到表等。

外勤培训费的使用对象为公司确定需接受培训的外勤人员、训练专员及讲师；外勤培训费的使用应建立在计划基础上，并进行专项管理，不得挤占、挪用；培训计划应根据机构当前经营管理需要制定，综合考虑投入产出效果。培训计划应做到事前宣导、事中紧密跟进、事后总结回馈，使培训计划得到有效落实。

3. 宣传活动费

宣传活动费是指个险系列用于业务拓展举行专项营销活动发生的费用，主要包括营销性质的产说会、创说会、客户酒会等。主办部门在费控系统中申请宣传活动费时，须注明活动方案的期间、内容、受众情况和预期效果等，报销时应附上活动发生费用的发票、清单、客户签到等，如涉及实物的发放，还应建立台账记载实物的购置、发放、结余的数量以及领用去向，发放清单要有领取人签字，并对活动效果进行分析总结。

4. 团队活动费

团队活动费是公司因业务团队的新人面谈、绩优面谈、挽留面谈而发生的餐费及活动费。团队活动费应合理控制频次，注重效果，且总额与实现保费动态比例挂钩，年初确定相应比例；报销时需按照要求附上相应附件，否则财务有权不予受理。

5. 聘才费

聘才费是保险公司个险条线人才引进的一种重要方式，主要针对新加盟的个险营销员和营销主管，在一定时期内给予高额财务支持，目的是在短期内迅速扩张营销队伍，实现保费快速增长。聘才费作为公司支持业务发展的专项预算，总额度不与保费进行挂钩。总公司应由个险部牵头，建立起普遍适用的聘才费方案、发放和考评体系，并由总公司个险部统一报批核定，财务部根据达成结果，将应发聘才费合并佣金发放。

6. 市内交通费、差旅费、会议费

个险系列市内交通费、差旅费、会议费定义与规则与后援系列一致。

三、银保业务费

（一）业绩挂钩类费用

业绩挂钩类成本主要包括：银保手续费、各层级提奖、客户经理人力成本等。

1. 银保手续费

银保手续费，是指用于支付各银行代理保险公司销售保险产品的手续费。分险种、分缴费期限和保障期限的手续费率在协议中予以明确。

2. 各层级提奖

各层级提奖，是指与银保客户经理业务达成直接挂钩的提成，包括直接提奖和区域经理的管理津贴等。该提奖按照银保基本法要求，结合业务系统中保费达成数据，由分公司统一汇总下属三级机构制表，定期制表支付。

3. 客户经理人力成本

客户经理人力成本，适用于银保系列，包括基本工资、五险一金、岗位津贴和奖金福利等。按照银保基本法要求，由分公司统一汇总下属三级机构制表，定期制表支付。

（二）外部拓展类费用

外部拓展类费用包括：渠道开拓维护费、业务招待费（外部公关）等。

1. 渠道开拓维护费

渠道开拓维护费，是指公司发生的所有涉及银行的开拓维护费用，包括招待公关费用、对银行人员的培训费用等。

分支机构银保部应定期回顾渠道开拓维护费的投入情况，与保费产出进行对比，对于长期投入而无保费进账的渠道，相应削减支出。

2. 业务招待费

业务招待费（外部公关），是指银保在业务开拓过程中所发生的招待类费用，主要包括用于外部公关和交流的，对象为监管机构、同业公司、外部合作和潜在合作单位等。

（三）拓展支持类费用

拓展支持类主要包括：竞赛推动费、销售支持费、外勤培训费、宣传活动费、团队活动费、业务招待费、银保通出单费、市内交通费、差旅费、会议费等。

（1）竞赛推动费，是指为推动和促进外勤业务发展而发生的业务竞赛方案兑现费用。竞赛活动兑现后需按照正式发文要求填写效果反馈表。银保系列的竞赛推动费方向应区别于个险，重心应放在保费业绩的推动和降低退保方面。

（2）销售支持费，是指为推动和促进业务发展而发生的辅助资料支持费用。

（3）外勤培训费，是指公司为提高外勤展业技能及相关知识举办培训活动发生的支出。

（4）宣传活动费，是指业务部门主办带有营销性质的宣传活动费用。

（5）团队活动费，是指公司为业务团队的新人面谈/绩优面谈/挽留面谈餐费及活动费。

（6）业务招待费，是指银保系列内勤实际发生的对外交际公关费用（不包括对银行），如面谈交流等，可报销发票类型包括餐费、食品类、礼品类。

（7）银保通出单费，是指通过银行银保通系统直接出保单的费用。分支机构直接通过费控系统，银行出单手续费发票连同承保清单，定期通过费用报销方式报销。

（8）市内交通费、差旅费、会议费，其定义与规则与后援系列一致。

四、团险业务费

（一）手续费

手续费是指团险通过专业或兼营代理机构销售团险保险产品而发生的代理手续费用。手续费标准应分险种明确，最高标准不得超过财务明确的分险种销售费用率。在此基础上，团险应与各中介公司签订中介代理（经纪）协议，正式明确具体代理手续费标准，定期根据实际代理的保费收入计算相应的手续费额度，代理公司应提供合规的中介手续费发票，经审批报销后转账支付。

（二）绩效提奖

绩效提奖是指团险业务经理通过销售团险产品而获取的劳务报酬，此项费用应明确到人、具体到险种与保单。公司团险业务系列每年应明确不同销售渠道各险种标准提奖比例，各分支机构每月根据实际达成保费计算相应的提奖额度并发放。考虑到团险业务的承保费率的灵活性，经领导批准，提奖比例可在实际承保费率与标准费率之间进行调整。

（三）业务拓展费

业务拓展费是团险部门为推动和促进本部门业务发展而发生的费用。团险业务拓展费主要包括：竞赛推动费、外勤培训费、销售支持费、会议费、业务招待费、差旅费、市内交通费等。

（1）竞赛推动费，是指为推动和促进客户经理业务发展而发生的业务竞赛方案兑现费用。

（2）外勤培训费，是指公司为提高团险客户经理展业技能及相关知识举办培训活动发生的支出。

（3）销售支持费，是指为推动和促进业务发展而发生的内外部销售支持费，外部包括宣传活动和宣传资料费用，内部包括营业团队新人面谈、绩优表彰和团队活动费用等。

（4）会议费，是指为推动和促进业务发展而召开的公司内外部会议费用，例如大客户联谊会、年末业务策划会等，也包括派员参加外部会议而发生的费用，该项费用年度编制预算，按照年度预算实施，总体控制在年度预算额度内。

（5）业务招待费，是指外部公关和拓展业务过程中发生的必不可少的业务招待费用。

（6）差旅费，是指为推动和促进业务发展而发生的异地差旅费用。

（7）市内交通费，是指为推动和促进业务发展而发生的市区交通费用。

第七章

预算管控：机理探索

在市场经济范畴里，预算显然是在其高度抽象的概念性外壳之下，表达了复杂的人与人之间的经济关系与法律关系，既有与外部客户方面的关系，又有内部员工方面的关系，有时还有其他内容要素。其中何者属于其全部构成的起点或曰本质构成，如何安排相关利益者的优先秩序，在理解上尚存在争议。在预算资源有限的条件下，如何回答所涉及的法、情、理的基础？如何确立何者为先的保障与兼顾、扶持与约束关系？如何顺势而为、摆正预算刚性、弹性问题？这些问题都十分重要。本章将透过实际现象阐述隐藏在货币预算“面纱”背后的本质，探讨预算管理者与预算使用者之间规范和理性的必要性。

第一节 侧重于经营成本线的管控视角：成本就是利润

人们常说：“水不平要流，理不平要说”。为什么说成本就是利润呢？在其他条件相同的情况下，成本提高一分钱，肯定就意味着利润要少一分钱。这是一条颠扑不破的真理。其道理可以直观地绘制成图 7－1 来表示。

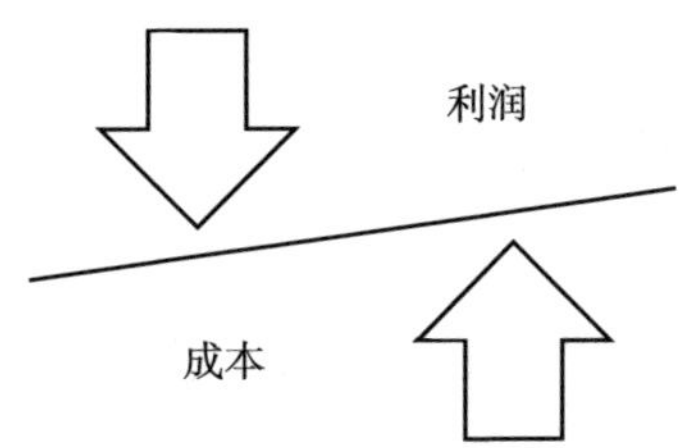

图 7－1　成本与利润的双面撬动效应示意图

一、成本概念

成本是衡量公司经营管理水平高低和经济效益好坏的一个重要指标。成本分为广义成本和狭义成本，广义成本是一个“全部成本”的概念，是指在公司生产经营中所发生的全部劳动耗费，包括产品生产成本和期间费用两大部分。狭义成本通常指产品生产成本，是指在一定条件下，公司为生产一定品种、数量的产品而耗用的各种能以货币计量的全部费用的总和。

产品成本对公司有着非常重要的意义，具体体现在两个方面：一是在产品销售价格一定的情况下，较低的成本为公司带来较高的收益。当公司确定销售价格时，也同时确定了所生产产品的总销售收入即主营业务收入，较低的成本意味着产品销售成本较低即主营业务成本较低，所以公司的主营业务毛利也就较高。二是在较成熟的市场环境中，较低的产品成本增强公司市场竞争力。在较成熟的市场环境中，各公司生产同类产品的质量一定的情况下，较低的产品价格意味着公司有更强的市场优势和竞争力，同时也能提高公司的生存、发展和获利能力。

因此，公司在产品的生产过程中，在不影响产品质量的前提下，应努力降低各种生产耗费，从而降低产品成本，提高产品市场竞争力，为公司提高经济效益创造条件。

二、成本的管理控制

一项开支，对公司而言是成本，而如果换个视角，则成为另外一个主体的收入。因此，不同的人对同一项开支的态度显然是不同的。就公司来说，成本预算始终是需要合理控制的。而现实中的业务经办线则总是期待相对较充余的预算资源、相对较低的业务压力。不过，公司外部竞争与内部积累压力，必然要求财务线能始终站在股东与公司的立场上，实施更加严格的管理与控制，警惕各种有意无意的资源浪费。这可能是业财矛盾的焦点所在。

（一）公司的成本管控策略

成本管控，对于任何公司的管理层而言，都是非常重要的课题。费用控制的策略得当，可以显著提高公司的运营效率，提高员工工作热情，使公司运营走上良性循环的道路。相反，如果策略运用不当，可能对业务发展造成负面后果，并且引起公司员工工作氛围的恶化。具体来讲，公司在日常经营过程中，必然会发生各种各样的费用。成本管控是指由谁来事前批准这些费用计划、由谁在事中进行过程控制，以及由谁对最终的费用报销核准并承担相应的责任。

1. 成本管控的原则

成本管控的基本原则，可以概括为以下三条：一是经济原则，指因推行成本管控而发生的成本不应超过因缺少控制而丧失的收益。与其他销售和管理活动一样，为了建立和执行成本管控程序，要花费一定的人力和物力，付出一定的代价。在实施成本管控措施之前，应当评估成本管控的代价及实施成本管控所能节约的成本，并确保前者低于后者。二是因地制宜原则，指成本控制系统必须个别设计，适合特定公司、部门、岗位和费用项目的实际情况，不可完全照搬一个做法。对保险公司进行考量时，通常对销售部门和后援部门会采用不同的成本管控方法。销售部门费用预算更多地与销售业绩挂钩，而后援部门通常采用固定费用制。适合成本项目的特点，是指对各类费用的明细项目，及资本支出等不同用途和性质的费用项目，控制的方法应有区别。三是领导重视和全员参加的原则。公司内任何费用支出都是公司员工某种作业的结果。从成本管控的效果来说，树立员工的节约意识，由员工主动的自我控制，比由其他人强迫员工控制费用效果要好得多。领导应当以身作则，从我做起，严格控制自身的费用支出，在公司员工面前起到良好的示范作用。

2. 成本管控方式

从成本管控方式角度看，主要有集权式管控、适当授权管控和责任人分级管控三种：

（1）集权式管控，有时被称为“一支笔审批”，常见于一些雇员人数不多、业务较为单一、经营管理比较简单的公司，如一些私人贸易公司。这类公司所有的费用控制权在老板的手上，手段也较为单一。集权式成本管控不利于对员工的培养，它会养成员工们事事请示汇报、不敢承担责任的工作风格，降低公司员工的积极性，最终公司扼杀了员工的成长机会，培养不出一批有能力的人，同时也不能吸引优秀员工的加盟。所以，类似保险公司这样人员规模较多、经营管理较复杂的公司，一般不会采用这种低效的方式进行费用控制。

（2）适当授权，是指对某些特定的费用项目进行授权，授权的程度根据实际需要而定。例如，现代公司中有很多项目，可以在某一段时间内，针对某一个特定项目的支出，授权一位项目负责人管理。还有，针对一些特殊的采购，可以授权由采购部门集中执行。适当授权的成本管控，是集权式管控方式的发展，体现了发挥员工专业化能力的要求。对于公司由小到大、由简入繁的发展过程中，适当授权提高了工作的效率，赋予了被授权人一定的管理权。

（3）责任人分级管控，是适当授权方式的进一步发展。现代大型公司一般都是上市公司。一方面股权结构分散且复杂，从股东大会到董事会到经营管理层，各自对公司担任着不同的责任。责任人分级制度并不是把所有的权力都下放，而要配套以一系列的费用使用权限、费用审批和报销、费用考核等制度和流程。这种方式较适合大型公司的经营，成熟期的保险公司一般也采用该种形式。

（二）公司费用预算管理模式和方法

在实务中，大多数保险公司都执行全面预算管理体制。但是，在具体落实全面预算管理时，不同的公司会有不同的做法，有设立预算管理委员会的，有总经理负责制的，也有财务总监全权负责的。一般说来，预算负责层级越高，预算执行的效果越好。要使全面预算管理最终获得成功，需要将预算和公司的其他管理手段有机结合起来，包括责任人分级管控体系，也包括年度 KPI 考核指标等。在这里我们着重对费用预算管理的模式和方法进行探讨。

1. 费用预算管理模式

费用预算管理的模式可以分为“自上而下”模式、“上下互动”模式和“自下而上”模式。

在“自上而下”模式中，所有的预算权力都集中在高层管理者。由公司的高层管理者编制总的预算，然后将其分解下达到各级预算单位。各级预算单位不参与预算的编制，只是执行预算的指令。这种模式对预算编制者的要求很高，其优势在于预算编制时受到执行部门的干扰小，预算的编制效率比较高；同时，编制出来的预算目标和公司经营目标一致。当然，由于预算执行者不参与预算的编制，因此，这种模式带有一定的主观性，可能与实际情况存在脱节。另外，各预算单位之间的信息沟通和交流较少，相互间缺乏协调性，不利于发挥执行者的积极性。

“上下互动”的模式首先由高层管理者根据公司的长期战略确定年度分解目标给各个预算单位，而后由各个预算单位根据自身的实际情况编制各自的预算，汇总后再根据公司当年的目标对资源进行协调、平衡和综合，最后得出公司的总预算。这种模式有利于调动和发挥预算执行者的积极性，使得预算更切合实际。但是，为达成公司的整体目标，公司需要花费一定的精力去协调和平衡各个预算单位之间的资源分配。另外，由于由各个预算单位自行编制预算，可能造成各预算单位相互之间预算的脱节，从而影响公司整体目标的实现。

“自下而上”的模式中，公司高层管理者只是设定一个目标并监督目标的执行结果，而不过多地介入预算过程的控制。预算的编制完全由各预算执行单位自己决定，总部进行汇总。这种方式可以最大程度地发挥经营者的潜力，但也有一些弊端存在。比如，由于强调结果控制而忽略过程控制，一旦结果成为既成事实，则无法挽回。又如，可能出现预算松弛现象，导致资源浪费，不利于将各预算执行单位的经营行为统一到公司的长期战略上来。

总体来说，费用预算的编制没有一个最佳模式适合于所有公司，对于保险公司而言，首先是在总公司和分公司之间、总公司各个部门之间、部门和高层管理者之间进行充分沟通，在相互理解的基础上，形成合力，既要防止预算偏离实际情况又要防止偏离公司整体战略。其次，要将预算和考核结合在一起，并加强预算执行过程中的监控，防止预算流于形式。

2. 费用预算编制的方法

关于费用预算编制的方法，国内外已经有了多年的成熟经验。按照费用预算是否与业绩挂钩，费用预算编制的方法可以细分成：固定预算制，弹性费用制及部分固定、部分弹性费用制。各种方法的使用是和费用的不同特性、预算层级、公司经营过程中不同的要求，以及公司的战略相适应的。

一般而言，公司高层管理者需要看到的预算报告是一份最终量化的数据，能够体现出年度的具体目标。例如，公司的预算收入、预算费用、预算利润以及由此需要投入的资本性支出、现金流等。这份预算报告是公司战略的年度具体落实，因而必须以确定的数字加以固定。对于大型公司，特别是超大型的跨国上市公司（包括大型保险公司）来说，股东利益的最大化以及吸引更多的潜在投资者是公司高层管理者最重要的使命。因此，如何使公司的利润以可持续的方式稳定增长，转化为要求预算数据尽可能地固定，容易与实际的经营业绩进行对照，方便投资者以及行业分析师的评估。利润的可预测性，以及由此推断出的收入和费用的可预测性，导致了在费用预算的最高层级应采用固定预算制。

而对于各预算执行单位的费用预算编制，则可以根据发生费用本身的特性来决定。对于处于不同成长期的保险公司而言，可以根据自身的特点来决定是使用固定预算还是弹性预算。相对来说，采用固定预算制可以让管理者对下一时期可能的费用支出情况有较准确的估计，但缺乏灵活性。当公司的业绩未按照预期目标达成，仍然需要发生较多的费用支出，费用投入产出比下降。而当公司的业绩超越预期目标时，预算执行单位可使用的费用额度仍只有那么多，对预算执行单位缺乏激励。因此，在固定预算制下，经营者可以实现旱涝保收，不利于激励经营者去改进经营管理、控制经营成本。

弹性费用制的优缺点正好与固定费用制相反，它把经营者实际可获得的费用使用额度与其业绩相挂钩，从而对经营者有较强的激励作用，但它的缺点也是明显的。从费用和收入的因果关系来看，是先有投入再有产出。而弹性费用预算的导向是产出越多得到的资源也越多，这种因果倒置会造成经营好的预算执行单位得到越来越多的资源，而经营欠佳的可能面临发展缺乏后劲、逐步被淘汰的境地，使得公司年度计划和长期战略出现不匹配的现象，并造成业绩上的滑坡。当公司的业绩远低于预期目标时，尤其是按公司实际业绩计算的费用使用额度低于公司经营管理的最低费用成本时，弹性费用制事实上已经失去了意义。而当公司的业绩超越预期目标时，公司的费用支出也随之上升，未能体现出费用的规模效应，可能造成费用的浪费。

固定费用制和弹性费用制都是编制预算的方法，两者之间并没有绝对的优劣之分。公司在编制费用预算时，要根据公司的发展阶段和各类费用项目的性质，因地制宜，灵活选择预算的方法。保险公司的费用中，手续费和佣金支出一般都采用弹性费用制，从而有利于促进保单销售。

一般说来，经营期限较长、有一定历史数据量积累的保险公司，业务和管理费用支出采用固定预算制比较合适。因为对于这些保险公司来说，经营业绩已经比较稳定，产品系列比较丰富，加上多年的经营，已经拥有相对稳定的客户源，保费收入的可预测性较强。根据已有的历史数据，这些保险公司针对业务收入所需资源的投入预测性也较可靠，可以做到按照费用逐项下达预算指标，进行逐项控制。

与此对应，新保险公司的各预算执行单位对于业务和管理费用预算方法的采用需要慎重考虑。新公司的初期战略是尽可能快地进入市场，并扩大市场份额，因而需要相应的资源投入。对于这部分投入的预算可以通过特别项目处理，在一段期间内给予一笔特殊固定费用预算。除此以外，在新公司创立初期，由于公司收入很低，而实际费用支出相比公司的收入来说很大，采用弹性费用制的意义不大。所以，采用固定费用制，并按照适度从紧的原则编制费用预算较为合适。在费用执行的过程中，公司应做好费用预算执行情况的监控和分析，对于某些费用项目下达的预算明显低于实际费用水平的，公司可适度追加预算。

当保险公司发展到一定程度，为了鼓励公司促进业务发展，从费用预算管理的有效性出发，各预算执行单位对业务和管理费用采用部分固定费用、部分弹性费用的方法更为切合实际。换言之，也就是将部分日常费用和其收入业绩按照一定的比例挂钩。而对于房租、办公费等固定费用不和业绩挂钩，招待费、差旅费则必须遵守公司的标准等。这样一方面促使费用在可控制的范围内，另一方面也起到促进业务发展的作用。

当然，对于保险公司而言，重要的是找到一套与自身业务管理和发展相适应的费用控制方法。而这种方法并不是千篇一律的，在不同的保险公司，甚至在同一家保险公司的不同经营时期，都可以是不同的。成本管控的最终目标是确保公司合理地利用资源，以实现最优的产出。

三、保险公司成本高低的因素分析

（一）外部因素的影响

1. 不同地域差异

地域是指保险公司经营所在的地区范围。不同地区之间经济发展水平、人力资源状况、市场成熟程度等往往会存在差异，甚至差异较大。这些差异会对保险公司费用产生直接影响。北上广深等经济发展水平较高的地区，物价水平一般要高于经济发展较为落后的西部地区，在这些地区经营的保险公司的日常经营费用也要高于落后地区的保险公司。保险公司对分支机构进行分级管理时，经常要考虑当地的经济发展水平，对发达地区的分支机构往往要增加投入，而对欠发达地区的分支机构则投入较低。不同地域之间的人力资源状况分布也存在不均衡。在中国，沿海地区经济发展较快，就业机会较多，人才成长的机制更为灵活，形成了人才高地，薪资水平也相对较高。在这些地区经营的保险公司，其人力费用要高于其他地域的保险公司。当然，人才高地充沛的人才供应也使保险公司能够方便地找到高素质的雇员，降低人才招聘费用。另外，高素质高效率的管理人员团队也有利于保险公司有效控制员工总数，高效经营，降低风险，从而降低保险公司的经营费用。

2. 市场成熟程度

对保险公司而言，市场成熟程度是指消费者对保险公司提供的服务内涵的了解程度，对保险产品的接受程度，以及对保险产品的购买力大小等。理论上说，市场成熟程度的提高有利于保险公司降低经营费用。在市场培育初期，由于消费者对保险公司的保障机制仍处于了解阶段，保险意识尚未觉醒，对保险代理人营销方式也存有疑虑，代理人招募比较困难，保险业务开展缓慢。这种情况下，保险公司需要增加费用投入，较多地通过各类媒体进行宣传，或者召开产品说明会、新人培训班等，甚至支付较高的代理人底薪。因此，在市场成熟度较低的时期，保险公司需要承担更高的市场推广费、消费者教育费，以及合作伙伴开拓费等。

经过一定时期的发展，消费者对商业保险的接受程度提高，投保意愿增强，愿意支付的保险费也更多，市场保费规模逐步上升，代理人从事保险营销工作所获取的收入也逐渐增加，代理人招募比较容易，这些现象意味着市场已经逐渐成熟。这时，保险公司的市场培育费用就会逐渐降低。

3. 市场竞争

随着某地域的市场成熟程度逐步提高，愿意进入该地域开展业务的保险公司也会逐渐增多，同业竞争会随之变得激烈，激烈的竞争对不同保险公司费用的影响有所不同。对先期进入市场的保险公司而言，在市场培育费用下降的同时，因竞争而带来的费用增加可能超过费用下降的幅度，费用总量不仅不会减少，还可能大幅增加，与此同时，费用结构也会发生较大的变化。对后期进入的保险公司来说，要从先期进入的公司手里抢夺市场，吸引客户眼球，可能既要为培育本公司的市场份额而进行投入，也要为应对同业竞争而进行投入，一些费用甚至会高于先期进入市场的公司，如公司品牌宣传费、产品研发和推介费、营销精英引进费、合作伙伴开拓费及报酬等。

（二）内部因素的影响

1. 保险公司组织架构

保险公司组织架构包括纵向和横向上的机构或部门设置及人员配备。在纵向上，国内的保险公司都建立起符合现代公司制度的控制结构：股东大会是保险公司的最高权力机构，董事会则是股东大会的常设机构。目前，几乎所有的保险公司在机构设置上都采用“总分公司”的架构，即参照我国行政区域设置，在省会城市或直辖市设立分公司，在各省的地级市设立中心支公司，在县或县级市设立营销服务部。当然，这种设置方式并不是绝对的，当支公司或营销服务部的业务量增大到一定程度，支公司可能会升级为分公司，营销服务部可能会升级为支公司。反过来，保险公司也可能取消部分机构层级的设置，如在分公司下直接设置营销服务部。在横向上，组织机构是指在各层级机构上功能部门的设置，一般包括前线和后援部门两大系列。前线部门包括个人营销、银行代理、团险等渠道部门和投资部门，而后援部门包括运营、IT、财务、精算、人事、行政等部门。

保险公司在建立组织架构时，要平衡以下几方面的因素：一是信息传递和决策的效率。通常保险公司机构层级设置得越多，各层级部门设置得越多，信息传递和决策的效率越低。在纵向上，不论是从上到下，或是从下到上，信息传递每经过一个层级，就可能有一部分信息漏失。而与业务决策相关的请示和审批流程，涉及的机构层级越多，审批的时间就越长，效率也就越低。在横向上，与纵向机构层级设置类似，各层级设置的功能部门越多，在各部门间信息传递和决策的效率越低。二是业务量和工作量。由于一个机构或部门的资源相对有限，所以当一个机构或部门的业务量或工作量增大到一定程度时，保险公司就需要增设机构或部门来满足日益增长的业务量或工作量。三是风险管控。组织架构对风险管控的影响，与它对决策的效率的影响相反。四是机构层级和部门的增加，会带来人力、职场、设备等各项投入的增加，由此带来费用的增加。保险公司在设计组织架构时，通常会对各级机构进行分类管理，对于业务发展情况好的机构，才允许设立更多的下级机构或部门。

2. 机构扩张策略

保险公司的机构扩张策略，包括机构的开设速度和新机构的地域选择。保险公司在决定是否要开设新机构时，要考虑以下几方面因素：一是新机构所在地区的经济发展水平、居民的保险意识和购买力。二是当地的市场竞争程度、保单获取难度与获取成本。三是保险公司的资本实力和新机构所在地区的物价水平。在新机构营业的初期，机构可能产生较大的费差损，需要若干年后才能“自己养活自己”。这就意味着，新机构开设初期需要较多的费用投入，资本实力不是那么雄厚的公司在决定开设新机构及新机构的选址都要经过充分的市场调研和论证。四是新机构关键人员的寻找。保险公司往往在找到新机构的关键负责人员后才继续新机构申请和筹建的后续工作。

3. 业务发展策略

保险公司的业务发展策略，可以概括为是重规模还是重利润的选择性问题。根据保险公司对这一问题的不同回答，其业务发展策略可分成以下几种类型：一是以规模取胜的快速发展策略。如：机构快速扩张、通过有竞争力的高销售费用率和低价格迅速占领市场，在短期内实现保费收入的几何级数增长。采取快速发展策略的保险公司必须制定严格的预算管理制度、采用强有力的管理措施控制因业务快速扩张带来的成本增长失控，通过公司品牌建设和提高客户服务水平使续期保费规模逐步增长，弥补亏损。二是以利润为先的稳健发展策略。稳健发展策略要求保险公司有更多的耐心，通过管理模式、制度建设、公司文化培育等一体化建设，提升公司的销售和服务水平，并把公司业务成本、经营费用和管理费用长期控制在一个稳定的水平，增强公司的核心竞争力，实现利润逐步增长。三是以规模与效益并重的业务发展策略。该策略下，保险公司应有选择性地稳步推进分支机构的全国布局，保持业务规模的适度增长，业务成本和经营费用中的广告费、业务推动费和固定资产折旧费等总量不高；同时强调公司信息系统、管理制度基础建设，以实现公司各类资源的最佳配置，所以前期管理费用和经营费用中的无形资产摊销、培训费等投入较高。上述两方面综合影响使经营成本总额较高但可控。这种发展模式的重点是短期利益和长期利益的有机结合，难点在于把握好业务增长和经营效益的平衡，要求公司拥有深厚的管理经验和高水平的管理人才。

4. 销售渠道策略

我国寿险市场经过改革开放以来的20年的发展，基本形成了以个人营销、银行代理和团险为主的三大销售渠道格局。个人营销是指利用代理人队伍销售保险产品，公司需要向代理人支付佣金，代理人在公司授权范围内销售个人寿险产品。个人营销渠道的产品类型多、期缴比例高，从长远来说，个人营销渠道对保险公司的利润和内含价值贡献远高于银行代理和团险渠道。但是，在个人营销渠道开设的初期，保险公司开设营销服务部需要发生较多的租金支出和固定资产投入。而营销队伍的建设，不论是自己培养还是从同业公司招募均需要大量的费用投入，并需要投入大量的培训费用。因此，在个人营销渠道建设的初期，其费用投入远高于其他渠道，但随着业务的发展，尤其是续期保费的增加，费用率将逐渐下降。银行代理渠道是指保险公司通过与银行建立合作关系销售保险产品，保险公司向中介机构支付手续费，中介机构在保险公司的授权范围内开展保险产品销售工作。银行保险最大的优势在于有较高的信誉度，容易取得消费者的信赖，保险公司可以利用银行多网点优势高效率覆盖市场，不用开设更多分支机构，从而降低运营成本，提高经济效益。银行代理渠道目前主要的费用问题一是手续费恶性竞争，手续费水平超过保险公司可承受范围，业务利润微薄甚至无利可图；二是手续费支付方式不规范，存在账外暗中向银行代理机构、网点及其工作人员直接或间接支付各种费用的行为；三是部分网点培训费投入不足存在销售误导行为，如片面夸大投资性产品的投资收益水平，不如实告知保险责任、退保费用、现金价值和费用扣除等关键要素。

个人营销渠道和银行代理渠道面向的客户都是个人客户，而团险渠道则是指针对团体客户销售寿险产品。团险渠道又可分为团险直销和团险中介两大子渠道，分别是指通过保险公司的直属业务员和保险中介销售团险业务。团险渠道通过一张保单承保一个团体的多位被保险人，而且由于团险保单通常只承保正常在职的团体成员，核保相对简单，所以团体保单的核保、出单和保单维护成本较个险保单低。但是，由于团险市场竞争非常激烈，加上团体客户的谈判能力较个人客户强，因此一方面团险产品的费率要低于个险产品从而降低了团险产品的利润率，另一方面保险公司需要投入大量的费用培养高素质的团险业务员或支付较高的中介手续费。由于团险业务员人数较少，租金和固定资产投入较少，总体上团险渠道的费用投入较个人营销渠道低得多，而与银行代理渠道基本相当。

由于寿险市场激烈的竞争，许多保险公司都在积极拓展新的业务渠道，包括通过续收人员进入社区进行续收服务同时开拓业务的区域收展制，通过保险代理公司和经纪公司销售个险保单的经代渠道，通过电子商务网站以及电话、电视、邮寄等途径销售保单的新渠道等。这些新的业务渠道主要销售的都是个险保单，但由于保险公司发展这些新业务渠道不需要增加过多的场地和固定资产投入，总的费用成本一般都要低于个人营销渠道。

销售渠道的选择也反映了公司的业务发展策略。个人营销渠道产品利润率较高，但初期需要较多的资源投入并且需要较长时间的发展；银行代理和团险渠道资源投入较少，并且可以在较短时间内迅速扩大保费规模，但产品利润率较低。

第二节　预算松弛现象：财务管理分析视角

预算松弛（Budget Slack/Budgetary Slack）是指最终确定的预算水平与最优预算水平之间的差异，是预算编制过程中普遍存在，并对整个预算管理制度的有效性产生直接影响的问题。换句通俗的话说，本来某个银保经理在“开门红”期间可以实现银保期缴销售收入 3000 万元的业绩，可是其在事前讨论目标任务时却反复强调自己只能完成 2500 万元；或者说，一个本来可以花费 5000 元办妥的项目，却由于经办人申报需要花费 8000 元才能完成项目。如此等等。预算的供给盘子大幅度地偏离了其真实、客观的内在定位，就呈现出预算的松弛度。

矛盾是事物的普遍存在，预算领域也是这样。问题在于，我们如何正视矛盾并努力化解矛盾。尽管不同利益主体始终存在着不同的利益诉求点，但是，基于共同利益的需求满足应该成为共同的出发点与平衡点。当董事会层次的组织目标初步确定后，公司就可进入寻求目标、计划、预算三者的具体平衡规划阶段。集团预算参与程度的具体测量，应该主要包括如下四个方面：信息不对称而引发的预算松弛、环境不确定而引发的预算松弛、任务不确定而引发的预算松弛、强调不充分而引发的预算松弛。

在保险公司围绕预算配置而进行的管理与控制活动中，预算松弛现象普遍存在着。许多身在公司经营一线的人士都有这样的感触：尽管预算是联系目标与现实的桥梁，是针对不确定性所制定的货币性计划，但是，人为“留余地”引起的“狗咬狗”现象不少。一个预算执行者的心态（通常处于被考核的下级预算主体）低估收入、高估成本费用，低估产销规模与销售价格、高估完成预算困难，低估利润或争取新的投资项目，在项目申报时压低项目预算，而在项目上马后持续扩大项目投资需求。凡此种种，归结起来，并没有客观、冷静地分析不确定性，而是带着有色眼镜看问题，为了人为地完成预算目标，倾向于制定较为宽松的预算标准，使完成某项任务所预算的资源数量大于实际所需要的资源数量，或使“预算目标”的产出量小于“客观可能”的产出量，从而确保自己处于预算考核的有利地位。从一般观念看，这是预算领域需要防范的一种消极现象，但是，其错综复杂的成因，则需要进行深度剖析。

一、预算松弛与博弈的现象

无论你是否听说过“预算松弛”与“预算博弈”这类专业术语，只要你的工作与预算相关，相信你不可避免地卷入其中。预算执行者通常基于本位利益而利用信息不对称的优势，在预算编制中故意降低标准，并在实际执行中尽力形成对自身有利形势的现象，例如低估收入、高估成本，更多关注发展中的各种不利因素，而回避分析业务发展机遇与自身优势，仅关注自身利益最大化而非公司整体利益最优等，我们称之为“预算松弛”。为了达到“预算松弛”目的而进行的博弈，我们称之为“预算博弈”。

（一）信息不对称引发的道德风险和预算松弛

信息不对称是政治、经济、生活等众多领域里的一种常见现象，是基于一定的身份差异而导致不同人群对同一事项、同一事件或同一客体所掌握的信息在潜质、数量等方面存在着明显的差异，也就是说，信息在不同经济主体、不同人之间的分布是不均衡的。比如，下属拥有能够影响他们和其上司之间决策过程信息，即往往拥有更多的准确信息。客观地看，信息对称是一种理想化的状态，它是追求的目标而并非现实本身，现实本身则是一种不对称态势。尤其在利用预算进行业绩考评的公司里，下级会更倾向于提供有利于自己的数据以获得容易完成的预算，因而会出现道德风险和逆向选择。在预算过程中便表现为预算松弛和道德风险。具体而言，在预算领域，上下信息不对称导致的预算松弛现象，主要集中在预算编制（签约）阶段，而考核兑现阶段的数据“注水”也表现出一定的扭曲。

当利用预算作为评价公司业绩或员工表现的考核工具时，如果没有适当的激励机制或控制，由于信息不对称的存在，就会引起道德风险，主要表现在以下几个方面：其一，努力降低其预算目标，不会诱导预算执行主体对较高效率业务、较高预算期望值的追求；其二，短期行为远远压抑了长期潜力的培育；其三，为使下一预算年度工作留有余地，预算执行者在本预算年度临近期末时采取“翻江倒海”的做法，或集中兵力，突击完成以提早实现销售业绩，或按兵不动，静观其变，延缓销售等办法使当期收益下降；其四，用尽预算指标（多为费用类额度），预算执行者或许会认为如果他们不将预算额度用完，或费用基数太低，来年的预算就会被削减。

总之，预算松弛现象的表现形形色色，纷繁复杂，很大程度上与预算编制过程中各层级之间信息不对称相关，预算执行者为了本位利益，利用参与编制预算的机会蓄意将预算标准放宽。因此，预算编制工作要树立“天下难事，必作于易，天下大事，必作于细”的信念，预算编制的水平高低就是“要考核管理者对未来判断的准确程度”，不能让预算松弛“有利于下级实现预算目标，但却损坏了公司整体利益”。

（二）信息不对称引发的预算关系人寻租行为

预算管理是普遍存在的委托代理关系的一种属性。公司内部高层与中层、中层与基层就是最为经典的写照。这种委托代理链条中的各级委托人通过“预算目标”的内部契约机制，与代理人以“预算目标责任”为基础签订契约，确定了风险分担和成果分享的基本规则。依据契约理论的学理，尽管这个契约是双方讨价还价甚至于“两上两下”的结果，但是，仍然是不完整的。这是由于委托人与代理人的个人有限理性，在外在环境的复杂性、不确定性时刻存在的情况下，面对信息的不对称性、不完全性，委托人与代理人双方甚至于这一预算契约的"仲裁者"都无法证实或观察所有的一切，从而导致"契约条款"是不完全的、也是不完美的。就总公司预算来说，由于委托人（如公司管理层）对旗下分支机构等经营一线信息的掌握不如代理人（如子公司或公司业务一线）真实准确，再加上他们并不能完全预见所有未来不确定的事项（如：外部环境变化、新业务出现、原有业务扩展，等等），使得预算目标高低的确定、预算资源的调度配置以及业绩考核中必然会出现漏洞或是约束力较弱的条款。任何一个代理人都是处于"契约人"身份，其动机或多或少有机会主义倾向，会时不时地、自发性地损人利己。由于预算者与预算执行者利益目标不一致，预算执行者为谋求年终绩效款或其他利益，可能利用其所掌握的私人信息故意放松预算标准或用尽预算等，其本质上是一种寻租，即谋取公开渠道所不能获取的利益。

（三）信息不对称引发的博弈现象分析

围绕一家保险公司，相关当事人之间的关系是既有共同利益，又有利益分配冲突。从预算管理的主体性轮廓来看，这种博弈的特征同样十分明确与强烈。总公司框架下的预算博弈显现出博弈主体更加多样化、博弈矩阵趋向复杂的特征，从预算决策机构、预算编制机构，到预算执行机构，职责各有不同、身份时常"转换"，预算实务中的具体身份也相应地经常会转换。

1. 预算决策机构与预算编制机构之间的博弈

预算决策机构负责审批公司最终的预算方案，作为公司预算方案的最高掌舵手，该机构期待能够制定出符合本公司实际情况的预算方案，满足公司长远的治理要求和发展规划，实现公司自身价值的最大化。但是，由于决策层自身的认知原因或受信息不对称的限制，审批过的预算方案可能远远不符合公司目前的实际情况、不符合公司所处的环境条件，因而导致公司的预算目标过高或过低，从而力不从心或浪费发展时机。相对而言，作为具体承担数据测算、情况摸底的团队，预算编制机构常常较高层领导人更了解公司一线的真实财务状况。当预算决策机构对公司方方面面的预算目标及预算资源的认识与实际情况有较大差异时，预算编制机构一般有两种选择：其一，实事求是地编制符合公司实际情况的预算，不过，现实中这样的结果往往得不到预算决策机构的认可；其二，基于“明哲保身”的考虑，绝对服从于、服务于预算决策机构的意志，最终达到一种博弈均衡。

还要注意到，如果决策层制定了较宽松的预算目标和资源配置方案，则决策层无意中为预算编制机构创造了巨大的寻租空间，成为了设租方，而预算编制机构则可以借此机会寻租。一个公正效率、廉洁自律的预算环境是有效推进预算管理的基础。

2. 预算编制机构与预算执行机构之间的博弈

预算执行是一个长期、具体的行为过程。预算执行机构处于集团自上而下的各个环节，包括集团本部的各业务部门、各个子公司、基层公司的各基层职能部门。这些各种各样的预算执行机构，或多或少地使用公司的预算资源，掌管本机构生产经营最准确的资料，具体负责本机构预算的执行、上报和控制。预算编制机构对于特定信息的筛选和识辨能力往往不如基层的预算执行机构，并不一定全面、深入地了解公司经营的市场机会以及详细的生产经营信息。在这一博弈中，预算执行机构永远是“低目标”的偏好者，预算标准越低越好，这样他们就可以轻易达到标准；而预算编制机构则相反，总是希望在原有的标准上越接近同行业的先进标准越好。这一对矛盾是始终存在，只不过，彼此之间通常能够达成谅解与协议。

3. 预算执行机构与预算决策机构之间的博弈

应该说，预算决策机构与预算执行机构之间的矛盾属于最尖锐、最普遍的矛盾，但是，有一些矛盾转移给了预算编制机构。预算执行机构的群体与预算决策机构的群体之间，实际上并不直接见面，直接的讨价还价活动、直接的争夺指标现象并不会经常发生。预算执行终了，预算决策机构根据事前下达的预算目标和预算执行情况，分门别类地对预算执行机构进行绩效考核，实施经济激励与惩罚措施。对于预算决策机构来讲，当然希望预算指标一旦制定下达，预算执行机构便纷纷按质按量实现，并且实现超额完成。预算决策机构通常要对预算指标和实际情况进行对比，分析误差产生的真实原因，兑现奖励政策，这是现代公司管理的基本要求。而预算执行机构在这种“指挥棒”面前，常常会通过操纵业绩的显示，蒙混过关，或者夸大客观环境的影响，将差异正常化，以便顺利地获得绩效奖金。当然，最后的结果是彼此都相对让步，实现了均衡。

二、预算松弛与预算博弈的对策

从上到下各个层级再到各个平行部门，预算松弛与博弈行为无处不在。制定目标时适当留有余地，有助于缓解工作压力、激发预算执行者的工作热情和信心，有利于促进目标实现。但“松弛不当”则会降低工作要求与动力，“过度博弈”更会严重影响工作效率。那么，保险公司在经营管理实践中如何才能规避过度的预算松弛与博弈行为呢？如何才能使预算目标引导更加积极有效呢？我们将重点围绕这一问题进行深入探讨。

（一）选择适当的预算编制模式有利于缓解预算松弛与博弈

应对预算松弛和博弈要从最基本的体制入手。保险公司首先要选择适合自身经营管理的预算编制模式，这是提高预算管理效率与质量的前提之一。适当的编制模式既要有利于贯彻公司的整体战略意图，又要统一高效，切忌陷入各自为政、一盘散沙的迷局。

常见的预算编制模式有自上而下、自下而上及上下结合三种，三种模式各有优缺点。自上而下模式的优点是强调集权管理，上级直接分解下达目标，效率较高，而其缺点则是不利于调动下级单位积极性。自下而上模式的优点是强调分权管理，有利于调动下级积极性，缺点是容易一盘散沙，形成预算松弛。上下结合模式的优点是集权与分权相结合，规避前两种方式的缺点，但缺点是其上下结合、往复博弈往往导致效率较低，不易达成共识。

实践中我们可以趋利避害，融合上述预算编制模式，实行“自上发起定调、自下编制、上下结合”的预算模式，具体操作如下：

步骤1：自上发起定调。首先由总部发起定调公司总体经营目标，明确传导总体战略要求。总部基于形势判断与自身发展定位，在听取多方意见的基础上确定下一年度全公司效益、质量、规模、结构等主要经营目标。

步骤2：自下编制预算。在公司总体目标引导下，分支机构发挥主观能动性，结合自身实际，细化制定本单位发展目标，自主编制并上报预算。这样，既能较好地调动下级单位积极性，又不会造成分支机构目标大幅偏离全公司经营导向。

步骤3：上下协调一致，下达预算。总部对分支机构预算编制的合理性进行审核，并提出审核调整意见，通过沟通争取达成一致，如仍有异议，则由管理层裁定，最终完成预算下达。

“总部发起定调”是至关重要的一环，总部明确传递目标导向一定程度可减少预算松弛与博弈空间，有助于提高预算管理质量与效率。应对预算松弛与博弈除了要选择适当的预算编制模式外，还有另外三种重要手段，分别是“资源配置激励”“动态目标管理”以及“全面预算管理系统约束”，在接下来的部分，我们将逐一阐述。

（二）资源配置激励——变“与上级博弈”为“与自身博弈”

预算松弛与博弈往往出于“本位利益最大化”的目的，站在博弈对手的立场上，如果总部能够借助资源配置的手段来激励和调动预算主体的积极性，预算主体的博弈行为就会发生微妙转变，“与上级博弈”就会悄然转变为“与自己的利益博弈”。此时，预算松弛与博弈问题就能从行为动机上得到有效解决。实践中，保险公司可灵活选择激励资源及挂钩的预算目标，但前提是预算目标与分配的资源必须高度相关。预算目标挂钩权重规则也可根据管理需要灵活调整，以达到适度激励的目的。需要特别提示的是，薪酬资源分配与利润预算目标挂钩比例的确定应适中，一般在5%到10%之间，不宜过高，挂钩比例过高会降低预算主体在实际执行中提升业绩的动力。

（三）动态目标管理——变“与上级博弈”为“与市场博弈”

“预算松弛”与“预算博弈”的焦点往往是指标值的高低。应该说，市场是检验目标合理性的重要标准，如果超额完成了计划却跑输了市场，说明预算目标过于保守，目标引导效果必然会大打折扣；相反，如果没能完成既定目标，却跑赢了市场，领先于同业，说明目标与市场存在一定脱节，有必要修正目标。那么，如果能把确定目标的任务交给市场，让预算主体与市场博弈，同市场较量，“预算松弛”也就失去了土壤。沿着这种思路，“动态目标管理机制”应运而生。简单地说，“动态目标管理机制”就是将目标制定与市场紧密衔接的目标管理机制，当市场形势发生变化时，预算目标能够顺应形势变化，及时进行修正。动态目标管理机制有效避免了计划对市场反应迟钝的问题，使得目标设定更加科学合理，对预算责任主体既是有力的激励，也提供了有效保护，同时较好地规避了预算松弛与博弈，这与批判固定僵化目标的“超越预算”理念不谋而合。应用“动态目标管理机制”的一个重要前提是具备较好的市场信息基础，包括信息的时效性、准确性与可比性。国家权威机构、行业协会、同业自发披露共享的信息等一般为重要的信息来源渠道。

三、基于博弈论的预算管理方案设计

预算管理首先是关乎“人”。有人就有“利益心”，有“利益心”就有博弈。简单地看，一方希望预算责任单位设定符合实际产能又富有挑战的目标，并尽其勤勉去实现；而预算责任单位则总是倾向于低报目标、减轻压力、多领奖金。

为使预算“指挥棒”真正发挥功能——计划、协调、控制、激励与评价，必先使双方目标趋同。目标趋同当然不会自动实现。在二者的博弈中，预算责任单位的优势在于掌握更多的信息，而公司管理层及其预算事务机构的优势在于权力，即制定规则的权力。公司管理层及其预算事务机构如何制定规则，将决定目标趋同的实现程度。现以一个极为简化又似曾相识的案例进一步说明预算考核方案的优劣的重要性。

考核方案之一：ABC 保险公司对个险部这一预算责任单位下达期缴保费目标（K），并按任务达成率计发奖金。当任务达成率为100%时，奖金为20万元；达成率低于100%时，每低一个点奖金减1万元；达成率高于100%时，每高一个点奖金增5000元。

在这样的考核方案之下，个险期缴保费目标完成额（K）成为关键变量。个险部必定会强烈倾向于降低K，公司管理层则相反。如果采用强制方法下达任务，可能出现风险在于：若下达的期缴保费目标远高于个险线整体产出能力，则个险部上下将会强烈抵制，或者在不能完成任务的情况下"破罐子破摔"或有意压低完成额；若下达的期缴保费目标远低于个险部产出能力，则增加了激励成本，且未充分挖掘应有的运营能力。问题在于，在对个险部产出能力的估计上，身处高层的管理层处于信息劣势。当存在多个预算责任单位时，各个预算责任单位的谈判能力强弱就会成为很重要的因素。

显然，这样的考核方案与机制是不合格的，没有解决利益趋同。管理层期望，期缴保费目标接近于个险部等各预算责任单位的产出能力，并且，预算责任单位在利益驱动下，将尽其勤勉去实现。实现这一目标的方法是：改变规则，改变支付，使预算责任单位只有在尽力达到其实际产出能力时获得最大利益。

考核方案之二：公司让个险部申报期缴目标额（K）。在期缴目标达成的情况下，计提K×5%的奖金；达成率高于100%时，计提"K×5%+（实际达成数－K）×3%"的奖金；达成率低于100%时，计提"实际达成数×5%－（K－实际达成数）×2%"的奖金。

假设个险部的产出能力为400万元。他们在期缴保费目标上有三个选择：300万元、400万元和500万元。

若年终实际实现期缴保费额为410万元，则：

A. 申报300万元、即达成率高于100%时的奖金：300×5%+

(410 - 300) ×3% =18.3（万元）。

B. 申报 400 万元，即达成率高于 100% 时的奖金：400 ×5% + (410 - 400) ×3% =20.21（万元）。

C. 申报 500 万元，即达成率低于 100% 时的奖金：410 ×5% - (500 - 410) ×2% =18.7（万元）。

显然，个险部的最优选择就是申报符合其产出能力的期缴保费额并尽力实现。

若年终实际期缴保费额为 390 万元，则：

A. 申报 300 万元时的奖金：300 ×5% + (390 - 300) ×3% = 17.7（万元）。

B. 申报 400 万元时的奖金：390 ×5% - (400 - 390) ×2% = 19.3（万元）。

C. 申报 500 万元时的奖金：390 ×5% - (500 - 390) ×2% = 17.3（万元）。

个险部的最优选择仍然是申报符合其产出能力的期缴保费额并尽力实现。

显然，本方案要优于前述方案。

第三节　预算管控机理：心理行为分析视角

大家是否有所感觉，在制造业等实体企业里，经营成本往往由料、工、费所构成，其中“料”主要是指各种具有实物特征的原材料、商品、设备等的外购成本，这类成本在较长一个产业链形成固化成本，其有形性、外来性、链条性能够更加直观地体现其表态价值与动态价值。而在保险公司，这一大块“物”的成本不复存在，而全部是由“工”和“费”组成，包括手续费及佣金、业务及管理费。“工”是人工劳动（包括脑力劳动节和体力劳动）的货币表现。我们知道：“人”是经济发展中最积极、最活跃的能动性因素，也是社会活动中最复杂、最敏感的多维性因素。因此，对与“人”有关的成本与费用的管理，就天然存在着极大的挑战。尤其是在提倡个性化发展的环境下，针对保险公司的“人”进行预算管理，务必从“心”做起，有效地探查人的心理活动机理，适应人的心理活动规律，提升人的工作效率与幸福指数。

一、行为心理学：人的行为是动态且有序的

时不时地，我们会听到有人评论某人某事与往常不同了，称之为“屁股指挥脑袋”；偶尔间，也有人抱怨某人“土包子”“死脑筋”。其实，每个人的行为举止中，隐藏着大量的真实信息，反映了其心态和性格。我们可以通过一个人的行为举止透视其内心，从而相机行事，提前作出判断和反应。作为公司财务管理者，更需要对处于不同角色的“人”的行为进行必要的认知，从而提升工作的效率与效能。

物以类聚，人以群分。行为科学认为，人的行为既是人的有机体对刺激的反应，又是人通过一连串的动作实现其预定目的的过程。预算管理活动就是与人直接打交道的，因此，分析和研究人的行动是搞好预算管控活动的内在基础。

（一）有意识行为与无意识行为

行为，按照人的行动是否受到人的意识支配，分为有意识行为与无意识行为。通常，人的行动主要受人的意识支配，但有时，人的行动会在没有意识的情况下发生。譬如，预算管理过程总体是在人的职业意识的支配下，但偶尔预算人员还或多或少把预算核定得

更加“靠谱”或有所“离谱”，这个偏差行动就是在无意识的情况下发生的。这种无意识行为对预算的精准度有直接影响，如何防止和发现因无意识行为产生的预算差错就是我们的一项任务。

（二）理性行为、非理性行为与有限理性行为

行为，按照理性程度分为理性行为、非理性行为与有限理性行为。人的行动如果遵守一系列的具体理性标准进行，这个行动过程就是理性行为。对预算管控活动而言，按照预算原则进行而且符合预算原则要求的行动就是理性的预算行为。非理性行为基于人的直觉、情感、潜意识和非逻辑性意识而产生，并没有经过理性处理，不具有系统性、连贯性和一致性。预算行为中的无意识行为、任人唯亲、以“情商”取人、以“德”为先等也都属于非理性行为。理性行为是预算行为必须遵循的基本准则，而非理性行为在预算行为过程中不可能杜绝，但要进行合理的引导和防范。

（三）个体行为、团体行为和组织行为

行为，按照行为主体规模和组织性特征又可分为个体行为、团体行为和组织行为。个体行为是在个人层次上考虑影响人们行为的各种心理要素，即个人对周围事物的知觉与理解，如个人思维方法、成因过程、动机、个性、态度、能力、价值观等。为了一个特定目标而由个人组成的群体中的个体行为是团体行为，团体是一种较高层次的集体。组织行为则是比团体行为更高一层次的行为。组织为了达到某种共同的目标，对人员进行分工，使之发挥不同的功能，并利用不同的权利和职责合理地协调一群人的活动。

二、预算领域的行为是可以彼此契合的

（一）以人类的有限理性为基础，协调预算管控行为过程中的理性冲突

我们不得不承认，从事预算管理与控制的预算人员很难完全掌握所有预算知识，也不可能完全应用所知道的预算知识，因为预算理论在不断发展，预算实务工作者未必能随时掌握，预算管控行为规范以各种形式通过各种渠道传播，预算实务工作者未必能够知道，且预算实务工作者的业务水平也参差不齐。但是，这丝毫不能成为工作差错的借口。任何预算管理和控制的职务行为都应建立在理性、规范的操作流程之上。

（二）精确性和标准化的表现

1. 预算管控行为应当被精确地估计和测算，可以准确地计量，可以事前设计和控制

预算单据、凭证、账簿和报表应该经过精心设计，符合行为科学和人体工程等学说，具备科学行为的特征；预算审批流程应该被精确规范而不能由预算人员任意发挥，什么类别用途使用什么预算项目，什么预算项目对应什么预算流程，什么经济业务必须具备什么原始附件，每份原始附件必须具备什么内容等都要有明确的规定；处理预算业务的流程也应该标准化，借助于电脑，预算管控行为可以具备标准化、批量化、跨区域大规模处理预算业务的能力。

2. 标准化程度越高，预算管控行为的有效性越高，预算信息利用越充分

预算标准化随着经济文化交流不断提高，如果没有相应的理论

指导，预算标准化会受利益驱动，带有一定的盲目性，认识上也较难达成一致。目前关于预算标准化的观点众说纷纭，但起码在一个出资人框架下可以形成一种标准选择。理论基础基本相同，实践操作基本相近，而不会回到行业分割、条块分割的老路上去。非标准化偏好与人的多样性和多变性有关，很多情况下不符合理性的原则，行为预算理论对科学预算管控行为观的探讨就是要力求在理论上奠定一个基础，可以判别某种行为的合理程度。一般来说，预算管控行为的标准化程度越高，其造假的难度越大，有效性程度越高。

（三）预算管控行为有效性的表现

1. 预算管控行为的结果具有“有用”性

一是预算凭证、账簿报表、资料文件和预算加工形成的各种信息等是有用的，要么对公司管理有用，要么对社会有用，要么对预算管控行为本身有用。二是在预算管控行为理论和预算管控行为规范中如果存在对公司管理没有用、对社会没有用、对预算管控行为没有用的规定、方法和程序，就不符合科学预算管控行为有效性的原则，同时也表明资源没有得到充分利用。三是预算团体和预算组织的设置必须有用，如果存在人浮于事、组织松散，或者违背科学行为基本原则而制定一些不恰当的预算管控行为规范，相应的行为也属于无用。

2. 预算管控行为过程的有效性

预算管控行为不会直接产生收入，预算管控行为的“有效性”主要表现为：在预算成本和工作时间不变的情况下，通过合理的组织和安排，预算完成了更多的工作，生产了更多对单位和社会更有用的预算信息，提高了预算工作效率；在预算工作内容不变的情况下，预算数据的取得、加工和生成耗费的人工和资源减少，预算成本支出相对减少；通过改善预算组织的运作和优化程序，相关部门的劳动效率得到改善和提高，或者直接减少相关部门的各项支出等。科学的预算管控行为就是在“有用”和“有效”不断优化斟酌的过程中形成的。

（四）预算管控行为“以人为本”的表现

从人际关系学说诞生以来，行为科学就成为研究“以人为本”的科学，人是一切行为最核心和主导的因素，人的能动性和积极性发挥出来的时候，就是预期目标可以最大限度实现的时候。因此，预算管控行为必须遵循“以人为本”的原则，最大限度地调动和发挥人的能动性和积极性。

预算工作是一项矛盾相对集中的工作，各种经济矛盾最终通过预算冲突表现出来，在预算管控行为不规范和预算管控行为规范不能有效执行的时候，经常表现为预算人员行为的矛盾和预算人员与外部的冲突。这些冲突导致预算信息虚假，应该从预算管控行为理论和预算管控行为规范上予以解决。

第八章

预算与价值驱动：战略策略

如何将预算资源配置与公司发展战略和价值创新有机结合起来，将是本章的主题。在中国经济转型升级的宏观环境下，保险公司由利润增长型向价值成长型转化是发展理念的一次升华。保险公司必须基于战略与价值驱动的角度正确处理预算问题，走出一条内涵与外延都值得称道的全面预算之路，才能真正实现风险可控、盈利可期、前景可观。

第一节　发展战略与价值驱动：资源配置导向

预算是一种匹配于公司战略的价值驱动和引擎系统，价值管理与预算管理二者从本质上讲是融合，不是整合；是化学反应，而不是物理反应。

一、强调价值管理

在会计界，尽管我们拥有众多理论确保会计信息与市场交易保持高度一致和匹配，但是，会计账面价值与市场交易价格的差异却时不时存在着。为什么许多保险公司经营多年来依然亏损，但其产权的市场转让却价格不菲。是会计师或资产评估师出问题了吗？是交易环境出问题了吗？当然不是，会计着眼于过去，而交易主要看未来。会计需要一定的稳定性，并且不可能天衣无缝地解决所有问题。在管理领域，除了会计确认计量与报告系统之外，还需要从价值管理方面追求精细化、深层次管理。“价值管理”的目的是确保组织价值持续最大化。

（一）以价值创造为目标

公司价值通常是以利润、市盈率、现金流量以及权益回报率等指标来测度的，近年来，也开始使用经济增加值（EVA）等指标来衡量。公司价值创造来源于向客户提供产品和服务，这就要求公司将其愿景转化为具有明确目标的战略。能够创造价值的渠道包括：

1. 获取或增加市场份额。公司盈利业务的增长是价值创造的重要渠道。越来越多的经营战略被用来促进业务增长，如开拓新渠道、上市新产品等等。成功地获取或增加市场份额能直接增加收入，从而降低股东等主要利益相关者的风险。

2. 提高销售增长率。销售收入增长是价值创造的另一重要渠道。公司通过向客户提供新的持续改进的产品及服务来提高销售增长率。这种纵深延伸的增值思路提升了对营销策略的要求，包括对于复杂或高价值产品与服务的直销以及对于险种的增值分销。营销和产品管理是决定销售收入如何增长的最关键因素。

3. 增加毛利。在综合成本率忽上忽下时，销售收入增加并不意味着利润必定增加。尽管监管要求不能设计亏损产品，但事实上一些产品从设计时就亏损，并被作为一种类似权宜之计的经营策略而实施，而价值创造要求公司销售收入增加时毛利也能增加。要解决这种产品在设计时就存在“缺陷”的现实困惑，就需要深度细挖客户需求，制定有针对性的生产目标、不简单走“大路货”产品之路，通过差异化、精细化的产品设计来提升产品在更多机构与网络内所可能引发的生产潜能，实现其产品毛利增加。

4. 减少费用。减少费用是价值创造显而易见的方法。虽然减少任何费用能立刻产生正的效应，但需要注意的是，这种减少有可能损害公司长期的竞争能力。例如，对于快速创新型公司，大幅度减少研发费用虽然降低了成本，但也使长期的收益受到影响。

5. 减少现金税负。利润表上影响价值创造的最后一个因素是减少现金税负。经理人员需要明确其决策对税收的影响，因为税收会影响现金流和利润。

6. 减少资本成本。价值创造最后的手段是减少资本成本，而这通常能通过调整公司财务杠杆或改进公司盈利能力来实现。对于投资者而言，权益融资比债务融资时间更长、风险更高，因此权益融资的资本成本更高。因此，转向更高比例债务融资的资本结构能使公司资本成本得到降低。然而，需要注意的是，应当保证当前到期债务被偿还。获取更低的利率也能降低公司的资本成本。除了寻找更低利率之外，公司还应注意负债总成本。

总之，在逻辑层面上，“获取或增加市场份额”“改善销售增长率”就相应实现了“销售收入”目标，降低“产品销售成本”就相应实现“增加利润”目标，“减少费用”“减少现金税负”，就相应提升了“经营活动现金收益”，“提高资产生产力”（减少净资本占用）与“降低资本成本”的双管齐下，就相应降低了资本成本支出。因此，通过对比，可以直观显示出所创造的价值，用数学模型表示如下：

销售收入 − 产品销售成本 = 毛利 − 费用 − 现金税负
= 经营活动现金收益 − 资本成本支出
= 创造的价值

上式的资本成本支出，在数量上等于净资产 × 资本成本率。

（二）强调价值创造的原因

价值创造已经成为公司经营层的行为导向。不同部门、不同条线乃至单个业绩指标的改进必须转化为对整个公司价值的贡献，而不仅仅是对某个部门的贡献。不仅如此，价值创造的关注焦点也趋向于价值衡量指标，如经济增加值（EVA）、作业成本法（ABC）以及大数据分析等，使得公司比以前能更深层次地实施价值导向。总之，单一的销售渠道或管理方法常常不能实现长期价值创造的全面优化，基于公司价值观的做大做强做优没有捷径，公司必须找到更加有效的盈利增长方式。

首先，增长机会来自于新辟的市场空间。这可能来源于地域扩张的新设分支机构，也可能来自于渠道拓宽的新辟渠道。

其次，公司应该通过有效的市场定位来获得增长。哪些作业能带来竞争优势？公司核心竞争力的表现如何？通过公司和管理相关作业，公司能更好地理解其竞争地位。

再次，公司应当通过引进新产品和服务来获取增长。公司不但需要了解客户需求，同时需要认识到满足这些需求的差距及标杆，从而主动更新换代以应对竞争对手。

最后，当今的保险公司更多的是在学习知识和管理中创造价值而不是从传统跑马圈地中创造，唯一的竞争优势就是比竞争对手能够更快速地学习和更有效地共享知识和技术。要保持竞争优势，保险公司必须时刻保持并跟上新的产品、服务、工具以及公司结构的变化。然而，要跟上这些变化，保险公司不仅要改进质量和客户服务、进行成本管理，更重要的是实现盈利的持续增长。

二、创新预算思维

改变行为要从改变思维开始！预算领域更加如此。这种思维的改变，就是要改变预算就是资源分配的陈旧认知，转变为预算就是基于价值创造的目标依托来配置资源。在保险公司这种提供无形产品的商业生态中，自身的思维转移更是其灵魂所在。

（一）传统的预算体制通常并未聚焦价值创新

传统的预算体制（包括财务计划）通常并不创造价值。传统方法以业务线预测销售额为基础，将公司资源按照费用项目和业务目标分配到各个部门。这种预算方法关注的焦点是资源消耗而不是创造价值的作业，因而，使用这种方法会导致如下问题：

1. 它关注于投入资源而不是产出或者客户需求。

2. 它关注于单独的职能部门，而不是部门之间以及与供应商、客户之间的相互依赖关系。

3. 预算数据往往依据过去期间的结果顺延得出，很少突出与未来目标的动因关系。因为编制预算时较多采用的技术方法是简单方便的基数法而较少采用强调未来作业量的零基预算法。

4. 未能识别出持续改进的原因和所需的变革措施，还隐藏各种浪费和无效率现象。

5. 通常都没有考虑不同服务水平上的成本和收益的权衡，即多种参数下的动态性结果比对。

6. 通常是以总体为基础评估，而不是以更具体、可执行的基础评估。

7. 企业战略与员工行为间没有明确的关系。

结果，传统的“预算盘子”完全使用过去数据基础进行推演，所编制的预算与根据财务指标进行评估的业务流程间只存在抽象的关系。作为预算编制整体一部分的计划假设仅只作为支持性文档存在，而没有融入真正的作业流程中。

传统预算通常是由一系列假设所组成的静态图画，重额度控制而轻实质内容。运行中，实际的项目或事件大多与假设完全不同，然而，除非重新编制，否则传统预算不会对变化作任何调整。例如，新产品会导致客户服务量的增加，如果增长率超过了预算假设的话，预算就会限制经营层对客户需求的反应。反之，如果需求的增长率并没有达到预期的速度，预算则不限制支出，相反会鼓励过度支出。在这两种情况下，前期所作的假设都比当期的作业更具有影响力。

（二）新的创造价值的预算体系方法

本质上，行为导致产出，并需要资源投入。这是内在逻辑关系。因此，瞄准行为所嵌套的作业才是预算的根本。这种作业成本预算关注完成战略目标的作业以及作业之间的相互关系。基于“战略—价值—作业”的链条下，企业可以通过作业成本预算制定价值驱动计划，即通过作业成本预算将企业的战略转化为实施战略必要的作业。作业成本预算关注的重点在于作业以及工作负荷而不是资源，也就是将将产能与预期的工作负荷联系起来。经营层以作业为基础的预算是以员工所完成的业绩为基础的，因此预算以作业为基础，着眼于作业、着手于预算，把预算颗粒度再细化一些，作出正确的决策则相对容易一些。

进一步地，使用作业成本预算来制定价值驱动计划能够帮助我们理解差异产生的原因，从而使差异得到有效控制。价值驱动计划关注预期的作业和业务流程并以此为基础进行资源的分配。因此，创新思维框架下，业务流程和作业（而非成本要素）已经是价值创造的重要组成部分。

在保险公司，任何业务计划和财务预算的关键，都是为实现公司愿景和战略进行财务和运营目标的分配。价值驱动连接了运营和财务。因此，运营线上的作业成败及其对业绩的追踪对于取得财务上的成果都至为重要。

（三）使用作业成本预算的好处

创新思维下的作业成本预算，能扭转预算形式化的困局，解决很多与传统成本法相关的问题。概括地说，通过作业成本预算，可以期待如下变化：

1. 将责任和义务逐步分拆、分解到员工，以确定各员工的业绩目标。

2. 提供对工作量、业绩量更为真实的展示，包括对持续性客服水平的影响。

3. 提供对目标与行为之差异的深入了解，便于针对性改进。

4. 帮助了解产品或者服务如何通过作业消耗资源，助力价值理念的渗透。

5. 融入流程观，描述部门之间的相互依赖关系。

6. 提高流程监督和控制的水平。

7. 为公司精准产能管理提供了更加清晰的帮助。

三、连接战略和预算流程

传统的预算经常不能将一个公司的发展战略（宏观）和财务预算（微观）流程联系起来。这种“脱钩”现象导致大多数一线经理不清楚他们的营业预算是否支持战略，长期处于“自我小圈子”。此外，大多数员工也不知道他们的基础性作业是否支持公司战略。如果没有一个明确的关于战略和目标如何跟预算和作业相联系的观念，生产经营上就会存在较大的断点。这种“断点”的存在导致了无效率和高成本。因此，公司需要将战略与预算有机结合起来，主要应考虑如下几个方面：

（一）确定公司目标

价值驱动始于公司董事会、经理层等高层权威们对公司目标和战略的确定。通过一系列步骤，这些战略能够转变成业务流程、作业。先看公司目标，包括增加现金流、市场份额、经济价值和市场价格等。再看如何通过一系列战略来实现公司目标，例如：更快速地创新学习、更多的新产品开发上市、更积极地开设全国或区域性机构、更宽或者更窄的产品销售线、对既有客户群的更深渗入、更高客户满意度、更实惠亲民的价格，等等。

公司高管的角色是提供战略方向和设立基于战略目标的业绩目标。这些业绩目标涉及销售、新服务和（或）市场数量、周转时间、成本、质量或者客户服务水平。而一线经理和作业人员则是通过协同工作，以实现或者超越这些目标。一线经理和作业人员要想实现整个业绩目标，就必须把战略目标和业绩目标转换成业务流程和作业层面的目标。因此，从一线作业流程、部门经理视角看，必须始终围绕如何保证作业与服务源于客户需要的一条龙思维，而这恰恰保证了战略目标的落到实处。

（二）将客户需求对接为战略目标

战略目标的设定过程基于对目标客户要求的分析和对市场、竞争及各渠道传递价值的了解。市场决定了销售规模。公司要么重新开发市场需求以创造更大的价值和额外的利润，要么清楚地了解市场愿意以什么样的价格支付特定的产品或服务，这样才能有效地深度开拓市场。

一旦确定了规模与价格，就能计算出以什么样的成本来实现目标利润率，这叫做利润锁定过程。这些目标然后被转化成作业层面目标（见图 8－1）。

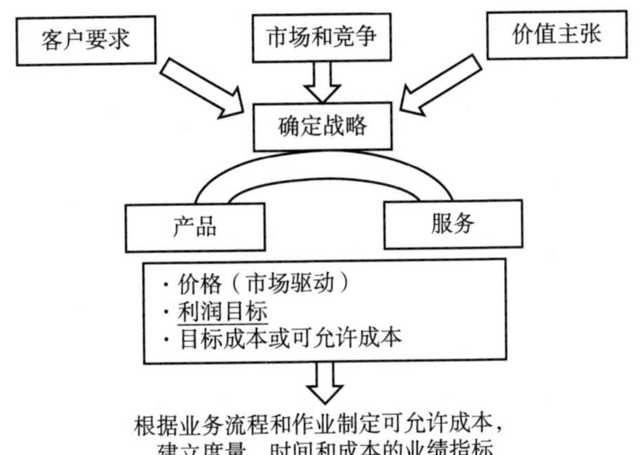

图8－1　目标与成本间转移关系示意图

战略目标必须被多层分解，转换成具体的、可以计量的作业行为，从而通过细小的具体作业来改进公司的业务表现。从保险公司近些年的发展态势看，除了新开辟的市场之外，越来越多的战略目标开始包括如何改进无形指标如客户满意度或者员工士气，也就是说，“跑马圈地”是初期的策略，而越来越依靠“精耕细作”、不定期谋求持续增长已成为一种常态。

战略目标的转换通过指导原则和预算流程相联系。在作业成本下，这些指导原则可以应用于作业层面而不是资源层面。预算的指导原则一般包括以下要素：

（1）财务要素：预计市场容量、销售增长市场份额、市场定价、新产品引入的时机和影响、工资变化、资本投资计划、通货膨胀和利息成本、税率等。

（2）运营要素：不同销售渠道下新产品上市流程的影响、作业的变化、员工出勤率等。

（3）战略要素：产品与服务组合等。不同产权关系、不同体量规模的公司，面临着不同的挑战与机会、不同的优势与劣势，需要采用差异化的经营战略，甚至于细化到产品与服务等都能体现其战略风格。

（三）在确定公司战略前设定现实的目标

对任何一家保险公司而言，体量大小与经营战略之间并不是彼此脱节的。在既定总体战略框架下，公司经营层在设定业绩目标时不能脱离实际。通常的做法是“目标要定在跳一跳才能够着为好”。如果目标被认为难以实现，那么战略就很难获得成功。经营层必须在了解市场的基础上结合自身优势设定可以实现的业绩目标。

（四）确定原则导向的方案

一旦设定好了可实现的目标，管理部门就可以制定实现这些目标所需的指导方案了。例如，一个业务机构（分公司、中心支公司、支公司、营业部等）根据持续改进的目标来确定作业、流程的计划。对每项作业或流程来说，其预算工作可以分成三类：基本的作业、灵活的作业成绩、结合客户意愿而专门提供的定制性作业。

这个简易的指导原则可以用于每个部门的每项作业中，其成功的关键在于设立现实并且能够实现的目标。

（五）设定业务流程目标的方法

一旦设立了指导性原则，公司经营层就可以切块落实，尤其是靠近一线的经营部门就可以确定作业和业务流程目标。经营层应该审查业务流程以简化并消除任何重复作业。

第二节　预算与宏观战略对接：全面预算管理

起步于20世纪80年代前后的全面预算管理是企业战略执行的

重要工具。全面预算管理通过系统的经营规划和动态控制管理，以预算方式衔接发展战略、资源配置、年度经营计划以及绩效考核，引导企业实现当期经营目标及长远战略目标。在发达国家，保险公司全面预算管理的普及率极高并得到深度应用。与传统预算管理相比，全面预算管理在目标定位上实现了从当期经营目标向战略发展目标的转移；在管理基础上实现了从信息相对薄弱且无专门管理平台向高度信息化、借助管理信系统完成的转移；在管理范畴上从非全面、相对粗放、目标管理向自上而下、全员参与、全方位、多维度、覆盖所有经营活动，事前事中事后全过程管理控制转移；从定性管理较多向主要运用定量、数据模型管理转移。

一、战略、规划与预算的一体化思维

俗话说："砍柴砍小头，问路问老头。"万事皆有规律。从战略、规划到预算，再到绩效考核，不应该各自处于彼此独立、分散的情形，全面预算管理应该基于前接战略与规划，后接绩效考核的一体化流程。全面预算管理是长期规划的分阶段落实，是战略目标与方案的财务数量描述，是企业战略实施的保障与支持。大格局的预算思维就是要以公司战略为导向，建立战略、规划、预算、绩效考核一体化的全面预算管理，在执行控制、资源配置及信息整合方面发挥积极优势，有效提升企业核心竞争力和价值创造能力。

（一）公司发展战略与年度发展规划的结合

战略管理是企业持续发展的关键。保险公司应当根据保险行业的发展趋势及自身实际，制定长期发展战略，从行业导向、产品结构、市场地位、发展规模、财务业绩、核心能力等多个方面形成明确的战略目标：一是以职能发展战略保证公司总体发展战略。为保证公司总体发展战略的顺利实施，通过明确具体的职能战略方案进行战略部署。根据总体战略目标，制定市场领先、成本改善、结构优化、业绩文化等职能战略方案，并从工作层面、目标和关键举措方面进行清晰明确的描述，指明具体努力方向和目标。二是以年度发展规划保证职能发展战略。保险公司作为面向公众的保险市场主体，其年度发展规划应以目标市场与主要险种的安排为依据，在产品、团队、研发等具体资源配置方面，体现市场领先、成本改善、结构调整、技术创新等职能发展战略，在数量上进行资源配置和总体平衡，使职能战略渗透到相应的过程管理之中，实现职能发展战略和年度发展规划的具体结合。

（二）公司年度发展规划与全面预算的结合

年度规划与预算方案的对接相当重要。一是年度发展规划转化为业务预算。从数量上对前端销售线、中间运营线和后端保险线等进行初次资源配置平衡，再按照全面预算管理的要求，对年度产品销售市场进行分析预测，建立年度综合的系统性测算分析机制。在二次资源配置和平衡后，把年度发展规划转化为业务预算，按步骤逐一编制产品预算、销售预算、职工薪酬预算、管理费用预算等。二是年度发展规划转化为资本预算。根据确定的年度发展规划目标，结合各机构、条线销售推进进度，编制销售与现金流回收预算；结合各单位的实际需求，编制各项预算（专项预算、综合预算等）；根据公司总体资金收支平衡情况，对各项预算进行调整。三是业务预算、资本预算转化为资金预算。根据业务预算，计算预算年度各项资金收入及支出，编制经营性现金流量预算。根据经营性现金流量预算及投资性现金流量预算，结合对国家金融政策、资本市场及资本计划的分析预测，进行总体的资金收支平衡；编制筹资性现金流量预算；确定年度营业收入、利润总额、利税等主要收益指标，编制财务预算，形成预算资产负债表及利润表。

（三）全面预算与绩效考核的结合

为保证全面预算得到有效贯彻落实，增强预算约束控制作用，促进预算总体目标的实现，公司应从纵向、横向两个方面建立以全面预算关键指标为主体的绩效考核指标体系。

二、全面预算管理模型架构

（一）并非多余的例证：预算总是那么神通广大

提到"全面预算管理"，可能有人往往会联想到错综复杂的大工程，感觉无从下手，但是如果"抓牛鼻子"，对全面预算管理"划重点"来聚焦几个核心的"关键词"，就能抽丝剥茧，把复杂的体系简单化。那么，全面预算管理模型的关键词是什么呢？其一是"预算核心指标"，其二是"多维预算"，其三是"业务驱动财务"。

（二）预算核心指标

预算核心指标是连接保险公司经营战略和当期经营目标的重要载体，不少研究认为，国内一些企业全面预算管理失败的根源在于指标体系导向不明。那么，保险公司应如何设置预算核心指标并实施有效的目标引导呢？这个问题没有现成的答案，不能简单孤立地评判指标体系的"对"与"错"，关键要看是否适合保险公司当前发展阶段与自身实际。在纷繁多样、复杂交错的指标体系中，必须重点强调"核心"二字。实践中，保险公司构建预算核心指标体系一般遵循以下原则：

1. 战略导向原则

预算核心指标是预算责任主体的行动纲领，指标设置要紧密围绕保险公司经营战略，与公司绩效评价体系相衔接，确保方向一致。

2. 繁简适度原则

指标面面俱到往往导向不明，而片面追求单一指标又会损害保险公司长远利益，“繁”与“简”要适度取舍，既要坚持全面协调发展又要突出重点目标。

3. 灵活与稳定兼顾原则

业务导向应相对稳定并具有连续性，指标设置不宜频繁变动、朝令夕改；也不能一成不变，要适应战略调整和市场变化，做到因“势”因“时”而变。

4. 因企而宜原则

既不能“一刀切”，又要避免“过于分散”，要在保证公司发展“一盘棋”的同时，兼顾个、银、团业务差异化，可针对不同机构、不同条线的差异化预算指标及考核权重，实施差异化预算引导。

构建预算核心指标体系是一门科学，也是一门艺术，关键是要结合自身实际，坚持实事求是、辩证思维，构建符合自身经营战略的预算核心指标体系。

（三）多维预算

如果说预算核心指标指明了预算引导的大方向，那么“多维预算”以及“业务驱动财务”则体现了预算的“过程引导”。多维度精细化管理决定了全面预算目标引导也应该是多维度的，预算管理维度在实践中不是孤立存在的，而是纵横交织于一体。多维预算管理的核心是要将不同的预算管理维度与预算责任中心匹配，形成上下纵横交错的责任目标网络。保险公司的多维预算主要有以下几种：

1. 机构维度预算

机构维度预算以分支机构作为预算责任中心，与传统总公司、分公司、中心支公司、支公司“块块”管理公司架构相适应，是目前保险公司最常见的预算管理维度。

2. 业务线维度预算

实施业务线维度预算的一个重要前提是能按照个险、银保等业务线进行全收入、全成本的盈利核算。该预算将业务线作为预算责任中心，明确各业务线业务及财务预算目标，有助于强化业务线纵向管理与推动，提升专业化管理能力。

3. 产品维度预算

产品维度预算也是常见的预算管理维度之一，将保险公司主要业务品种的规模、成本、收益等预算目标分解到明细的预算产品上，明确各产品业务发展及盈利目标并在此基础上，对产品责任人及责任部门进行科学的业绩评价。某些产品可能涉及多个业务经营部门，需明确利益分割机制。

4. 客户维度预算

顾名思义，客户维度预算是指将预算目标分解到大、中、小型客户群乃至单个客户，针对不同目标客户实行差别化预算引导。

总之，多维预算使预算管理立体化、精细化，预算引导与银行业务发展过程结合得更加紧密，这也是全面预算管理与传统预算管理重要的差别所在。多维度盈利核算与分析是实现多维预算管理的重要前提和基础，如果没有多维度盈利核算分析支撑，多维预算也就无从谈起。

（四）业务驱动财务

前面曾经提到，全面预算管理范畴涵盖企业全部经营活动，是全面、精细的预算管理。实践中，保险公司又是如何将众多分散的预算要素有机联系在一起呢？简单地说，就是“业务驱动财务”。在预算编制中，保险公司一般先编制细化的各条线业务预算，业务预算编制要充分考虑业务结构、产品结构、期限结构、客户结构等重要业务参数。在此基础上，按照业务量、收益率与未来现金流量之间的逻辑关系，对各预算项目逐一编制财务预算，最后按不同维度汇总，最终形成全面、精细化的预算体系。“业务驱动财务”体现了保险公司预算过程的逻辑性、系统性与完整性。

保险公司预算编制流程为：首先，业务部门编制各业务线业务预算；其次，基于业务预算，财务人员编制相应的财务收支预算，将资产负债业务与损益项目紧密关联；再次，完成费用与资本性支出预算；最后，全面预算管理系统对预算数据进行加工处理，最终形成不同层级多维度预算报表，包括资产负债预算表与利润预算表等。

三、全面预算管理系统平台搭建

全面预算管理模型架构，是基于预算管理理念在公司落地时的承载工具。长期以来，多是以纸质载体通过一个预算层级一个预算层级、一个预算单位一个预算单位、一个预算项目一个预算项目来实施的，从编制、审批、下达、执行与分析等整个链条形成特有的体系。而如今，在信息技术持续强化渗透、预算精准度和及时性等要求更加严格的情况下，全面预算管理面临的挑战更加强烈。

《论语·卫灵公》有言：“工欲善其事，必先利其器”。假如没有现代信息技术的系统支持，想要实施真正意义的全面预算管理只能是空中楼阁。因此，保险公司在确定了全面预算管理的路线图之后，务必借助于信息系统不定期快速圆满地实现。下面，就让我们来了解全面预算管理系统。

（一）全面预算管理系统功能定位

全面预算管理系统是企业重要的战略执行工具，它整合了散落在不同系统、渠道的预算管理信息，极大拓展了预算管理信息的广度、深度及信息对称度，为精细化预算管理奠定了坚实基础。它将预算管理全流程架构于统一的管理信息平台，实现预算管理"流程统一""公司统一""模型统一""预算假设与基础统一"。它是自上而下全员参与，事前、事中、事后全过程动态管控的精细化预算管理信息系统。

（二）系统架构与功能模块

全面预算管理系统的建设如同建造房屋一样，源业务系统数据基础就像"地基"，基本功能模块如多根"柱子"一般共同支撑起房屋"大梁"——统一的预算管理平台。基于此平台，全面预算管理系统拓展了强大、灵活的分析模块体系，这就是位于"房屋"最顶端的"屋脊"。

在对系统架构有了形象认识后，让我们进一步走近一个个细化的功能模块。从预算编制到预算执行评价，从前台操作到后台管理，保险公司预算管理平台模块设计覆盖预算管理全流程。

在系统运转下，预算系统中的子模块预算具有"牵一发而动全身"的特征，业务条线的量化指标、投资收益率等预算指标的变动对当期和未来损益的影响，都可以预算系统中实现动态场景化模拟。一些保险公司在全面预算系统中搭建了"重要预算指标变动影响损益分析模型"，有了这一模型，总公司、分公司可以及时、全面掌握某项重要指标变动对损益的影响，预算管理实现了由定性管理到定量管理的转变。没有系统平台的支持，这一切都是不可想象的。

四、多维盈利分析走多远，多维预算就能走多远

目前，国内一些保险公司已着手实施多维预算管理，机构、业务线、产品、币种等多维度预算正在逐步运用与深化中。但是，由于公司架构、数据支持、管理基础等种种条件限制，预算在业务线、客户、产品等维度的作用发挥仍相对有限，精细化程度尚待提高。另外，公司资本充足率管理架构一直处于持续完善之中，要实现真正意义上的资本预算管理还有相当长的一段路要走。此外，多维度预算目标还不能做到与预算责任主体一一匹配，预算目标引导的有效性有待进一步加强。未来，随着偿付能力监管架构的改革和优化，资本管理等监管手段日益成熟以及信息技术的发展，基于偿付能力目标预算的重要性将日益凸显，多维度预算引导将更加精细化、更加富有成效。

（一）经济资本预算与业务、财务预算衔接将更加紧密

在传统预算模式下，保险公司一般是先确定保费目标，以“保费”定“费用”，再关联财务收支预算，进而确定利润目标，这种预算编制思路实质上仍停留在“粗放式”的发展阶段。随着监管当局对资本监管要求的日益增强，保险公司经营发展面临的资本约束日益突出，资本预算的重要性凸显。伴随风险计量技术、资本管理水平不断提高以及多维度盈利分析的深化应用，未来，资本预算将决定业务发展规模与结构预算，进而决定财务收支与利润预算，资本预算将成为资产扩张以及资产结构布局的指南针。

（二）客户、产品、业务线等多维预算引导将大有可为

管理会计多维度盈利核算与分析在保险公司经营管理实践中发

挥着重要作用，从前台市场细分、客户营销，到中台定价管理、授信审批，再到绩效考核、资源配置及战略制定，多维度盈利核算分析都是重要的管理工具。未来，随着管理会计应用的不断深化，多维度盈利核算分析与多维度预算引导的结合将更加紧密。一方面，客户、产品维度的精细化分析将推动预算管理的关口进一步前移，预算引导可进一步延伸到一线产品策略以及客户策略选择上，导向更加鲜明、直接；另一方面，业务线维度精细化盈利分析为保险公司事业部制改革奠定了坚实的核算基础，由此推动预算管理模式“质”的变革，业务线预算引导地位将日益突出，与机构预算共同构成保险公司预算引导的核心，预算引导将朝着更加专业化的方向发展。

同时，借助多维度盈利核算分析与多维度预算，预算经营层级将逐步拓展、延伸到各级分支机构乃至具体的业务与管理人员。从利润中心到成本中心，从上到下直至一线客户经理，不同层级预算主体的权、责、利对等关系将更加明晰，全公司上下可以形成纵横交错的责任预算目标网络，充分调动各级机构、部门和员工的工作积极性，多维预算引导将大有可为。可以预见，多维度盈利分析走多远，多维预算就能走多远。

第三节　预算与微观策略落地：作业成本思维

在大多数情况下，传统预算的桎梏渐渐显现，比如，关注利润而忽视价值创造，在上期实绩基础上随便加个百分比，关注于投入而不是产出，不支持持续改进，关注于成本耗费而不是业务流程的改进，增长的时候没有控制成本，没有考虑作业工作量，没有提供业务流程的财务报告，没有确定服务水平，没有识别浪费，没有将预算同经济价值和战略联系起来，只关注固定和变动成本而没有关注闲置产能等等……凡此种种，都集中表现为传统预算不支持公司战略和价值创造。甚至有人戏称，传统的预算过程只是一个电子表格练习，是财务人员自娱自乐、彰显权利的数字游戏。传统的预算管理模式让他们认为雇员只要按照预算核定的数字作业即可，而战略只是高级管理人员在年报上对外兜售公司的一种手段或是一种备忘录，或者只是一种形式化的文件而不是真正的行动纲领。但站在以价值创造为目标的全面预算管理的框架来看，每个部门和每个雇员都对公司的价值创造负有责任：应该将公司战略和财务目标、预算资源联系起来，创建一种能使各个岗位的雇员各尽其责、各显其能的授权氛围，确定总目标之下的各自工作量，坚持通过业务流程并持续改进的机制来实现预算目标。

一、价值驱动的预算：作业成本预算

（一）价值驱动的预算

当公司试图提升和创造价值时，它们必须检查那些能够帮助其实现目标的因素。价值驱动的基本原则在于关注公司的持续改进。公司必须关注并消除浪费（也就是非增值性作业），从而创造价值。披露公司内部浪费现象的常用方法是在这些作业上使用属性标志。这些标志使经营层可以对一个给定流程、部门或者职能下的非增值性作业进行分类和汇总。这样，就使改良小组可以集中精力确认非增值性成本发生的原因，并制定消除这些非增值性成本的行动方案。

（二）价值创造要求新的产能管理观

为了在市场上创造价值，公司必须将它们的预算原则从可变成本和固定成本预算改变为价值驱动型预算。可变成本和固定成本中的一部分问题在于"固定"这个词。如果有人认为一项费用是固定的，那么一般就会认为做什么都无法改变这项费用；固定这个定义暗示了费用不能被改变。当然，跳出传统思维模式就可能会演变成另外一种可能，经营层应该关注使用中的和闲置的生产能力。

（三）公司必须识别实际的和过剩的产能

在追求卓越的时候，公司必须考虑其实际生产能力。公司通常把正常的例行性激励出游、规定性休假、节假日等都纳入实际生产能力考虑。那些原来考虑可变和固定成本的人很快就会发现，用使用中的和闲置的生产能力来衡量实际生产能力是一个更可靠的方式。在很多情况下，公司没有必要考虑成本是固定的还是可变的，而是应当关注生产能力是否完全发挥。如果公司在最大生产能力下生产，那么它就可以将成本分摊在最大产能点上了。当把过剩的生产能力揭示出来时，公司的管理者就可以很容易发现问题，并且可以制定出针对这些问题的更好的解决方案。

分析实际和过剩产能能够帮助公司进行扩张计划。公司在扩张前必须考虑下列问题：这项作业是必需的吗？客户愿意花钱在它上面吗？当我们为客户创造价值而执行这项作业时，会不会有其他公司能做得更便宜更好？我们现在的生产能力应该如何使用？我们应该分析关于生产能力的哪些假设？

（四）价值取决于价值链的同步性

作业消耗资源，产出消耗作业，与此同时发生的是，作业创造产出，产出创造价值。如果从价值链角色分析，保险公司各个作业节点能够协调进行并使它们同步发生的一条主线就是价值链。围绕这一主线需要把公司的客户和外部供应商都包括在这个协调过程里。价值链的同步性（从供应商到公司再到客户）是价值增加的关键要素。从各类供应商（软件、服务等）的价值节点，精算产品设计、报备与上市，到各分支机构进行销售和营销活动，再到客户关系管理、持续服务与再获客等作业里，都要将资源配置与价值创造结合起来。在这些业务节点中，既有为客户提供保险服务的价值链，也有享受供应商服务的价值链，能够保证稳定的营运率和现金流，这就是公司价值链上的价值所在。

二、将战略转化为流程和作业框架

荀子在《劝学》一文中指出，不积跬步，无以至千里，不积小流，无以成江海。任何一项工作都是由一系列具体而细小的作业构成的。作业就像人类的细胞，是一个基本单元，务必聚焦于此。作业与产出是什么关系？如何将公司战略融入流程和作业中去，作业业绩如何影响战略的实现？这些问题主要是基于战略和作业如何有机地构成一体化体系。传统预算不反映公司战略和其预算流程的清晰而联动的关系。因此，大多数运营经理不知道如何在他们的预算方案中考虑战略因素，同样，在战略方面考虑如何实施作业也很困难。因此，预算经常被看成一个抽象作业。价值驱动计划始于经营层对公司的愿景、使命、产品和服务价值甚至公司文化的定义。通过一系列步骤，战略就被确定为支持产品和服务价值的业绩属性。我们可用一个连续过程来描述战略如何在流程和作业中得到反映，如图 8 - 2 所示。

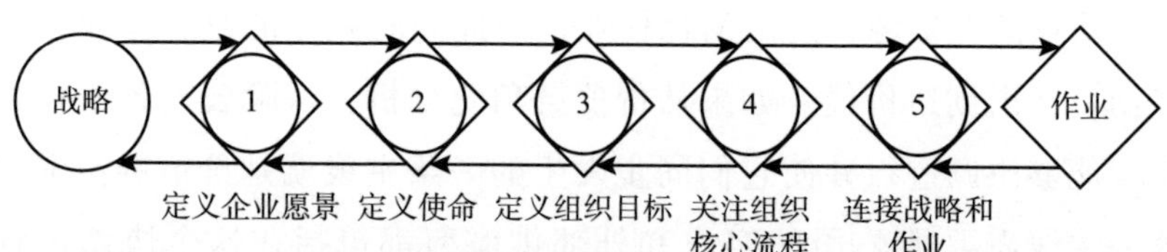

图 8 - 2　保险公司基于战略框架下的作业分析图

为实现愿景，公司针对主要领域确定了不同的战略。要成功实施这些战略，公司就必须关注关键流程。确定关键流程的依据是该流程对满足客户需要是否具有必要性，以及能否给公司带来独特的价值。公司经营层有责任将公司的战略转化为公司不同层级组织的具体目标。这些目标可以作为监督战略在流程和作业层面执行水平的准绳。

为了实施作业成本预算，公司需要清楚了解它的各项作业。具体步骤如下：

第一步，评估当前业绩。在确定了作业和关键流程后，公司需要对当前业绩作出一个评估。这个业绩可以通过多个指标来衡量，如流程成本、质量、循环时间、客户满意度和员工满意度等。所选择的流程衡量指标需要能够支持公司整体目标的实现。

第二步，确定业绩衡量指标。作业通常可以通过财务和非财务业绩两个方面的指标进行衡量。一些公司建立了能够综合考虑各种衡量指标方法，如平衡计分卡。在该方法下，公司的业绩衡量指标被分成以下几类：财务、客户满意度、经营以及成长性和学习。这个指标虽然全面，但却可能显得复杂、令人迷惑且难以维持。作业成本预算一般考虑业务流程、作业成本及非财务业绩目标，主要包括：是否给客户或公司创造了价值？它花费了什么？客户的特征在变化吗？如果是，怎样变化的？产品的特征在变化吗？如果是，怎样变化的？整个过程需要多长时间（开始和循环）？作业完成得有多好（质量评估）？

不同衡量指标是紧密结合的。在很多情况下，其中任何一项作业的变化都会影响其他业绩的衡量。例如，时间的缩减可能影响成本、质量和灵活性，因为它改变了作业执行的方式。由于不同业绩衡量指标之间存在相互关系，用单一的衡量指标来评价作业业绩容易引起误导。

有效管理的关键是执行那些能从多维度提高业绩的改革。这只有在作业管理能够把财务和非财务指标系统地结合起来时才有可能实现。

无论选择哪些衡量指标，作业管理通常都需要提供一个相对简便且通俗易懂的方法来进行例如，在销售部门，如果衡量来自客户方面的绩效，除了多种口径的保费等量化指标之外，客户满意度可以通过在实时基础上进行定期客户回访调查来评估。而客户的不满意度可以通过下列标准衡量：投诉量、退保率和市场份额持续下降等。类似地，员工不满意度也可以通过消极怠工、劳动用工诉讼案件量、离职率等指标来衡量。

第三步，业绩衡量必须有预见性并与价值创造紧密相关。这个方法必须面向未来，而不是又一个事后评估工具。保险公司必须关注如何实现这些领域的既定目标，而这又同公司创造经济价值的目标紧密相关。保险公司局限于关注过去并非上策，因为，一个量化过去表现的衡量标准如同一项检查，而全面质量管理的经验已经告诉我们任何检查都不能增加价值（即类似于管理所称保健因素而并激励因素），而增加一个更加复杂的事后业绩衡量体系，如同增加一个更加复杂的检查体系。因此，业绩衡量必须讲求预见性，面向未来，面向价值创造。

第四步，确定业务流程和作业指标。公司必须在确定作业衡量标准之前确认业务流程衡量标准，否则，公司便可能仅仅改进某个特定作业而使业务流程次优化。例如，如果个险部主要采取“白板”战略，即招新入行的“菜鸟”，人力成本将会很低，此举短期内会看起来很好。但是，由于“菜鸟”产能低、流失率高，公司总体成本将会比“挖角”还高。再如，如果行政部购买便宜的计算机用纸，采购成本将会很低，此举短期内也会看起来很好。但是，由于低质量纸张经常容易撕裂或堵塞，公司总体成本将会比购入高质量纸张还高。因此，先从业务流程衡量标准的设计开始十分重要，之后再制定作业业绩衡量标准以实现流程目标。

在编制作业预算时，一般应从对作业操作者有意义的流程开始，然后将总成本转化为对用户部门有意义的单位成本。

三、基于作业成本的预算编制

接下来，我们将在上述作业成本预算理念的基础上，介绍一下如何预测产量或工作量，以及如何审核运用通过作业分析所获得的预测目标。

（一）产能管理

产能是相对于一个标准而言的资源可利用度。比如，一台机器一天最多能运转（可被利用）24 小时、一个银保经理半天能走访两家银行现场、一个电话销售员一个班次内能有效打通七八个销售电话。产能管理是通过配置资源以保证有足够的能力完成一项作业并且使用最少的资源来创造价值的过程。对资源的需求必须源于生产产品或者提供服务的需求。优化产能并不是终极目标，因为没有客户需求的资源消耗肯定无法创造价值。换句话说，所有的辛苦努力都是白费，只生产了一堆废品、白花了交通费跑银行、浪费了电话费而招客人烦。

传统上，固定成本与变动成本好像有了界限，但在实践中，这并不能有效化解成本控制障碍，也没有成为提升产能与价值转化的推动力，甚至说，应该更深一层地认识到，从淡化成本分为固定或者变动的惯例，转而强化使用和未使用两个范畴。区分固定成本，并且管理人员只对变动成本负责忽视了很大一部分可能的成本节余。这些成本每月都发生。由于这些固定成本都包含在间接费用中，管理人员根本无法审查它们。除了折旧之外，其他很多资源也常常被认为是固定的。它们大部分是支持性作业，就是所谓的管理费用、会计、财务和广告费用、销售费用、研发和市场开拓费用。随着企业的成长，这些成本会逐步增大并可以控制。而如果将视野转移到“使用”和“未使用”的概念中，就会更加贴近业务，对接作业与产出了。也就是说，始终围绕“产能”这个关键词，作业成本预算就会呈现一种新的视野。

（二）管理产能

产能是企业潜在价值的一个非常重要的要素。当所有资源都被充分应用到增值作业中时，利润就会增加。“未使用”但是必须支付费用的资源不能直接产生收入，只会减少利润。获取新创造价值的关键是将产能与未来的需求相匹配。分配和占用太多资源就会造成能够用于创造价值的资源的浪费；而配置太少资源则会导致有效生产的不足，也相应减少了利润。在作业成本预算中，管理好产能信息就是要使企业把注意力放在资源配置与产能的最佳平衡点上。传统方法下，企业在做预算时，通常把固定成本当成是不变的，用生产量去除得到单位固定成本。这种方法存在是机械性的，一些弊端显而易见：企业可能会减少生产量但固定成本不会变，或者企业产量增长赶不上产能的增长。

产能与作业仅存在间接的关系。因为作业消耗资源，因而资源在限制作业的同时也限制了产能。了解资源的稀缺性对于确定作业限制和产能限制都至关重要。在公司运转中，总是存在多种作业同时并举的情形（如人寿保险公司的个险、银保、团险，甚至电销、网销同时期存在，等等）。一些企业错误地将产能用作业量（产出数量指标）来解释。这只有在所有的资源都消耗在同一个作业中时才适用。如果资源消耗在多种作业中，利用作业量衡量流程产能就不可行，它最多代表了最多可能生产的量。因此，保险公司应该科学、精准地理解和把握产能与科学的关系，尤其是应当将对“人”的产能管理放在更加重要的位置。一个优秀的销售经理、一组活力四射的销售新人，彼此之间如何互动才能产生巨大的能量？这正是保险公司在产能管理中所面临的“神奇挑战”。

（三）产能管理的五步法

第一步：选定要被管理的资源

保险公司只有选定各类作业所需要的资源品种和数量，才能确定可利用的产能。选择资源的关键要素是该资源对公司财务资源的直接关联性和重要性程度，即资源会成为制约要素的程度，如货币资源就是硬性的，一分一厘都是直接对应的，而非货币资源则存在着某些弹性空间。

第二步：决定产能基础

决定可利用产能可能有多个考虑视角，这个考虑视角就是产能基础。产能是企业的生产能力，企业应充分利用其稀缺资源，以最小的浪费创造出最大的价值。有效的产能利用从确认并保证闲置生产能力最小化的状态开始。通过精确地计量闲置生产能力，企业就可以发现哪些假设、实践和流程需要改变。如果不能计量闲置产能，就必然使得有效管理产能、增加长期价值变得实质上不可能。因此，确定可以利用的产能规模是计算未使用产能的基础。闲置产能可能由以下因素造成：所使用的产能的定义（如理论的、实际的与实际使用的）、管理实务、会计计量、工作流程的变化、由于资源投入与产出性质的错误匹配造成的结构性松弛等。

在考虑产能时，也并不是一年365天都能产出绩效，需要考虑非工作日、人员培训、员工生理需要停顿等耗用的时间。还要注意到正常产能（normal capacity）是企业在一段时间内的实际产能利用水平，它允许人员和系统一定程度上存在不完全有效的运行状态。在决定正常产能时，一定要考虑消除掉周期性产生的影响，如保险公司银保业务产品销售的“开门红”现象。只有充分考虑了这些因素，才能客观地提出预算产能（budgeted capacity）这一概念，即编制预算的参数，并能够被相关各方所接受和认可。

第三步：确定高峰产能

保险公司销售市场的开门红是一道独特的风景线，即会计上体现的开年季节销售收入远远高于其他月份。“开门红，红一年”这一句话道出了开门红在保险企业经营当中举足轻重的地位。银保监会发布2020年1月保险业经营情况表，数据显示，1月份保险行业原保险保费收入9081亿元，同比增长6.84%。保险金额9715193亿元，同比增长54%；保单件数447873万件，同比大增89.7%；净资产24814亿元，同比增长18.96%。一些保险公司开门红业务甚至占到全年业务的一半之多。这是典型的“高峰产能”。高峰产能（surge capacity）是指为了满足非预期或者季节性、周期性需求所需要的超额生产能力。另一种类型的高峰产能反映生产启动需要（如配备了较过实际需要的团队）。这种多余的启动产能的影响是惊人的：50%的现有产能，甚至80%到90%的新产能都是不使用的。量化高峰产能非常重要，因为这些战略性成本应该分别归类、报告并进行单独预算。

第四步：管理产能

资源利用水平取决于执行一项作业时耗费资源（如货币资源、工作时间资源等）的总和。浪费的资源应该从总资源量中扣除。产能计量是作业分析流程的一个步骤。作业分析就是要捕获资源的数量消耗在作业节点上的分布的数据，而产能管理就是利用这些数据计算各个水平的资源利用水平究竟处于何种状态，如区分是理论的还是实际的，是正常的还是不正常的，从而提升管理水平。

关键问题不是怎样捕获产能信息而是理解和消除产生过剩产能的根本原因。产能管理的两个常见问题是瓶颈和浪费。电话销售员销售车险产品时，有时仅需通过回答几个问题、互动不长时间便可成交一单车险业务，过短的对话、过长的沟通并不一定能提高成交率。这就是瓶颈的意思。一般地说，瓶颈意味着流程的总产能不会超过最受限制的作业的产能。没有瓶颈的领域通常存在着作业浪费，消除作业浪费使得更有效管理产能成为可能。保险公司在作业业绩低于世界水平或者最佳实践水平时需要增加产能。

当浪费被包含在标准中时，它就变得看不见了，更加麻烦的是浪费成为可接受的事实。管理人员会浪费了预算中“正好”数量的资源而得到嘉奖。比如，一个客户沟通会或答谢会也总是在高潮处谢幕为好，以耦合客户成交心态；一个高端客户经理不一定对小客户有效成交，以精准对接大小客户的不同需求，等等。否则，就可能是无效或低效的配置，也会出现一种浪费。诸如此类，全部过剩产能的影响对公司来讲相当惊人。作业改进是发现浪费产能的根源的基础。

第五步：创造产能

企业常常通过降低资源消耗提高产能，成功的改进方案会形成未使用或者闲置的产能。这些产能是由于消除了流程变动，减少了作业消耗的资源，减少了检查和纠正性工作而带来的。持续改进模型形成了一套不同的最优产能管理假设：它反映了对完美（理论上最优）的一种持续的追求。它质疑所有假设，聚焦于创造价值，建立一种确认系统有效性中的瓶颈和容忍零浪费的流程导向。

具体而言，一是增强“柔性”。资源柔性是指同一种资源具有多种使用的能力。通常，柔性越大，未使用或者闲置的产能就越少。相反，资源越刚性，越可能造成过剩产能。二是“柔性”的另一个维度是购买或者处置资源的容易程度。一个“刚性”的资源通常不能在恰好的时间或者以整好数量购买。相反，固定资源必须要以相当大的数量购买，不管是否能够在它丧失生产能力之前完全被使用。三是改善计划流程。由于管理人员缺乏满足客户需要的产能的准确信息，他们倾向于购买超过需要的产能。作业成本预算方法则强调减少这种类型的过剩产能。

（四）管理过剩产能

一旦确认了企业中的过剩产能（如团队富余，即超过了最佳团队人员在数量和等级特长之间的优化匹配），就能够通过创造额外工作的机会来利用产能，通过缩小规模、合理处置或者外包来处置过剩产能，协调生产以更好地利用产能。如培训多元化员工执行有限制的产能作业，或用产能进行其他作业。

产能对作业产出、成本和业绩都有极其重要的影响，也对生产和服务成本影响重大。因此，在考虑产能问题时，必须要回答下面的一些问题：闲置产能产生的缘由是什么？分配到产品分摊成本中的未使用产能是多少？隐藏的未使用产能的威胁有多严重？由谁来负责产能管理？如何不通过购买获得更多的产能？

综上所述，产能及其管理是一个系列化的动作。一旦公司在作业成本预算中了解了正式流程中因产能而出现的成本差异，它们就能够改善或者减少这种差异，并进一步深入剖析客户、产品和服务、分销渠道是如何引起这种差异的。公司还可以考虑是否应该对客户引起的差异进行差别性定价，而不是简单地把差异放到预算中考虑，或向客户解释是差异导致了成本增加。这是作业成本预算的内在职能。

作为业务条线的流程经理和流程工作人员就可以对业务流程计划和预算达成一致，流程工作人员将其作业与部门履行的所有其他作业相协调，比较战略目标与预算的业绩，评估业绩和成本权衡，最终确定作业以及业务流程的成本和业绩目标。

四、根据特征制定作业成本预算

（一）业务流程与作业层级：定义工作单元

作业与业务流程形成了公司运营的基础。业务流程与作业描述了保险公司使用时间与资源实现其经营目标的方法。产品是通过作业消耗资源的。作业的主要作用是将资源转化为产出（产品或服务）。产品销售或服务提供，都是通过拆分或整合一个个细小的作业而完成的。

职能是一系列靠技术和共同的经验联系起来的作业。这些作业可能会通过共同的意图或目的相联系，比如：市场推介、物料采购、安全和质量，客户体验与需求收集、产品条款的模拟讨论，都是专业部门的职能所在。这种职能结构与不同部门之间交织的作业形成紧密联系。例如，质量控制作业的职责通常由质量控制部门承担。然而，很多其他的质量控制作业在产品进入质量控制部门之前就发生了。

业务流程是一系列由相互交换产出而关联和依赖的作业。这些作业因为某个要达到的成果而相互联系。而这个成果要求从流程中第一个作业的某些产出开始，接着引发后续的作业。当两个作业相互作用时发生产出或信息流动。产出或者信息的交互流动在流程的不同的作业之间画出了界限，使得它们形成了强烈的因果关系。

任务是组成作业的工作元素或操作的集合。公司可能通过不同的任务或操作来完成同样的作业。

操作是工作的最小单元。它是非常具体的工作元素。传统上，保险公司不会按照这么具体的水平计算成本，除非是作为发起改进的一个部分。操作步骤确实能帮助公司了解它需要执行的工序，是非常有效的分析工具。然而，对于月度或季度成本核算来说太过详尽了。

（二）业务流程与作业类型：区分销售产品和新产品开发

作业是公司为了完成工作而进行的，例如，销售人员出售产品是销售线的一项作业。销售产品的作业与针对新产品的市场调研作业不同，但二者都是销售和精算职能部门的活动。一个销售人员可能履行好几项作业包括销售产品、产品定价和处理订单。

销售产品的业务流程可能由访问客户、公司总体形象展示、此次主推产品方案的详细方案准备及其展示方案和处理订单等作业构成。这整套业务流程都包含在销售和精算职能部门中，很多业务流程是跨职能的。

开发新产品的业务流程包括市场调研（精算部门）、设计概念（销售和精算部门）和获得批准（申报管理部门）。

（三）业务流程与作业管理：靶向战略落地

管理业务流程和作业是成功管理企业的强有力工具。作业和业务流程是公司要做的，战略目标是公司需要实现的。确认战略目标可以帮助公司确定现状中需要作出变革的领域，以及需要采取哪些行动来实现这个改变。战略目标有助于更好地执行与其相关的业务流程和作业。通过检查作业，一个保险公司能够作出改进并朝着目标迈进。

业务流程和作业分析给管理人员提供了发现冗余、重复劳动和浪费的任务或作业的工具，持续改进管理业务流程和作业能够帮助每一位员工减少浪费，作出改进，确保质量和简化任务。业务流程分析帮助确定作业、作业成本和成果之间的相互依赖关系，这种相互依赖的关系提供了一个清晰的视角，使企业能够深入了解引发不同业务流程的各个事件。通过控制最初的非增值流程的触发点，企业在减少或消除不必要的工作的同时，还能够取得改进必要流程的成果。

基于作业成本预算和特征的价值驱动计划真实地再现了决策对现有流程的影响。这个“清晰的视角”能够让管理人员及时获得有关改变的反馈，而不仅仅是报告历史的信息，从而建成一个更为有用的系统。

业务流程的构建方式决定了价值创造的节点及其方式。而业务流程结构又与经营目标相衔接，与市场需求相呼应。只有统筹考虑这种业务流程、经营目标与市场需求的一致性，企业才能有效地实现三者关系的协同互动。

（四）作业成本法预算编制要点

一套基于作业的管理系统能保证计划传达到一线实施的层面。传统的预算做法是通过延展历史成本到未来，不能提供作出适当调整的详细信息。作业成本预算定义了为实现必要的战略目标所需要的业务流程和作业。这与传统预算相比是一个更加面向未来的系统。

保险公司制定作业成本预算时，必须从来源于部门履行作业的任何业务流程以及匹配面向客户的业务流程工作开始。在有些情况中，如销售部门，其业务流程就是要进一步细分现有销售的整体链条，将各个环节（细分到一个基本的物理单元）所需要的作业进行整合。

作为预算流程的结果，保险公司现在能够编制出传统的成本要素预算和作业及业务流程预算。传统的成本要素预算显示工资、租金、设备折旧、物料消耗、电话费和长途电话费等。作业基础预算显示各个部门或成本中心的各项作业，相对而言，用作业和业务流程来思考问题而不是用成本要素，自然显得更加直接、更加逼真、更加具有说服力。

在编制产品或服务的业务流程预算后，制定预算产品成本的目的是比较它与企业的目标成本。在目标成本的计算过程中，我们可以简单地将这个部门的预算分解成作业和业务流程，这有助于管理人员清楚地了解在获得销售这个业务流程中实际发生的成本。总之，作业成本预算是更加合理的预算方法。它定义了企业的作业而不仅仅是资源（工资、租金、设备和物料）。与传统预算相比，作业成本预算以工作量为基础，而传统预算往往根据销售量的增减而相应增加或减少预算量。

公司高级管理者必须把工作量作为成功的价值驱动计划的关键。一旦管理人员获得对预算的业务流程和作业成本的清楚了解后，就可以把注意力放到确保企业战略与业务流程和作业相融合上。成功的企业已找到使每位员工都能在整个企业的运营中发挥不可或缺作用的方法。这样的成功是通过沿着业务流程与作业分解企业战略达到的。这个理念表明每个员工都有非常重要的作用，他们必须理解其行为是如何给整个企业创造价值的。企业应当从作业开始进行预算，同时，应当使每个员工对他们的作业的结果负责，并将员工的薪水和升迁与业务流程和作业的业绩挂钩。

总之，在信息化与大数据的时代条件下，保险公司的预算再也不能停留在传统的资源分配的层级了，一条主线就是基于战略对接与价值创造，一个工具就是实施作业成本预算。当然，思想统一，信念坚定，作业节点也自然会被挖掘出来。于是，一个新的预算时代孕育而生。

第九章

成本与价值管理：相机而动

保险公司作为营利组织，其组织架构设置的核心目的是解决组织内权利的分配，以强化对获取收益的责任及权利。具体到专业保险公司，情况更加细化，比如，在人寿保险公司，从销售渠道分，有个、银、团、电、网等；从业务作业及价值链分，有前台、中台和后台。其中，各渠道、各部门在价值创造中的地位和顺序并不一样，管理的要求和方法、业绩评价的方法和指标也不尽相同。这在客观上就要求公司建立不同性质、不同类别的考核中心。这种形式各异的考核中心的本质，是根据企业内部责任单位权责范围及业务活动的特点不同，将企业切分为不同的责任主体，以对价值链上的各类有机作业环节负责。通常的责任中心包括成本中心、利润中心和投资中心三类，定位不同、角色不同，考核和评价也不同。

本章将主要围绕面广、量大、线长的承保业务成本进行阐述。业绩的考核离不开投入与产出的数据分析、差异调查和奖惩等问题，即通过不同视角的成本对比，形成相应的控制报告，回答“完成了多少”“应该完成多少”“谁完成得好不好，是谁的责任”等问题。在此基础上，关注目标偏离，剖析差异，找到原因，分清责任，并实施必要的奖励与惩罚。在具体分析时，本章将围绕保险产品的经营周期特征，分两节就保单获取前端成本与全生命周期成本进行必要的分析，形成前端与全程的成本与价值管理框架。

第一节　前端价值观：聚焦标保获取成本的考核

个、银、团等销售自然是人寿保险公司第一线，越来越强烈的市场竞争教育我们，必须让“听得见枪炮声的战士”来作决策。这是著名企业家任正非对华为一线基层作战单元所作的授权。当然，华为同时强调有权力直接呼唤炮火者也要知道这“炮火”是有成本的，谁呼唤了“炮火”，谁就要承担呼唤的责任和“炮火”的成本。保险公司也一样，对公司可承受的成本、后台可承诺能力、流程环节以及前线情况都要了如指掌。俗话说“要吃辣子栽辣秧，要吃鲤鱼走长江。”从这个角度看，不论是公司管理，还是前端管理，都不能对前线的销售成本等闲视之，听之任之，而是需要主动把握，科学管理，严格控制。

一、成本费用：连接价值与利润的创造

成本是一个普遍的经济范畴，凡是有经济活动的地方都必然发生一定的耗费，从而形成成本。成本是指与经营目的有关的活动所耗费的价值，它是按一定对象所归集的费用。从更严格的角度进行区分，成本和费用的区别在于：费用是资产的耗费，它与一定的会计期间相联系，与生产哪一种产品无关；而成本则与一定种类和数量的产品或商品相联系，而不论发生在哪一个会计期间。因此，企业的生产费用通常与一定期间相联系，而产品成本与特定产品相联系。这对保险公司也是一样的。

在保险公司的成本群体中，根据不同目的可分为广义成本和狭

义成本，广义成本包括狭义的成本（如保险赔付成本）以及为管理保险经营活动而发生的费用，即产品成本和期间费用，其成本计算方法称为完全成本法。期间费用是指一定期间内为经营和管理等目的所发生的费用。现对接企业利润表来分析成本构成的逻辑关系，如图 9 - 1 所示。

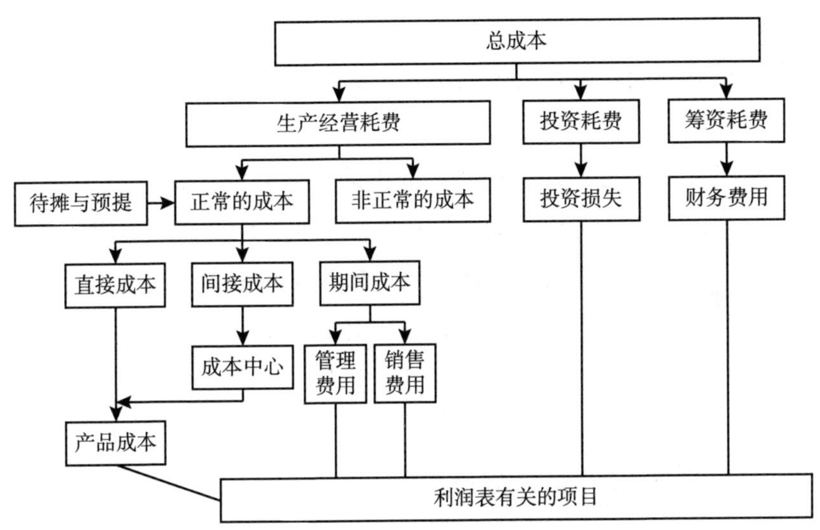

图 9 - 1　保险公司总成本结构示意图

在成本性态分析的基础上，产品成本按其与产量变动间的线性关系，一般可划分为变动成本、固定成本和半变动成本：

（1）变动成本：是指成本总额随着业务量的增减变化而成正比例增减变化的成本，此类成本在单位业务量下高低保持不变。

（2）固定成本：是指成本在一定时期和一定业务量范围内，不受业务量增减变动影响而保持不变的成本。在成本总额固定情况下，如业务量小则单位业务量所分担固定成本就高，而业务量大则单位业务量所分担固定成本就低。

(3) 半变动成本：是指那些在一个基数业务量的条件下保持基本不变（相当于固定成本），而后随着业务量增加而相应增加（相当于变动成本）的成本。

在明确了成本的变化特征之后，还需要进一步对成本进行相应的归集与分配：成本归集是将成本根据一定方式汇集在一起的过程。不同类型的企业会选择不同的归集方式。而成本分配是将归集起来的成本在不同产品之间或者在产品和完工产品之间的分配，包括直接成本和间接费用的分配。其方法包括品种法、分批法和分步法等。

从经济学角度看，保险公司提供的产品并非一般的有形商品，而是以合同条款约定而成的金融产品。从会计学角色看，其产品成本和费用的汇集原理大致相同，成本核算尤其是费用分摊的原理也无例外，只不过是在具体的核算方法上形成了自己的独特技术，而不是照搬通常的品种法、分批法和分步法。

二、保险公司成本费用范围

保险公司的商业模式是通过代理人、中介渠道或者保险公司员工等向客户销售多种特征的保险产品，通过转移或承担客户风险获取保费收入，在客户出险后承担客户损失，围绕这一主线，配备专业人员对风险的管理，保险公司可对累积的保险资金进行有效运用并获取收益。

保险公司的商业活动可以大致划分为三大模块：第一模块是承保，即通过遍及各地的分支机构和专业销售团队向广大客户销售保险产品、承接保险业务；第二模块是赔付，即在保障期限内，对发生保险合同约定事件的，按照约定进行赔付；第三模块是投资，即保险公司利用保险资金获取收益。

保险公司商业模式的特点决定了其成本与费用也具有自身特点。

（一）成本

1. 赔付支出

赔付支出是指发生保险合同约定的事件时，保险公司按照约定支付给被保险人或受益人的赔款，包括死伤医疗给付、赔款给付、满期给付等。

2. 退保支出

退保支出是指在保单存续期间，投保人按照合同约定提前解除保险合同，保险公司应支付给投保人的保单现金价值扣减手续费之后的金额。由于投保人提前解除保险合同，保险公司应将尚未履行的保险风险责任对应的保费退还给客户，而对于投保人提前解除保险合同导致保险公司资产变现损失，以及履行必备手续而产生的费用，保险公司要收取一定的退保手续费。

3. 保单红利支出

保单红利支出是指保险公司实际经营好于产品定价假设时，按照原保险合同约定支付给投保人的红利。保单红利支出等于可分配盈余乘以红利分配比例。可分配盈余来源于“三差”，即利差、死差和费差，分别是指实际投资收益率高于预定利率、实际死亡率、发病率、伤残发生率等保险事故发生率低于预定发生率、实际费用率低于预定附加费用率产生的利润贡献。

4. 寿险责任准备金

寿险责任准备金包括提取未到期责任准备金和提取保险责任准备金。未到期责任准备金是指保险公司为尚未终止的短期险保险责任提取的准备金。而提取未到期责任准备金则是指会计核算期末和期初的未到期责任准备金的提转差。未到期责任准备金属于公司的负债，而提取未到期责任准备金则计入当期损益。与未到期责任准备金类似，保险责任准备金为保险公司的负债，而提取保险责任准备金则是指会计核算期末和期初的保险责任准备金的提转差，并计入当期损益。提取保险责任准备金包括提取寿险责任准备金、提取长期健康险责任准备金和提取未决赔款准备金。

寿险责任准备金和长期健康险责任准备金分别是指保险人为尚未终止的人寿保险和长期健康保险责任提取的准备金。未决赔款准备金是指保险公司为保险事故已发生尚未结案的赔案提取的准备金。

5. 分出保费

分出保费是指保险公司把一部分保障责任分保给再保险公司因而支付给再保险公司的保费。向被保险人提供保障责任是保险公司的基本职能，但当保险公司集聚的风险达到一定程度时，保险公司需要把超出其承受范围的一部分风险转移给再保险公司。

6. 税金及附加

税金及附加是指企业经营活动发生的增值税、消费税、城市维护建设税、资源税和教育费附加等相关税费。

7. 其他业务成本

其他业务成本是指企业确认的除主营业务活动以外的其他经营活动所发生的支出，主要包括万能险手续费支出、万能险利息、保护储金及投资款利息等。

8. 资产减值损失

资产减值损失是指企业的应收款项、存货、期股权投资、持有至到期投资、固定资产、无形资产等资产发生减值的，企业计提各项资产减值准备所形成的损失。

9. 营业外支出

营业外支出是指企业发生的与其生产经营无直接关系的各项支出，主要包括非流动资产处置损失、非货币性资产交换损失、债务重组损失、公益性捐赠支出、非常损失、盘亏损失等。

10. 所得税

所得税是指企业确认的应从当期利润总额中扣除、以企业应纳税所得额为基础的各种境内和境外税额。

（二）费用

保险公司的费用支出通常体现为获取保单、维持运转、谋求发展而发生的各类费用支出，主要可分成手续费及佣金、业务及管理费两大类别。

1. 手续费及佣金支出

手续费及佣金支出是指通过保险中介或代理人销售寿险保单并获得保费收入后保险公司向保险中介或代理人支付的手续费或佣金。

2. 业务及管理费

业务及管理费科目是金融企业特有的，它相当于一般企业的销售费用和管理费用。

三、保险公司成本费用分配

首先声明，进行保险公司成本费用的分配，并不是财务会计意义上的核算需要，客观地讲，这主要是基于公司提升管理精细化程度的需要，至少不是特别的强制性规定，而主要是内部不同层面改进管理、形成成本竞争优势的需要。保险公司的成本大部分与具体产品直接相关，在核算记账时均能够直接区分到不同的产品，如赔付、退保、准备金、税金及附加等。这些成本只需要根据不同报告对象进行归集即可。

（一）保险公司费用的分配思路

（1）公司对成本费用的分配规则，遵循完全成本法，以公司总成本为标的，将成本（包括直接成本和间接成本）和费用（期间成本）分配至销售渠道和产品。根据是否与产品直接相关，将公司所有成本费用分为产品成本和期间费用。

（2）产品成本包括直接成本和间接成本，直接成本是指可以直接计入各渠道、各产品的成本，间接成本是指与产品成本对象相关联，无法用一种经济合理的方式追溯到成本对象的那一部分产品成本。

（3）期间费用是指除了产品成本外，不与产品直接相关联，一定期间内为经营和管理等目的所发生的其他费用，主要包括各部门发生的业务及管理费、资产减值损失、营业外支出和所得税等。

（4）公司成本费用分配规则的确定，主要取决于对成本中心和产品的划分。第一层面为将所有的成本费用根据不同目的分配到成本中心；第二层面为根据管理需要，将分配到成本中心层面的费用，继续深入、细化、分解到产品层面，产品为成本费用分配的最小粒度。

（5）公司的成本费用分配共分为两个层面，第一层面分配为成本中心分类，第二层面分配为产品分类。

保险公司将成本通过汇集分配到各渠道，并进一步分配转入最终各种产品对象的基本思路如图 9－2 所示。

在具体成本的归集与分配过程中，对所涉及的成本中心、产品分类，可参照图形操作进行继续细分，如图 9－3 所示。

总之，保险公司可以通过上述方法来对成本费用进行精细化核算，以掌握哪些渠道、哪些产品是盈利性的，而哪些不具有现实盈利特征。

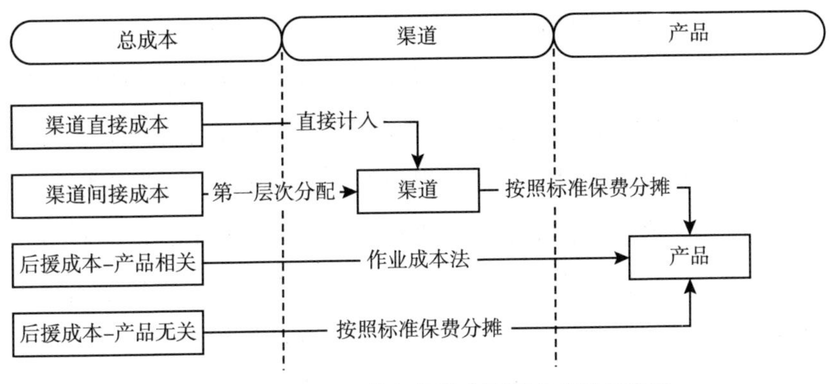

图 9－2　保险公司成本费用分配基本路线示意图

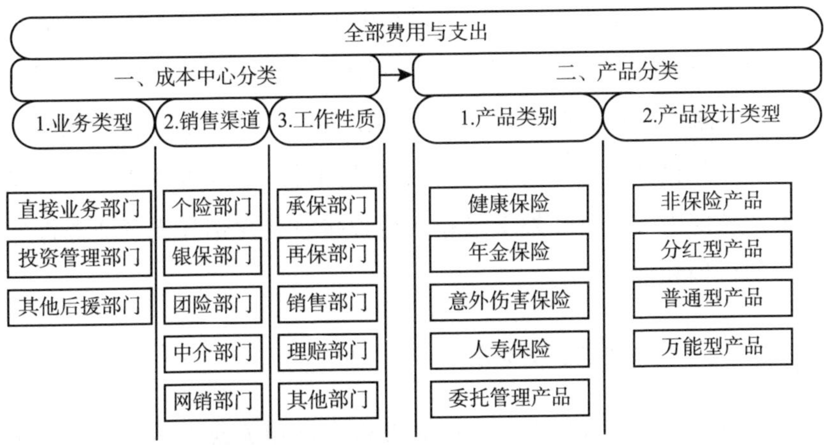

图 9－3　人寿保险公司成本费用分配之成本中心与产品分类示意图

（二）成本分配第一层（成本中心）

成本分配的第一步，对象为期间成本，主要是将公司各项成本费用支出，按照一定规则分配到各成本中心。根据各中心工作的性质、渠道及结构，确定不同成本中心归属的对象。公司成本中心常见的三种分配方式为业务类型、销售渠道和工作性质。

第一类，根据业务类型，在进行共同费用分配时，应当将成本中心分承保部门、理赔部门、再保部门、销售部门及其他部门。业务类型维度费用分配方法：一是确定各业务类型所包含的机构和部门；二是核算时将部门受益的共同费用计入对应成本中心；三是将资产减值损失、营业外支出和所得税按一定比例计入各业务类型。

第二类，根据销售渠道，在进行共同费用分配时，应当将成本中心分个险、团险、银保、中介、网销等五大渠道。销售渠道维度费用分配方法：一是确定各销售渠道所包含的机构和部门；二是核算时将部门受益的共同费用计入对应成本中心；三是将资产减值损失、营业外支出和所得税按一定比例计入各销售渠道。

第三类，根据工作性质，在进行共同费用分配时，应当将成本中心分为直接业务部门、其他后援管理部门、投资管理部门三类。工作性质维度费用分配方法：一是确定各业务性质所包含的机构和部门；二是核算时将部门受益的共同费用计入对应成本中心；三是将资产减值损失、营业外支出和所得税按一定比例计入各业务性质对应的机构和部门中。

（三）成本分配第二层（产品中心）

在第一层面的分配中，已针对渠道直接相关或直接受益的成本费用进行分配，除此即为后援系列与渠道不直接相关的成本费用。分配的第二步为通过作业成本法，将分配到成本中心层面的费用，以及未分配至成本中心的后援费用，继续深入、细化、分解到产品层面。

从产品维度亦可通过两种方式进行分摊：根据产品类别划分，公司产品可分为健康保险、年金保险、意外伤害保险、委托管理产品和人寿保险等五大类。根据产品设计类型划分，公司产品可分为非保险产品、分红型产品、普通型产品和万能型产品等四大类。

第二节　全程价值观：关注保单生命周期的价值

围绕一张保单的前后来分析，其所有的经济流入与经济流出情形更加值得关注。因此，本节将专题探查基于保单全生命周期的价值管理。

一、全生命周期成本管理的一般分析

保险产品全寿命周期可归纳为：需求调研与产品设计、市场促进与客户投保、公司核保并确认承保、再保分保与计提准备、出险赔款与给付等六个阶段，如图 9－4 所示。而从价值管理出发，需要站高看远，就全生命周期的成本态势进行相应的认知与管理，否则，仅将保单获取阶段的成本管理当作重中之重，而无视保险产品全寿命周期的各个阶段成本高低，都可能影响全局。

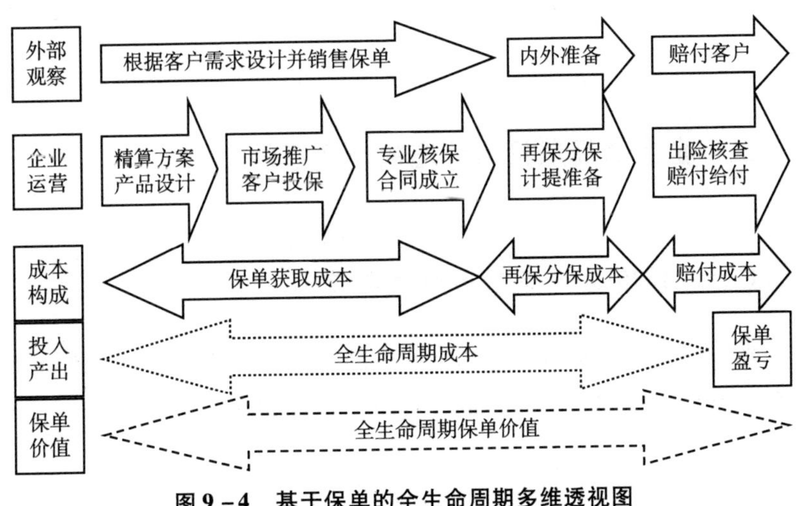

图 9－4　基于保单的全生命周期多维透视图

（一）全寿命周期成本的组成

归纳起来，全寿命周期成本具体包括设计成本、产品营销成本、运行维护成本、再保成本（扣除摊回成本后的差额）、赔付成本等。

（二）全生命周期成本的差异化特征

基于全寿命周期理念，成本管理与价值管理是同一产品在其生命周期不同阶段的自然共识。从保单全寿命周期的角度出发，价值管理的内涵要比成本管理的内涵丰富许多。除了成本之外，价值管理还考虑业务规模、结构和质量、续保率、投资收益率、死差损益等，是保险公司特有的综合性指标之一。为实现全寿命周期的价值目标，公司必须加强项目的全过程管理，也就是说，对于不同阶段都需要采取形式不同而实质相同的管理措施。比如，在产品意向与设计阶段，要精准考虑产品定位与条款设计的正确性，主要是设计出单个产值较大的产品，而不应单纯追求产品品种繁多。在产品报备完成、市场推广阶段，要确定各种营销方案的可行性，从中选择最佳方案。

二、全生命周期价值管理的现实落地

（一）保险业经济产出的概念进化

保险公司的保费收入，在不同产品下具有千差万别的价值口径。简单归纳，可以将目前流行的几种口径整理如图 9 – 5 所示。

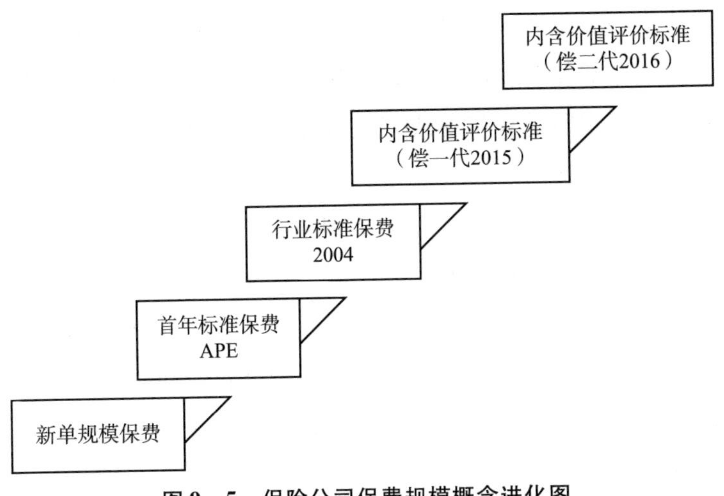

图 9-5　保险公司保费规模概念进化图

1. 新单规模保费

新单规模保费是最单位、最直观的概念，它具备客观性，是衡量企业成长性和盈利性的重要指标。其作用就是在产品或盈利模式相似的公司，新单规模保费越大，隐含公司价值越高；新单标准保费这一指标简单明了、易于横向比较，因此，经常被一些公开媒体用于保险公司市场排名时使用。不过，由于各渠道差异明显，该指标无法反映其贡献差异。

2. 首年标准保费

首年标准保费（Annual Premium Equivalent，即 APE），是指经年缴化处理的首年标准保险费。通过 APE 指标可以在不同渠道、不同险种、不同年期之间建立一个"价值相对可比"的平台，具备客观性，是综合衡量保费收入规模与质量的指标。当然，该指标仅能粗略地反映价值贡献。通常，其计算公式是：趸交保险费 ×10% + 年交保险费。

3. 行业标准保费

行业标准保费是指将报告期内不同类别的新业务按对保险公司

利润或价值的贡献度大小设置一定系数进行折算后加总形成的保费收入。通过标准保费可以在全行业建立起统一的行业标准，更客观地反映保险公司的经营状况或寿险行业的发展状况，便于理解和比较。行业标准保费的计算公式如下：

一年期及以上新单保费收入 × MIN（缴费期间，10）/10 + 一年期及以内短险新单保费收入

除了上述三种相对直观、简单的价值计量标准之外，还陆续产生了一些更加复杂、更加准确的价值计量材料，即全面计算公司内含价值，并且随着监管制度的进化区别为以下两个层级。

4. 内含价值（偿一代）

评估价值 = 内含价值 + 新业务价值

其中：内含价值 = 经调整的净资产价值 + 有效业务价值；新业务价值 = 一年新业务价值 × 新增业务价值乘数。

上述新业务价值（Value of New Business，VBN）是指税后新业务利润按照风险贴现率折算的现值（须考虑要求最低资本的成本）；新增业务价值乘数 = 1/(风险贴现率 - 平均增长率)(永续增长)。请注意：大多数上市保险公司均采用并公布这两项指标，能定量地衡量一家保险公司的价值；对内而言，是衡量管理层提升公司价值的能力的关键指标。当然，其缺陷也是明显的，即要求最低资本计提方式按 4% 准备金 + 0.3% 风险保额，未考虑资产端的风险；准备金计提采用偿一代准备金，考虑因素比较单一较为保守；各家公司假设均有不同，行业横向可比性差。

5. 内含价值（偿二代）

根据 2016 年 11 月 23 日，中国精算师协会发布《精算实践标准：人身保险公司内含价值评估标准》偿二代标准。设计和实施偿二代主要是适应国内保险市场快速发展需要、对标国际市场，协调统一适用资本要求、行业规范，满足公司和市场的使用需要和推动

行业健康发展。概括而言，偿二代是在偿一代的基础上，更加要求资本与公司面临风险紧密相关，偿二代准备金须考虑的因素更加全面。现简要对比偿一代与偿二代的联系，如表9－1所示。

表9－1　保险公司内含价值对比分析表

项目	内含价值（偿一代）	内含价值（偿二代）
准备金	法定准备金 仅考虑评估利率、发生率	最优估计＋风险边际：综合考虑各项假设
最低资本要求	简化方法：4%法定准备金＋0.3风险保额	区分业务线考虑，最低资本计提要考虑市场风险、信用风险等各类风险，分红、传统、万能的差异明显
适用假设	公司经验	区分产品类别，定期回溯评估、及时调整

三、价值保费管理的初步分析

（一）价值保费管理的基本态势

部分公司已经实施价值考核政策，部分公司仍然按传统的标准保费口径进行考核。同业价值考核均基于新业务价值，方式主要有如下两种：

方法一是价值系数方式：价值保费＝新单保费×产品价值系数。此方法下每个产品确定一个价值系数，不区分年龄、性别等因素，特点是相对容易宣导，销售人员易理解，计算简单。

方法二是逐单计算VBN：特点是计算精确，符合真实情况，但计算相对复杂，一般只能由精算部提供计算结果，且销售人员比较难以理解和计算。

从技术模型分析，价值保费反映产品的新业务价值，是新单保费经过产品价值系数换算后形成的保费指标，具体如下：

价值保费＝新单保费×产品价值系数，其中，产品价值系数＝

新业务价值率×10。

（二）价值保费管理的基本考量

1. 公司的价值管理——价值考核作用及问题

从作用看，价值考核既具有合理性，能真正合理地反映产品的价值贡献和衡量保险公司的新业务价值，又具有可比性，能真实反映各渠道对公司的价值贡献，对公司资源配置发挥合理的导向作用。

价值考核的主要问题是，不像规模保费、APE、标准保费那么直观，其可理解性和实务操作均比较复杂，须参与人员达成一致的理解和共识，才能更好地实施。另外，价值的计算存在一系列的假设，特别是费用假设，其中获取和维持费用假设采用的是精算假设，而非实际费用。一般而言，在业务发展较为成熟时，假设与预期较为相符时，价值保费考核更加适用。

2. 提升价值的途径

必须承认，我们需要在新业务价值利润率与产品销售量之间寻求平衡，因为业务价值率越高，但是市场竞争力弱；而新业务价值率越低，但是市场竞争力强。

从新业务价值（Value New Business，VNB）的相关要素分析，就新业务获取而言，销售费用低的，VNB 会高；代理人渠道 VNB 相对较高，而银保渠道相对较低；而件均保额高，VNB 相对较高。就投资而言，长期收益率越高，VNB 越高；就产品而言，保障型的、较长期的产品，VNB 越高，产品价格越高，VNB 相对就越高；就品质而言，业务继续率高的，VNB 相对越高。

3. 提高价值的主要通道

在新业务获取方面，凭借标准保费或价值保费考核，可引导业务人员销售高价值产品；凭借降低销售费用，通过获取费用较低的渠道销售产品，需要长期的精细化管理。

在产品方面，对于产品形态而言，传统保障型产品比分红、万能新业务价值高；对于保险期间而言，保险期间越长，一般新业务价值更高；对于定价利率而言，定价利率低的产品，一般新业务价值比较高。

在品质方面，偏向退保率低的产品，退保率低的产品新业务价值高，但也需要有更优质的服务。在核保理赔方面，关键是加强精细化管理，控制理赔支出。

在投资方面，要加强资产负债联动，在市场、信用风险可控前提下，保持投资收益率持续稳定在较高的水平。

4. 将价值管理嵌入预算管理的思路

如何打造"价值管理体系"，以促进公司优化管理，打造公司持续竞争优势，也是预算管理与绩效管理领域进一步深度拓展的需要。现以表 9－2 所示的中小保险公司为例，列表说明其一般的落地指南。其基本思路与推进步骤：一是确定公司基于价值管理的指标计算方案及逻辑，并根据以往结果进行测算和检验；二是对标市场成熟保险公司的指标水平，梳理远期标杆，调整中长期规划；三是探究基于价值指标的管理革新，其中重点在于绩效管理和全面预算管理；四是进一步检验、修订和完善价值管理的体系。

表 9－2　　保险公司价值管理融入预算管理落地路线

序号	项目	责任部门	备注
1	价值计算方法和逻辑讨论	财务、精算	价值计算方法和逻辑搭建
2	分渠道、分产品、分年期价值率测算	精算	
3	对标成熟公司调整长期规划	企划、财务、精算、投资及业务条线	对标分析及调整

续表

序号	项目	责任部门	备注
4	分摊规则沟通确认	财务、精算	全面预算/绩效管理
5	财务运行结果分摊到中支、渠道	财务	
6	财务运行结果与精算假设对比	财务、精算	
7	建立长期费用规划并与现有渠道政策对比	财务、精算	
8	基于价值为基础的预算管理理念宣导	财务、精算、人事、企划	
9	了解高管考核及机构考核指标体系及权重	财务、精算、人事、企划	
10	研究建立基于价值的考核指标体系	财务、精算、人事、企划	
11	确定考核层级及实施步骤	财务、精算、人事、企划	
12	基于价值的绩效管理宣导	财务、精算、人事、企划	
13	价值管理体系优化	财务、企划、精算	价值体系管理优化

就像我们在本书前后一贯所诠注的那样，保险公司的使命就是面对不确定性世界而为客户提供风险管理的特殊产品，其自身经营与发展的过程，同时也持续的管理嬗变过程，围绕着战略高点、借助在预算实点，行动于作业节点，其成本痛点、价值热点，都是保险公司财务的关注点。本章所阐述的成本与价值观也是整个保险公司财务体系的一颗明珠，需要与前期各章融会贯通起来，形成整个财务知识体系。

后　记

翻阅中国保险业最近二十年来的变迁画卷，俨然是一场大戏，各种重要话题与时代主角轮番上演；互联网技术的突破、金融监管政策的调整，都导致保险业面对的是一场翻天覆地的行业生态革命，也构成保险公司生存与发展的基本环境。最终，豪华落尽见真淳，保险业重回保障本位，助力民众实现美好生活的夙愿已是大势所趋。往日跑马圈地的喧嚣将不复存在，中国保险行业将在创新风险保障的正道上迈上自身长期发展的良性轨道上来，回到依靠自身精益管理而实现可持续发展范式上来。顺应这个节拍，狂飙突进、日下三城的粗放经营时代已然落幕，而精耕细作、强化管控的主旋律也已经奏响。

因此，任何一家保险公司，都应该对外适应监管政策持续升级的环境，对内遵循保险公司长期经营的固有规律，以正常的财务视角来透视和协同业务发展，凭借内在的财务竞争力去实现“弯道超车”，提升新业务价值，优化长期发展战略。与此同时，社会上越来越多的有识之士也在关注保险公司的运营规律以及保险公司财务与投资的互动关系。正是源于这种使命感，我们不揣浅陋，撰写了这本《保险公司财务知识精要》，希望能够为行业财务管理抛砖引玉。除了一般公司财务的共性之外，保险公司个性的地方更加让人期待探索，这种个性化的地方便是我们要集中讨论的要点所在。历经数载春夏秋冬，我们把这些热点、焦点、痛点、看点、支点、难点、重点、堵点和亮点等凝聚成九个篇章，并在一轮轮萌动之下，发芽、生成、修缮成稿。

对于这本并不厚重的保险公司财务知识精要，我们并不渴望将其打造成为一本完美无缺的能够让业内强手为之眼前一亮的专业读物，那是我们做不到的。我们的想法是，给外部投资人一副观察保险公司财务特征与管理风格的望远镜，给内部财务人一盏在某些节点问题上进行深度挖掘的探路灯。本书由王保平统筹整体框架并撰写部分章节。其中，第 4 章由上海人寿黄文祥先生、第 5 章和第 6 章由中韩人寿陈征帆先生、第 7 章和第 8 章由中韩人寿谷小见先生分别提供初稿。全书最终由王保平负责审核定稿。韦军亮博士协同进行了部分修改工作。

需要说明的是，保险公司财务管理比较复杂，保险公司财务知识体系涉及面相对比较广，限于时间关系，我们只能截取其中一部分进行阐述与讨论。而限于水平关系，本书的讨论主要停留于一般水平。我们期待专业人士能够多多指教，我们也期待非专业人士能通过此书大致理解保险这个行业的财务运转原理与基本技术。

王保平

2021 年 2 月